全国交通运输职业教育教学指导委员会规划教材
教育部中等职业教育汽车专业技能课教材

Qiche Fadongji Jixie Weixiu

汽车发动机机械维修

全国交通运输职业教育教学指导委员会
中国汽车维修行业协会 组织编写
杨建良 主编
徐展 副主编

人民交通出版社股份有限公司
China Communications Press Co.,Ltd.

内 容 提 要

本书是全国交通运输职业教育教学指导委员会规划教材，主要介绍了发动机传动带的检查与更换、配气正时机构的检查与更换、配气机构的检测与维修、曲柄连杆机构的检测与维修、冷却系统的检查与维修、润滑系统的检查与维修、汽油供给系统的检查与维修7个学习任务。

本书既可作为中等职业学校汽车专业教材，也可作为职业技能培训和其他从事相关专业人员的参考书。

图书在版编目(CIP)数据

汽车发动机机械维修 / 杨建良主编. —北京 ：人民交通出版社股份有限公司，2017.3

全国交通运输职业教育教学指导委员会规划教材. 教育部中等职业教育汽车专业技能课教材

ISBN 978-7-114-12241-5

Ⅰ.①汽… Ⅱ.①杨… Ⅲ.①汽车—发动机—车辆修理—中等专业学校—教材 Ⅳ.①U472.43

中国版本图书馆 CIP 数据核字(2015)第103275号

书　　名：汽车发动机机械维修
著 作 者：杨建良
责任编辑：李　斌
出版发行：人民交通出版社股份有限公司
地　　址：(100011)北京市朝阳区安定门外外馆斜街3号
网　　址：http://www.ccpcl.com.cn
销售电话：(010)59757973
总 经 销：人民交通出版社股份有限公司发行部
经　　销：各地新华书店
印　　刷：北京市密东印刷有限公司
开　　本：787×1092　1/16
印　　张：10.75
字　　数：240千
版　　次：2017年3月　第1版
印　　次：2021年8月　第4次印刷
书　　号：ISBN 978-7-114-12241-5
定　　价：25.00元
(有印刷、装订质量问题的图书由本公司负责调换)

编审委员会

前言 Preface

为深入贯彻落实全国职业教育工作会议精神和《国务院关于加快发展现代职业教育的决定》，促进职业教育专业教学科学化、标准化、规范化，教育部组织制定了《中等职业学校专业教学标准（试行）》。全国交通运输职业教育教学指导委员会具体承担了汽车运用与维修（专业代码082500）、汽车车身修复（专业代码082600）、汽车美容与装潢（专业代码082700）、汽车整车与配件营销（专业代码082800）4个汽车类专业教学标准的制定工作。

根据教育部《关于中等职业教育专业技能课教材选题立项的函》（教职成司函[2012]95号）文件精神，人民交通出版社申报的上述4个汽车类专业技能课教材选题成功立项。

2014年10月，人民交通出版社联合全国交通运输职业教育教学指导委员会、中国汽车维修行业协会在北京召开了“教育部中等职业教育汽车专业技能课教材编写会”，并成立了由全国交通运输职业教育教学指导委员会领导、中国汽车维修行业协会领导、知名汽车维修专家及院校教师组成的教材编审委员会。会上，确定了4个汽车类专业34本教材的编写团队及编写大纲，正式启动了教材编写。

教材的组织编写，是以教育部组织制定的4个汽车类专业教学标准为基本依据进行的。教材从编写到成稿形成以下特色：

1.“五位一体”的编审团队。从组织编写之初，就本着“高起点、高标准、高要求”的原则，成立了由国内一流的院校、一流的教师、一流的专家、一流的企业、一流的出版社组成的五位一体的编审团队。

2.精品化的内容。编审团队认真总结了中职院校的优秀教学成果，结合了企业的职业岗位需求，吸收了发达国家的先进职教理念。教材文字精炼、插图丰富，尤其是实操性的内容，配备了大量实景照片。

3.理实一体的编写模式。教材理论内容浅显易懂，实操内容贴合生产一线，将知识传授、技能训练融为一体，体现“做中学、学中做”的职教思想。

4. 覆盖全国的广泛适用性。本套教材充分考虑了全国各地院校的分布和实际情况，涉及的车型和设备具有代表性和普适性，能满足全国绝大多数中职院校的实际需求。

5. 完善的配套。本套教材包含"思考与练习"、"技能考核标准"，并配有电子课件和微视频，以达到巩固知识、强化技能、易教易学的目的。

《汽车发动机机械维修》是本套教材中的一本。与传统同类教材相比，本教材吸收了发达国家的先进职教理念，结合了企业的职业岗位需求，以汽车维修企业生产实践为依据设计，通过任务描述、知识准备、任务实施、学习拓展、评价反馈等模块，构建知识和技能体系。主要内容有：发动机传动带的检查与更换、正时机构的检查与更换、配气机构的检测与维修、曲柄连杆机构的检测与维修、冷却系统的检查与维修、润滑系统的检查与维修、汽油供给系统的检查与维修 7 个学习任务。采用任务驱动，选编内容经典、文字精炼、插图丰富、可读性强，还针对不同的实操项目，提供了便于学生实施的评价方案和可量化的评分标准，体现了以学生为主体的教学理念。

本书的编写分工为：苏州建设交通高等职业技术学校的徐展编写了本书的任务三、任务五，苏州建设交通高等职业技术学校的邱斌编写了任务一、任务二，江苏省吴江中等专业学校的缪明雅编写了任务四，苏州建设交通高等职业技术学校的陶建雪编写了任务六，苏州建设交通高等职业技术学校的齐伟编写了任务七。全书由苏州建设交通高等职业技术学校的杨建良担任主编，徐展担任副主编。

限于编者水平，又是完全按照新的教学标准编写，书中难免有不当之处，敬请广大院校师生提出意见建议，以便再版时完善。

编审委员会

2016 年 3 月

目 录 Contents

学习任务一　发动机传动带的检查与更换

学习目标

知识目标

1. 掌握汽车的整体构成；
2. 掌握发动机的作用和基本组成；
3. 掌握发动机的类型及工作原理；
4. 掌握发动机前端附属装置的构成；
5. 掌握传动带的作用和形式。

技能目标

1. 能正确更换传动带；
2. 能正确进行传动带张紧力的调整。

建议课时

6 课时。

任务描述

某品牌轿车到维修站检查，车主反映最近一段时间发动机舱内有异响，经维修人员检查，需要对发动机传动带进行检查和调整，必要时需更换。

一　理论知识准备

（一）汽车的整体构成

汽车是指由动力驱动，具有 4 个或 4 个以上车轮的非轨道承载的车辆，主要用于载运人员和货物、牵引载运人员和货物的车辆以及特殊用途的车辆。

汽车通常由发动机、底盘、车身和电气设备四大部分组成,其总体构造如图 1-1 所示。

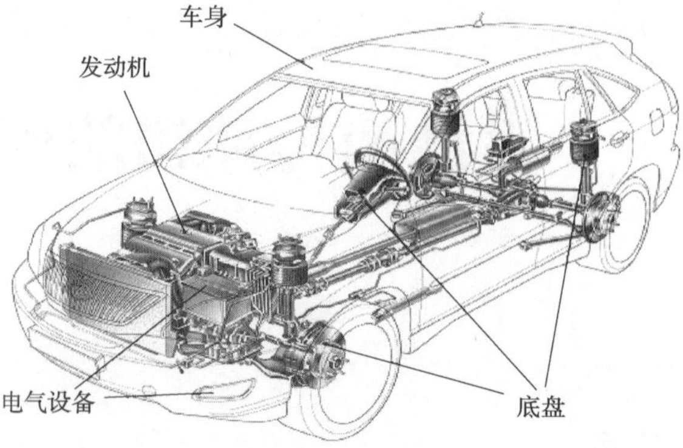

图 1-1　汽车总体构造

（二）发动机的作用和基本组成

发动机是汽车的动力源,是汽车的心脏,是将燃料燃烧的热能转变成机械能的机器,发动机外观如图 1-2 所示。

图 1-2　发动机外观

汽车发动机一般是将液体燃料或气体燃料和空气混合后直接输入机器内部燃烧产生热能,热能再转变为机械能,因此又称内燃机。

汽油发动机通常由两大机构、五大系统组成,而柴油发动机由两大机构、四大系统组成。两大机构是指曲柄连杆机构和配气机构,五大系统是指燃料供给系统、冷却系统、润滑系统、点火系统(柴油机无此系统)和起动系统。汽油发动机的总成构造如图 1-3 和图 1-4所示。

1 曲柄连杆机构

曲柄连杆机构是发动机借以产生动力,并将活塞的往复直线运动转变为曲轴的旋转运动而输出动力的机构。

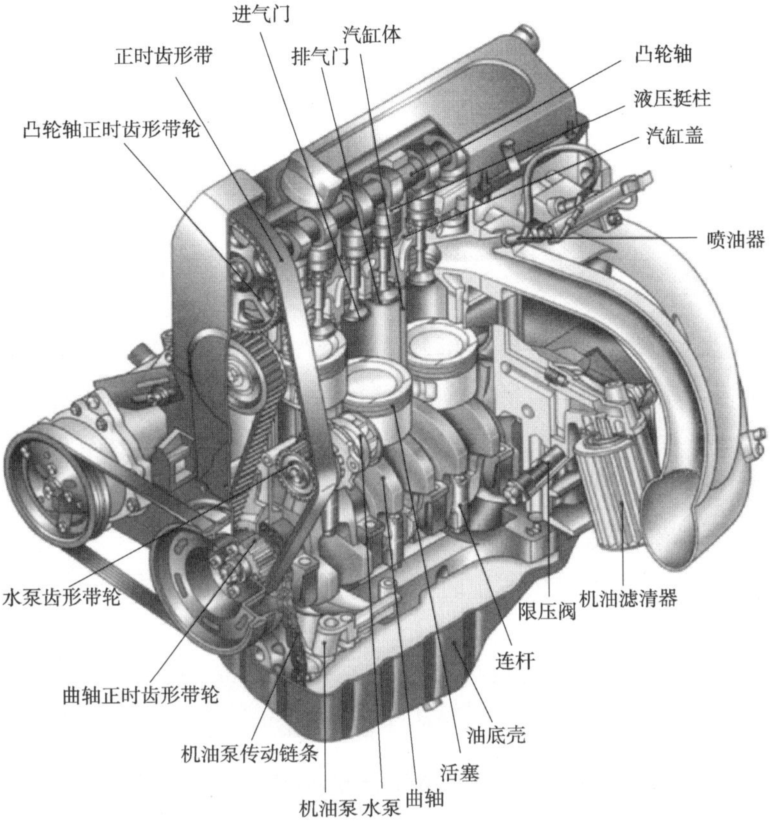

图 1-3　汽油发动机纵剖图

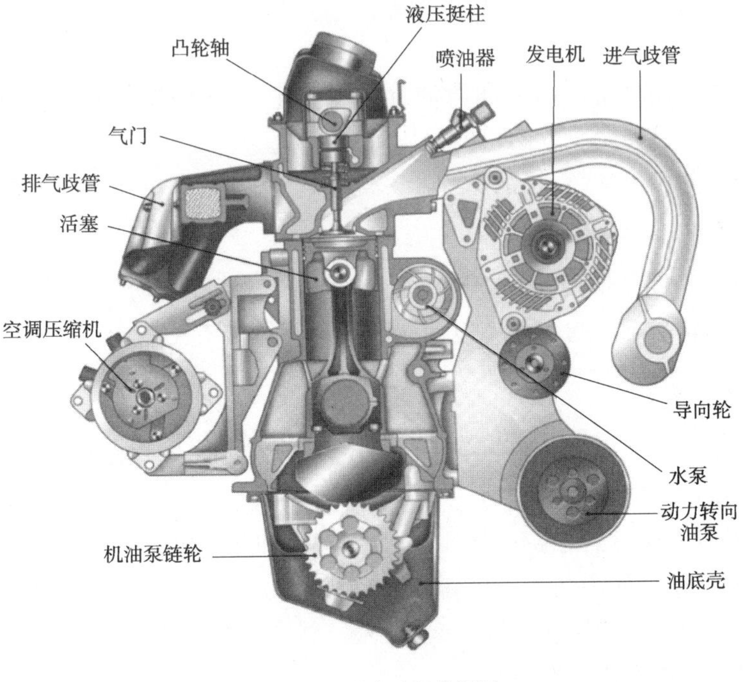

图 1-4　汽油发动机横剖图

曲柄连杆机构主要由汽缸盖、汽缸体、活塞、连杆、曲轴和飞轮等组成。

2 配气机构

配气机构的功用是根据发动机的工作需要，适时地打开进气门或排气门，使可燃混合气及时地充入汽缸，或使废气及时地从汽缸内排出；而在发动机不需要进气或排气时，则利用气门将进气通道或排气通道关闭，以保证汽缸密封。

配气机构主要由气门、气门弹簧、液压挺柱、凸轮轴、正时齿轮等组成。

3 燃料供给系统

燃料供给系统的功用是向汽缸内供给可燃混合气，并控制进入汽缸内的可燃混合气的数量，以调节发动机的输出功率和转速，最后将燃烧后的废气排出汽缸。

汽油机的燃料供给系统由燃油箱、燃油滤清器、燃油泵、节气门体、喷油器、空气滤清器、进排气歧管和排气消声器等组成。

4 点火系统（柴油机无此系统）

汽油机点火系统的功用是按一定时刻向汽缸内提供电火花，及时地点燃汽缸中被压缩的可燃混合气。

点火系统通常由电源（蓄电池和发电机）、点火开关、点火线圈和火花塞等组成。

5 冷却系统

冷却系统的功用是利用冷却液冷却高温零件，并通过散热器将热量散发到大气中去，以保证发动机正常工作。

水冷式冷却系统通常由水泵、散热器、风扇、节温器和水套等组成。

6 润滑系统

润滑系统的功用是将清洁的润滑油分送至各个摩擦表面，以减小摩擦和磨损，并清洗、冷却摩擦表面，从而延长发动机的使用寿命。

润滑系统一般由机油泵、机油滤清器、集滤器、限压阀、润滑油道和油底壳等组成。

7 起动系统

起动系统的功用是带动飞轮旋转以获得必要的动能和起动转速，使静止的发动机起动并转入自行运转状态。起动系统包括起动机及其附属装置。

（三）发动机的类型

发动机的分类方法很多，按照不同的分类方法可以把发动机分成不同的类型。

1 按照所用燃料分类

发动机按照所使用燃料的不同可以分为汽油机和柴油机（图 1-5）。使用汽油为燃料的发动机称为汽油机；使用柴油为燃料的发动机称为柴油机。汽油机与柴油机比较各有特点：汽油机转速高、质量轻、噪声小、起动容易、制造成本低；柴油机压缩比大、热效率高，经济性能和排放性能都比汽油机好。

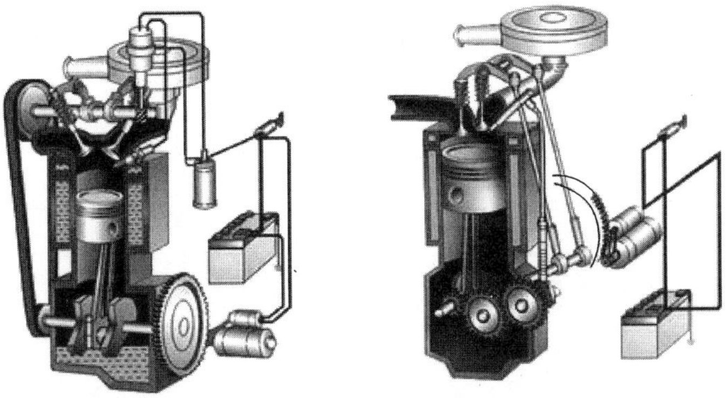

a)汽油机　　b)柴油机

图 1-5　汽油机和柴油机

2 按照行程分类

发动机按照完成一个工作循环所需的行程数可分为四冲程发动机和二冲程发动机。

3 按照冷却方式分类

发动机按照冷却方式不同可以分为水冷发动机和风冷发动机(图 1-6)。水冷发动机是利用在汽缸体和汽缸盖冷却水套中进行循环的冷却液作为冷却介质进行冷却的;而风冷发动机是利用流动于汽缸体与汽缸盖外表面散热片之间的空气作为冷却介质进行冷却的。水冷发动机冷却均匀、工作可靠、冷却效果好,被广泛地应用于现代车用发动机。

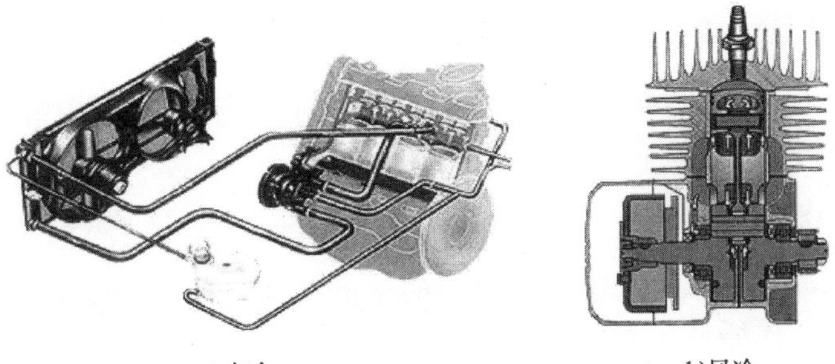

a)水冷　　b)风冷

图 1-6　水冷发动机和风冷发动机

4 按照汽缸数目分类

发动机按照汽缸数目不同可以分为单缸发动机和多缸发动机(图 1-7)。仅有一个汽缸的发动机称为单缸发动机;有两个以上汽缸的发动机称为多缸发动机。现代车用发动机多采用四缸、六缸、八缸发动机。

5 按照汽缸排列方式分类

发动机按照汽缸排列方式不同可以分为单列式和双列式(图 1-8)。单列式发动机的各个汽缸排成一列,一般是垂直布置的,但为了降低高度,有时也把汽缸布置成倾斜的甚至水平的;双列式发动机把汽缸排成两列,两列之间的夹角小于 180°(一般为 90°)称为 V 型发动机,若两列之间的夹角等于 180 °称为对置式发动机。

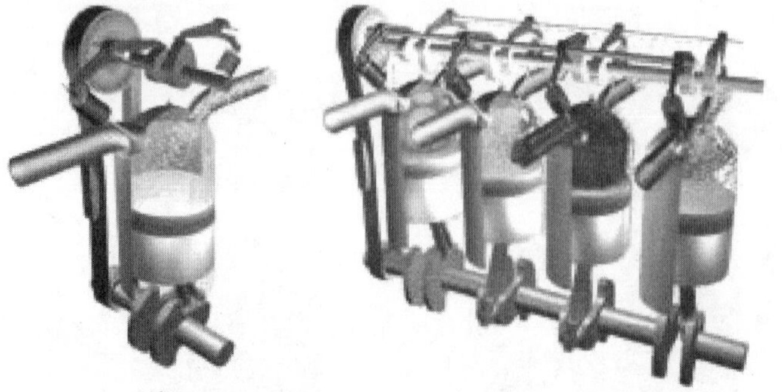

a)单缸　　b)多缸

图 1-7　单缸与多缸发动机

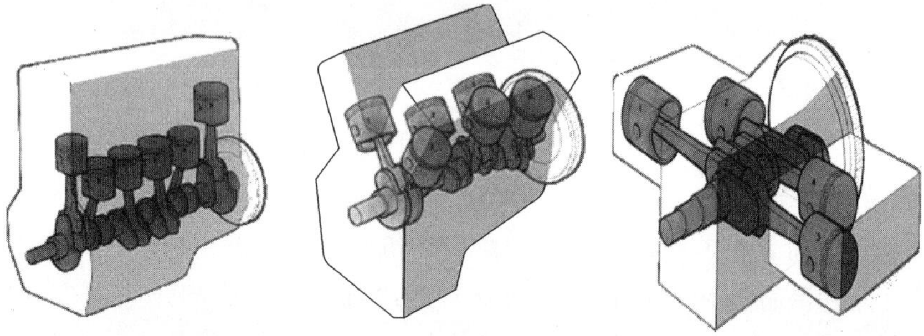

a)直列　　b)V型　　c)对置式

图 1-8　汽缸排列方式

6 按照进气系统是否采用增压方式分类

发动机按照进气系统是否采用增压方式可以分为自然吸气(非增压)式发动机和强制进气(增压式)发动机,为了提高功率现在汽车采用增压发动机的越来越多。

(四)四冲程汽油发动机的工作原理

四冲程汽油机的工作循环是由进气、压缩、做功和排气4个行程所组成的。图1-9为单缸四冲程汽油机工作循环示意图。

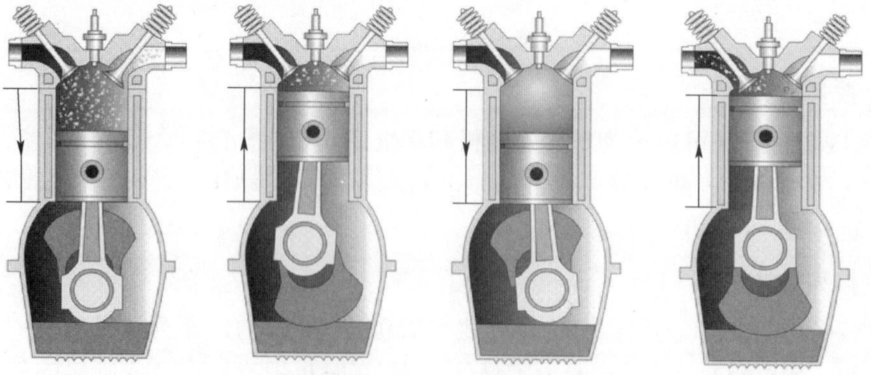

a)进气行程　　b)压缩行程　　c)做功行程　　d)排气行程

图 1-9　单缸四冲程汽油机工作循环示意图

❶ 进气行程

活塞由曲轴带动从上止点向下止点运动，此时，排气门关闭，进气门开启。活塞移动过程中，汽缸内容积逐渐增大，形成一定真空度，于是经过滤清的空气与喷油器供给的汽油混合成可燃混合气，通过进气门被吸入汽缸。至活塞到达下止点时，进气门关闭，停止进气。

由于进气系统存在进气阻力，进气终了时汽缸内气体的压力低于大气压力，为0.075～0.09MPa。由于汽缸壁、活塞等高温件及上一循环留下的高温残余废气的加热，气体温度升高到370～440K。

❷ 压缩行程

进气行程结束时，活塞在曲轴的带动下，从下止点向上止点运动，汽缸内容积逐渐减小，由于进、排气门均关闭，可燃混合气被压缩，至活塞到达上止点时，压缩结束。汽缸内气体被压缩的程度称为压缩比。压缩比越大，则压缩终了时汽缸内气体的压力和温度就越高，燃烧速度也越快，因而发动机发出的功率越大，经济性也越好。现代汽油发动机压缩比一般为6～10。

压缩行程中，气体压力和温度同时升高，并使混合气进一步均匀混合，压缩终了时，汽缸内的压力为0.6～1.2MPa，温度为600～800K。

❸ 做功行程

做功行程在压缩行程末，火花塞产生电火花点燃混合气，并迅速燃烧，使气体的温度、压力迅速升高而膨胀，从而推动活塞从上止点向下止点运动，通过连杆使曲轴旋转做功，至活塞到达下止点时做功结束。

在做功行程中，开始阶段汽缸内气体压力、温度急剧上升，瞬间压力可达3～5MPa，瞬时温度可达2200～2800K。

❹ 排气行程

在做功行程终了时，排气门打开，进气门关闭，曲轴通过连杆推动活塞从下止点向上止点运动，废气在自身剩余压力和活塞的推动下，被排出汽缸，至活塞到达上止点时，排气门关闭，排气结束。排气行程终了时，由于燃烧室容积的存在，汽缸内还存有少量废气，气体压力也因排气系统存在排气阻力而略高于大气压力。此时，压力为0.105～0.115MPa，温度为900～1200K。

（五）四冲程柴油发动机的工作原理

四冲程柴油机每个工作循环也是由进气、压缩、做功和排气4个行程组成。由于使用燃料性质不同，其可燃混合气的形成和着火方式与汽油机有很大区别。图1-10为单缸四冲程柴油机工作循环示意图。

❶ 进气行程

不同于汽油机，柴油机中进入汽缸的不是可燃混合气，而是纯空气。由于进气阻力比汽油机小，上一行程残留的废气温度也比汽油机低，进气行程终了的压力为0.075～0.095

MPa,温度为 320 ~ 350K。

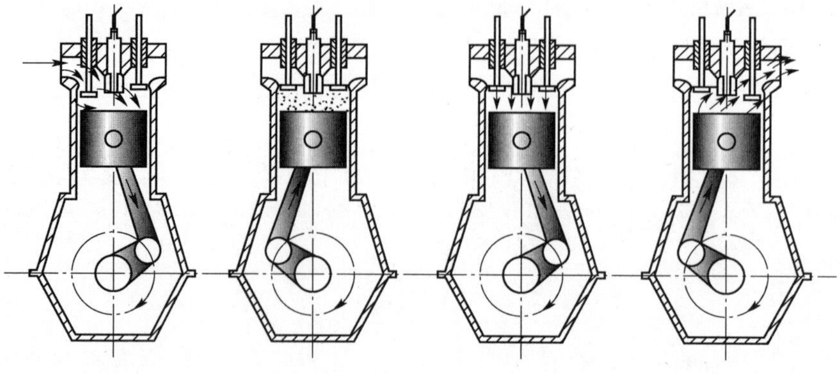

图 1-10 单缸四冲程柴油机工作循环示意图

2 压缩行程

柴油机不同于汽油机的是压缩纯空气,由于压缩比大,为 15 ~ 22,压缩终了的温度和压力都比汽油机高,压力可达 3 ~ 5MPa,温度可达 800 ~ 1000K。

3 做功行程

柴油机的做功行程与汽油机的有很大差异,在压缩行程末,喷油泵将高压柴油经喷油器呈雾状喷入汽缸内的高温高压空气中,被迅速汽化并与空气形成混合气,由于此时汽缸内的温度远高于柴油的自燃温度(500K 左右),柴油混合气便立即自行着火燃烧,且此后一段时间内边喷油边燃烧,汽缸内压力和温度急剧升高,推动活塞下行做功。做功行程中,瞬时压力可达 5 ~ 10MPa,瞬时温度可达 1800 ~ 2200K,做功行程终了时压力为 0.2 ~ 0.4MPa,温度为 1200 ~ 1500K。

4 排气行程

此行程与汽油机基本相同。排气行程终了时的汽缸压力为 0.105 ~ 0.125MPa,温度为 800 ~ 1000K。

由上述四冲程汽油机和柴油机的工作循环可知:两种发动机工作循环的基本内容相似。每个工作循环曲轴转 2 周(720°),每一行程曲轴转半周(180°)。四个行程中,只有做功行程产生做功,其他几个行程是为做功行程做准备工作的辅助行程,都要消耗部分能量。发动机起动时的第一个循环,必须有外力将曲轴转动,以完成进气和压缩行程;当做功行程开始后,做功能量便通过曲轴储存在飞轮内,以维持以后的行程和循环得以继续进行。

汽油机的可燃混合气在汽缸外部开始形成并延续到进气和压缩行程终了,时间较长;柴油机的可燃混合气在汽缸内部形成,从压缩行程接近终了时开始,并占小部分做功行程,时间较短。汽油机可燃混合气用电火花点燃,柴油机则是在高温高压下自燃,所以汽油机又称点燃式发动机,柴油机又称压燃式发动机。

(六)发动机传动带及前端附属装置

1 功用

为了实现汽车及发动机各系统的正常工作,在发动机的前端还安装了发电机、空调压缩机、动力转向油泵和水泵等一些附属装置,这些附属装置都由发动机曲轴带轮通过发动机传动带驱动,不同车型,其传动带的布置形式也不同,如图1-11所示。

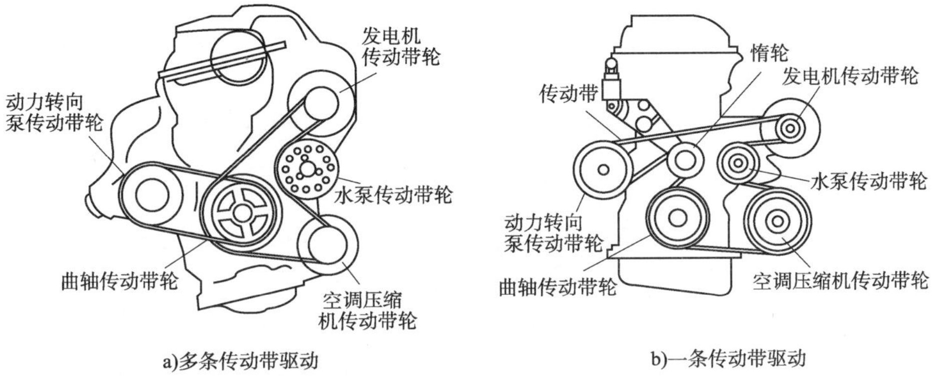

图1-11 发动机传动带及前端附属装置

2 传动带的张紧形式

为保证传动带能正常驱动发动机的附属装置,传动带必须保持适当的张紧力。现在发动机上都通过安装传动带张紧机构来保证传动带的张紧力。根据张紧机构结构的不同,张紧机构可分为自动张紧机构(图1-12)和手动张紧机构(图1-13)。手动张紧机构根据有无惰轮和调整螺栓又可分为无惰轮(有调整螺栓)类型、无惰轮(无调整螺栓)类型和有惰轮类型。

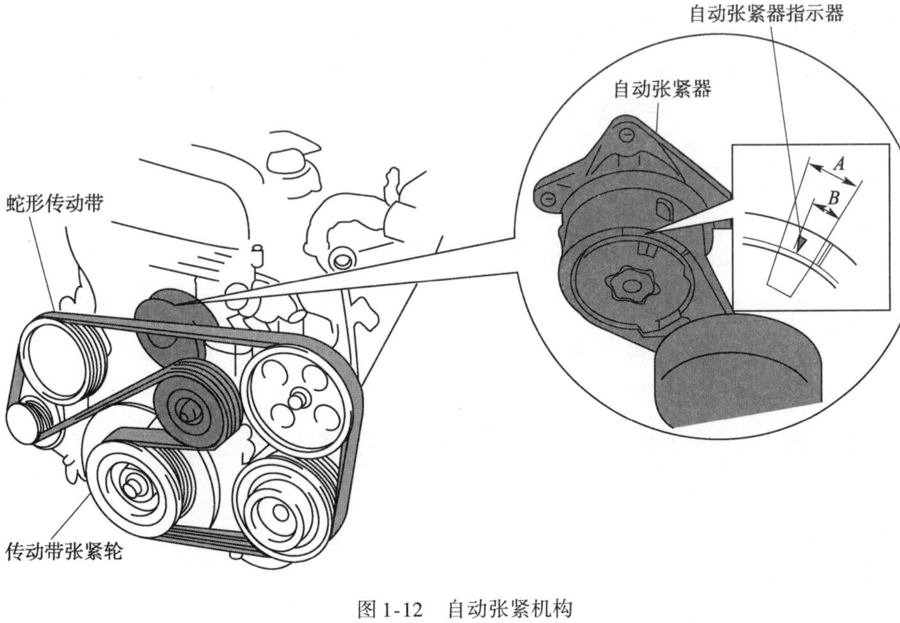

图1-12 自动张紧机构

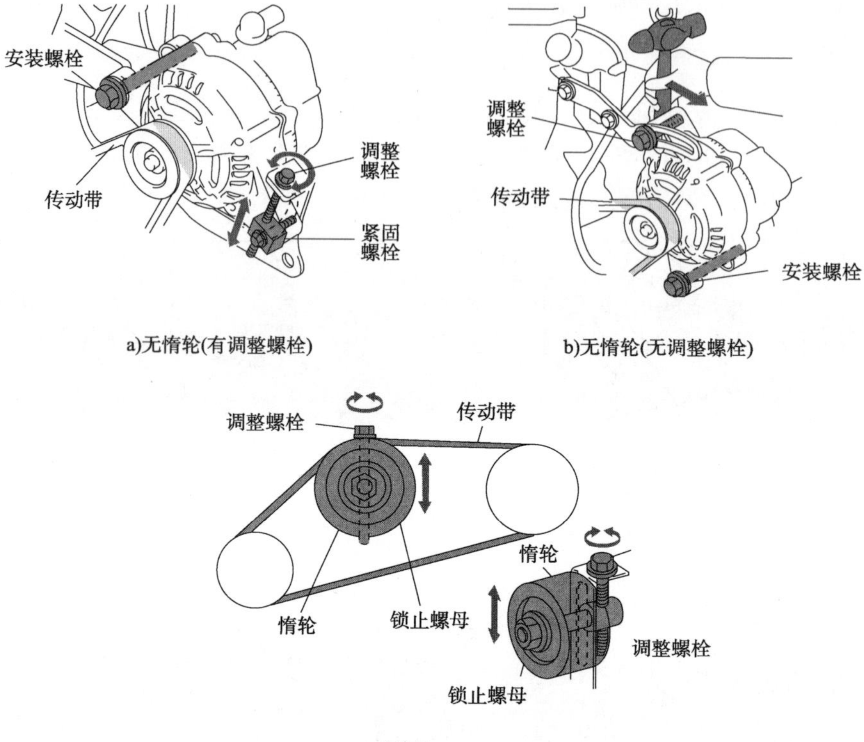

a)无惰轮(有调整螺栓)　b)无惰轮(无调整螺栓)

c)有惰轮

图 1-13　手动张紧机构

对于装有自动张紧机构的传动带,其张紧力是靠自动张紧机构中弹簧的弹力将张紧力施加到传动带上的,所以没有必要调整张紧力。检查时,只要自动张紧器指示器指示在正常范围内即可。对于装有手动张紧装置的传动带,其张紧力是通过调整张紧机构的调整螺栓来移动附属装置实现的,因此可通过调整相应的调整螺栓来实现传动带张紧力的调整,不同车型其调整的方法和部位不同,可查阅相关车型的维修手册。

二　任务实施

传动带的更换

1 准备工作

(1)将实训车辆停放在带举升机的工位内。

(2)检查实训室通风系统设备工作是否正常。

(3)准备车辆挡块、翼子板布、前格栅布、转向盘护套、变速杆手柄套、脚垫和座椅套等教学用具。

(4)维修手册。

(5)常用拆装工具。

(6)专用工具:EN－6349 锁销。

❷ 操作步骤与技术规范(表 1-1)

操作步骤与技术规范　　　　表 1-1

操作步骤	过　程	技术规范与操作要领
拆卸传动带	安装 EN －6349 锁销	操作要领： (1)打开发动机罩； (2)拆下动力转向泵传动带(若装配)； (3)举升并支撑车辆； (4)拆下前舱防溅罩； (5)通过逆时针旋转 1 释放传动带张紧器的张紧力，并用 EN －6349 锁销 2 进行锁止 
	取下传动带	操作要领： 如图所示，拆下传动带 1 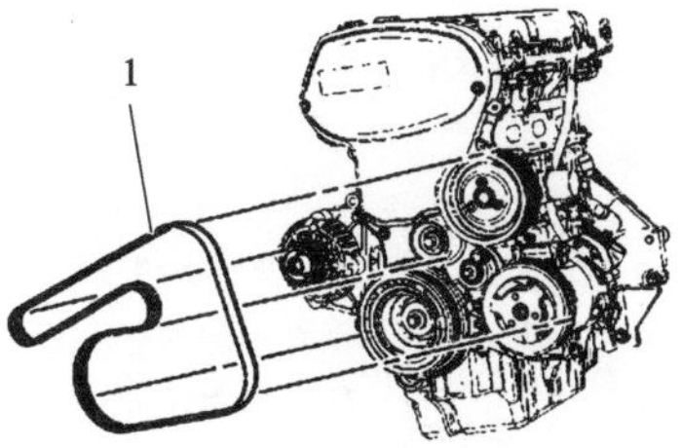
安装传动带	安装传动带并检查	操作要领： (1)安装传动带 1； 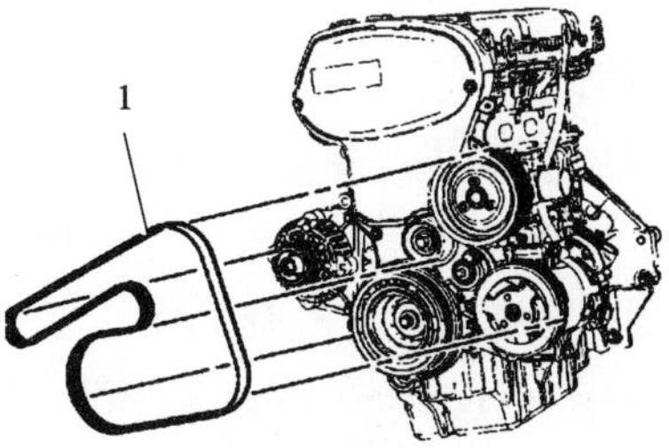 (2)检查传动带 3 的位置，确保传动带对准发电机传动带轮 4、曲轴平衡器 5、传动带张紧器 6 和水泵带轮 7。传动带必须位于凸缘 1 和 2 之间的水泵传动带轮上

续上表

操作步骤	过　程	技术规范与操作要领
安装传动带	安装传动带并检查	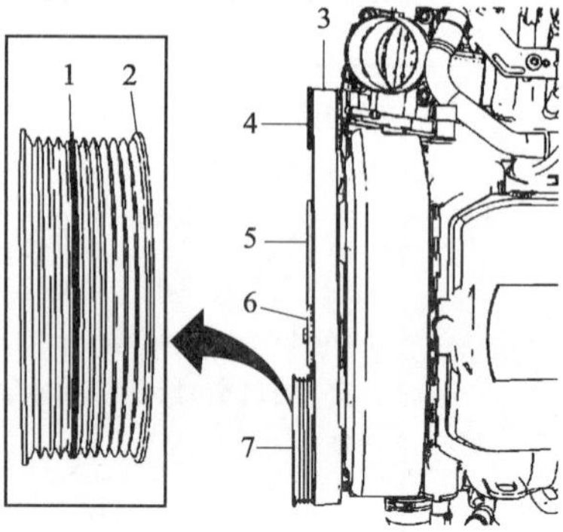
	拆下 EN－6349 锁销，使张紧器回位	操作要领： （1）通过逆时针旋转1释放张紧器上的张紧力，注意使张紧器慢慢往回滑； （2）拆下 EN － 6349 销2； （3）顺时针向张紧器1施加张紧力； 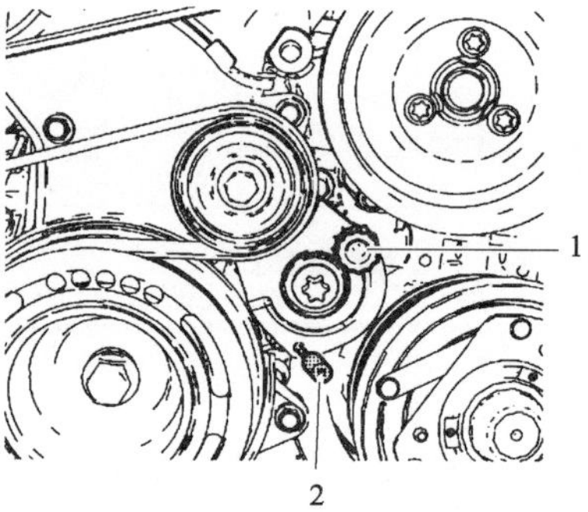 （4）安装前舱防溅罩； （5）降下车辆； （6）安装动力转向泵传动带（若装配）； （7）关闭发动机舱盖

三 学习拓展

1 传动带的检查

发动机通过传动带驱动空调压缩机、动力转向油泵和交流发电机等附属装置工作，如果传动带断裂，或者出现打滑，都将使相关的附属装置无法工作或使其性能下降，从而影响汽车的正常使用。因此，定期检查传动带非常必要，一般每行驶15000km进行一次检查，在维修发电机等附属装置时，也要对传动带进行不定期检查。

传动带的检查方法十分简单。首先，检查传动带的磨损情况，检查传动带的整个外围是否有磨损、裂纹、层离或者其他损坏（图1-14），如果无法检查传动带的整个外围，则通过转动发动机曲轴传动带轮检查传动带，如果出现上述情况，表示传动带可能会断裂，必须立即更换。

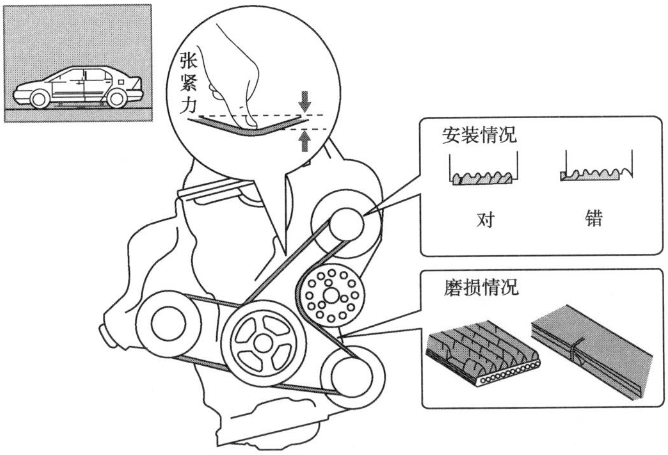

图 1-14　传动带外观检查

其次，检查传动带的安装情况，检查传动带是否正确地安装在传动带轮槽内，如果没有正确安装，则重新安装传动带。

最后，检查传动带张紧情况，通过在规定的区域施加一个 98N 的力按压传动带检查松紧程度，如图 1-14 所示；也可用传动带张紧力计检查传动带的张紧力来判断传动带张紧情况，如图 1-15 所示。

如果传动带过松，就可能造成传动带打滑、传动不完全；如果传动带过紧，则会使传动带易拉伸变形，同时，也会加速传动带轮及轴承磨损。传动带的张紧情况一般是通过调整螺栓调节相应附属装置固定带轮进行调整。

2 更换传动带张紧器

(1)拆下传动带。

(2)如图 1-16 所示，拆下传动带张紧器螺栓 2，拆下传动带张紧器 1。

(3)如图 1-16 所示，安装传动带张紧器螺栓 2 并紧固至规定力矩 55N·m。

(4)安装传动带并调整张紧力。

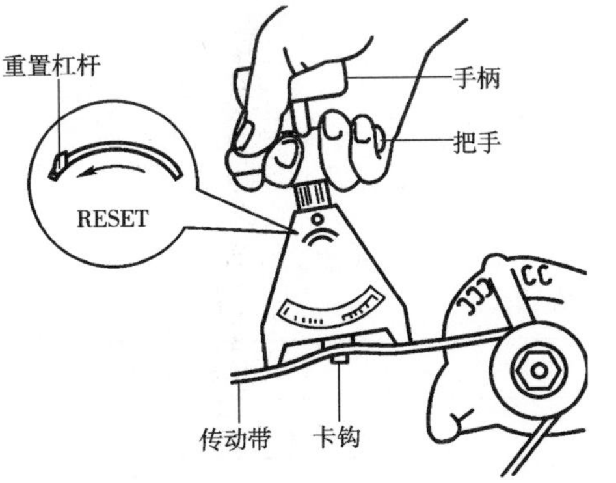

图 1-15　张紧力计测传动带张紧力

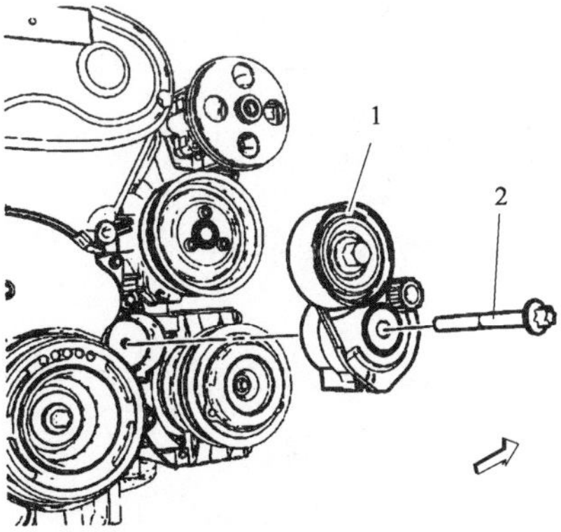

图 1-16　拆下传动带张紧器示意图

四 评价与反馈

1 自我评价

(1)通过本学习任务的学习你是否已经知道以下问题:

①请简述汽车的整体构成?

____

____。

②发动机的作用是什么?请简述其基本组成?

____

____。

③发动机有哪些类型?是如何工作的?

____

____。

④发动机前端的附属装置有哪些?

____

____。

⑤传动带的作用是什么?有哪些主要形式?

____

____。

(2)更换传动带操作过程中用到了哪些工具?

____

____。

(3)实训过程完成情况如何?

____

____。

(4)通过本学习任务的学习,你认为自己的知识和技能还有哪些欠缺?

____

____。

签名:____________ ________年____月____日

2 小组评价(表1-2)

小组评价表 表1-2

序号	评价项目	评价情况
1	着装是否符合要求	
2	是否能合理规范地使用仪器和设备	
3	是否按照安全和规范的流程操作	

续上表

序号	评价项目	评价情况
4	是否遵守学习、实训场地的规章制度	
5	是否能保持学习、实训场地整洁	
6	团结协作情况	

参与评价的同学签名：____________　______年____月____日

3 教师评价

____

____。

教师签名：____________　______年____月____日

五 技能考核标准(表1-3)

技能考核标准表　　表1-3

序号	项目	操作内容	规定分	评分标准	得分
1	拆卸传动带	安装 EN－6349 锁销，取下传动带	30分	(1)释放张紧力方法错误，扣10分； (2)未用专用锁销对张紧器进行锁止，扣20分	
2	安装传动带	安装传动带并检查	40分	(1)安装传动带方法错误，扣10分； (2)未检查传动带是否对准发电机传动带轮、曲轴平衡器、传动带张紧器和水泵传动带轮，漏一项扣5分； (3)未检查传动带在水泵传动带轮上的安装位置，扣10分	
		拆下 EN－6349 锁销，使张紧器回位	20分	(1)未施加张紧力，扣10分； (2)未拆下专用锁销，扣10分	
3	安全文明生产	(1)安全放置、固定被检配件； (2)检测工具、设备使用方法、步骤符合安全要求； (3)操作过程必备安全防护用品佩戴齐全； (4)现场整洁	10分	(1)不安全放置的，扣2分； (2)工具、设备使用方法不安全的，扣3分； (3)防护用品佩戴不齐全的，扣3分； (4)现场不整洁，扣2分	
		安全用电，防火，无人身，设备故障		因违规操作发生重大人身和设备事故，此题按0分记	
总分			100分		

学习任务二　发动机配气正时机构的检查与更换

学习目标

知识目标

1. 掌握配气正时机构的功用与组成；
2. 掌握配气正时机构的常见传动方式和特点；
3. 掌握发动机装配正时的重要性；
4. 了解配气正时及可变配气技术；
5. 清楚配气正时机构损坏与原因。

技能目标

1. 能独立按维修手册要求，对配气正时机构进行规范的拆装作业；
2. 能正确检查配气正时机构。

建议课时

6课时。

任务描述

某客户的汽车在做定期维护，其发动机正时带已达到规定的更换周期，需要更换发动机正时带。检查张紧器，如有必要需进行修理或更换。

一　理论知识准备

(一)配气正时机构的工作过程

配气正时是指进、排气门的开闭时刻和开启的持续时间，通常用曲轴转角来表示。

配气正时机构主要包括凸轮轴、曲轴正时齿轮、凸轮轴正时齿轮、正时齿形带、张紧轮等部件，如图 2-1 所示。

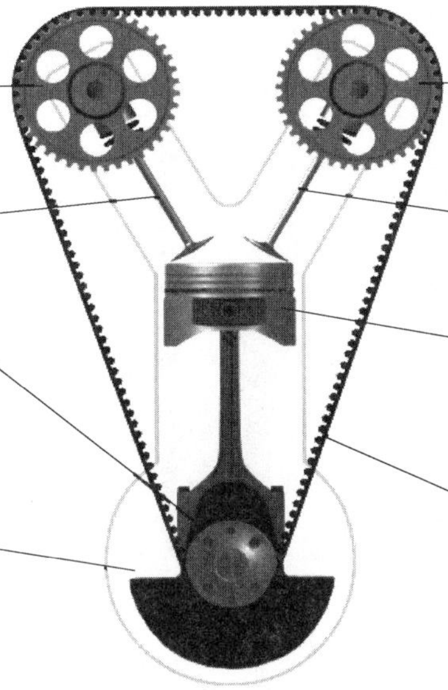

图 2-1　配气正时机构

发动机工作时，曲轴通过曲轴正时齿轮、正时齿形带、凸轮轴正时齿轮带动凸轮轴旋转，当凸轮轴上凸轮的凸起部分顶住气门挺柱时，气门挺柱压缩气门弹簧，使气门开启。当凸轮轴上凸轮的凸起部分离开气门挺柱时，在气门弹簧的作用下，气门关闭。

凸轮轴通过正时齿形带由曲轴驱动。四冲程发动机完成一个工作循环，曲轴旋转两周，各缸进、排气门开闭一次，凸轮轴只需转 1 周，因此曲轴与凸轮轴的转速之比为 2:1。

（二）配气正时机构的常见传动方式和特点

为了保证发动机在工作时装配正时不发生改变，在发动机曲轴前端装有曲轴正时齿轮（或链轮），在凸轮轴前端装有凸轮轴正时齿轮（或链轮），两个正时齿轮（或链轮）都能够与相应的轴一同转动，并在两个正时齿轮（或链轮）之间装有正时传动装置，使装配好的曲轴与凸轮轴按固定传动比同步转动，以保证装配正时保持不变。

配气正时机构的传动方式一般采用链条驱动或正时齿形带驱动，有些汽车还采用正时齿轮驱动方式。常见传动方式有齿轮传动、链传动和齿形带传动三种，如图 2-2 所示。

1 齿形带传动

从 20 世纪 80 年代初开始，齿形带传动逐渐得到广泛使用。与链传动相似，采用齿形带传动时，曲轴上的齿形带轮通过齿形带驱动凸轮上的齿形带轮，并用张紧轮调整齿形带张力，如图 2-2a）所示。齿形带由纤维和橡胶制成，一面具有齿形，另一面是平面，具有噪声小、质量轻、成本低、工作可靠和不需要润滑等优点。齿形带要求汽车每行驶 1 万 km 检查一次，以确保工作可靠。和齿轮传动一样，齿形带传动和链传动，在主动轮和从动轮上都有正时记号，安装时须按要求对准，以确保配气正时。

a)齿形带传动　　b)链传动　　c)齿轮传动

图 2-2　曲轴和配气凸轮轴的传动方式

2 链传动

链传动用于顶置式凸轮轴的传动，尤其是顶置式凸轮轴的高速汽油机采用链传动的很多，如图 2-2b）所示。与正时带传动相比，正时链传动具有以下特点：

（1）使用寿命长（有些正时链在整个发动机使用过程中无需更换），工作可靠，故障率低，维修成本低。

（2）正时链高速运转，会导致正时链磨损快，使链转动的噪声增大，因此，必须要设计相应的润滑系统进行冷却和润滑，会增加发动机的设计和制造成本。

（3）正时链传动阻力大，传动惯性大，会增加油耗，降低性能。

目前，大多数发动机采用静音链传动，能够很好地解决链传动噪声大的问题。

3 齿轮传动

凸轮轴下置、中置的配气正时机构大多采用圆柱形正时齿轮传动，如图 2-2c）所示。汽油机一般只用一对正时齿轮，即曲轴正时齿轮和凸轮轴正时齿轮。

（三）发动机装配正时

发动机装配正时是指装配时确定曲轴与凸轮轴的相对位置，以确保活塞的行程与气门开闭的时刻相对应。发动机装配正时是配气正时和点火正时的基础，如果发动机装配正时不准，会导致发动机配气正时和点火正时不准，发动机将无法正常工作。为了保证发动机装配正时正确，在发动机的曲轴和凸轮轴上都标有装配正时标记，不同发动机装配正时的标记也不同，如图 2-3 所示。在发动机装配时，只要把正时标记对准，就可保证发动机装配正时正确。

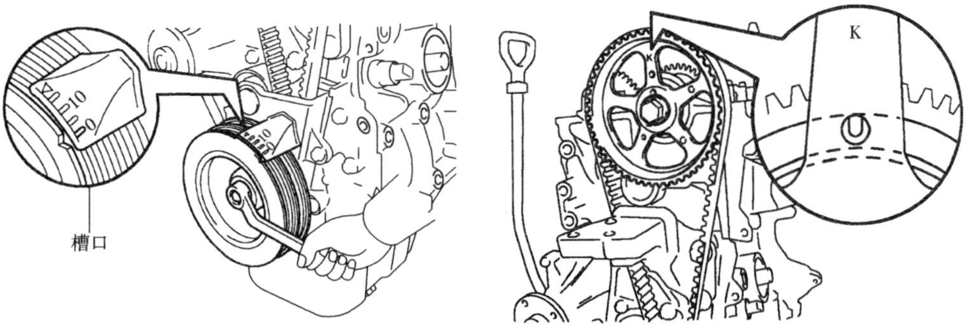

a)曲轴传动带轮上的装配标记　　b)凸轮轴上的装配标记

图 2-3　曲轴传动带轮和凸轮轴上的装配标记

(四)配气正时

在介绍四冲程发动机工作原理时,把气门的开闭时间与活塞行程、曲轴转角三者之间的关系作了理论上的简化,就是把进、排气过程都看作是在活塞的一个行程内即曲轴转动180°内完成的,即进、排气门的开关时刻正好在活塞的上、下止点处。但实际情况并非如此,由于现代汽车发动机的转速都很高,为了保证汽缸进气充分、排气彻底,气门实际开启和关闭时刻并不正好在活塞的上、下止点,而是适当的提前和延迟。

1 进气门的配气正时

(1)进气提前角和迟后角。在排气行程接近终了,活塞到达上止点之前,进气门便开始开启,从进气门开始开启到上止点所对应的曲轴转角 α 称为进气提前角,α 一般为10°~30°。从下止点到进气门关闭所对应的曲轴转角 β 称为进气迟后角,β 一般为40°~80°。

可见,整个进气过程持续的时间(持续角)相当于曲轴转角为 $\alpha+180°+\beta$。

(2)进气门早开和迟关的目的。进气门早开,使得活塞到达上止点开始向下止点运动时,进气门已有一定开度,使新鲜气体顺利进入汽缸。进气门迟关可充分利用气流的惯性和缸内外的压力差继续进气,加上进气门早开和迟关增加了进气时间,可见,进气门早开、迟关能增加汽缸的充气量。

2 排气门的配气正时

(1)排气提前角和迟后角。在做功行程的后期,活塞到达下止点之前,排气门便开始开启。从排气门开始开启到下止点所对应的曲轴转角 γ 称为排气提前角,γ 一般为40°~80°。从上止点到排气门关闭所对应的曲轴转角 δ 称为排气迟后角,δ 一般为10°~30°。

整个排气过程持续的时间(持续角)相当于曲轴转角为 $\gamma+180°+\delta$。

(2)排气门早开和迟关的目的。排气门早开,使废气能利用自身压力迅速自由排出汽缸,减小排气行程活塞上行的阻力,可缩短废气在汽缸内的停留时间,防止发动机过热。排气门迟关,可利用废气压力和废气流的惯性继续排气。加上排气门早开和迟关延长了排气时间。所以,排气门早开、迟关可以使汽缸内的废气排除得更为干净。

❸ 气门重叠与气门重叠角

由于进气门早开和排气门晚关,出现了在上止点附近的一段时间内进气门和排气门同时开启的现象,这种现象称为气门重叠。对应的曲轴转角($\alpha+\delta$)称为气门重叠角。一般而言,气门重叠角越大,高速性能越好,但是会产生怠速不稳。

❹ 配气正时图

配气正时常用环形图来表示,称配气正时图,用于直观表示进、排气门的开启和关闭时刻,而最佳配气正时是由制造厂家通过反复试验来确定。如图 2-4所示。

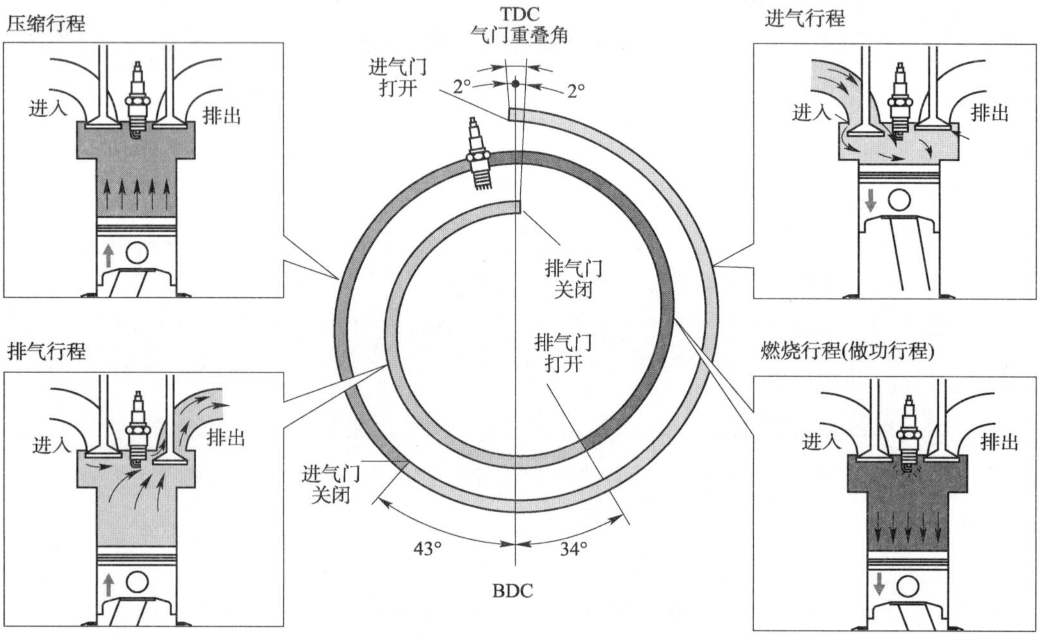

图 2-4　配气正时图

(五)可变配气技术

可变配气通常可通过可变正时、可变气门开启时长、可变升程三种方式实现。

图 2-5　可变气门正时凸轮轴

❶ 可变正时技术

可变正时技术通过调整凸轮轴与正时轮的相对位置,来保持最佳的气门正时,以适应发动机工作状况,从而实现在所有速度范围提高转矩和燃油经济性,减少废气排放量。这种结构只是改变进气门开、关时间的早晚,不影响气门的开启时长和气门升程,如图 2-5 所示。

可变正时技术通过安装在凸轮轴前端的油压装置(图 2-6),使凸轮轴可以另外做一些小角度转动，以使进气门在转速升高时得以提早开启。采用可变配气正时机构可按照发动机转速不同，匹配不同的配气定时，改善发动机的性能。

a)配气正时提前　　b)配气正时延后

图 2-6　正时轮在同一位置时配气正时的对比

② 可变气门开启时长技术

可变气门开启时长技术的特点是只改变进气门开、关时间的早晚，配气正时和气门升程保持不变，如图 2-7 所示。

a)气门开启时长变小　　b)气门开启时长变大

图 2-7　不同气门开启时长的对比

③ 可变升程技术

可变升程技术可以随发动机转速、负荷、冷却液温度等运行参数的变化，而适当地调整气门升程，使发动机达到最高效率，如图 2-8 所示。

(六)配气正时机构损坏与原因

发动机在工作时，如果出现正时传动装置断裂，发动机的曲轴和凸轮轴将不再同步转动，此时活塞的行程与气门的开闭时刻将不再对应，会出现活塞和气门占据着相同空间的情况，会发生“顶气门”，造成气门和活塞等部件严重受损。

正时带的损坏和故障取决于多种因素，或者说是这些因素一起作用的结果。这些因素包括以下几个方面。

a)气门升程变大　　b)气门升程变小

图 2-8　不同气门升程的对比

1 正常的磨损

经过长期使用的正时带发生了上百万次的扭曲和扭转变形,这样的变形很容易使正时带发生严重的磨损。工作正常的正时带,在其更换周期内,一般都不会发生因正常的磨损而导致损坏的情况。如果出现损坏,则说明正时带的工作情况不正常,一定存在其他方面的问题,主要包括以下几个方面:

(1)正时带的结构缺陷。正时带上的任何瑕疵都会导致其使用寿命的缩短,例如正时带上细小的裂纹、合成材料不完美、刻痕或切口等。如今,随着正时带制造工艺技术的进步,这些问题已经得到了很好的解决,很少出现这方面的问题。

(2)惰轮和导向轮转动不灵活。惰轮和导向轮是用来让正时带在张紧状态下保持对正,并在正确的轨迹上运转,同时最大限度地降低那些引起正时带破损的"飘移"作用。如果由于劣质轴承、破损轴套或是润滑不当等原因导致惰轮和导向轮不能自由旋转,那么正时带将会在惰轮和导向轮表面滑动,从而导致摩擦生热或把正时带表面磨得光滑。摩擦生热会加快正时带的老化,而表面的光滑将减弱正时带的传动。进而影响其正常功能。

(3)张紧轮运转不正确。张紧轮按需要提供适当的张紧力并自由地旋转,所以当张紧轮不能正确工作时,就像惰轮和导向轮一样,将会给正时带的工作寿命带来很大影响。

2 安装不准确

正时带工作时,每根正时带都绕着其轨迹以每分钟数千转的速度运动着,这种面接触的开合运动产生的巨大摩擦力将会导致正时带的提前损坏。因此,在安装正时带的前后,都要对正时系统各部件安装的位置进行仔细的检查,查看是否准确对正,这样就可以尽量避免因为安装位置不准确而导致正时带的提前损坏。

3 外部污染

与正时带相接触的任何东西都可能损坏正时带,这就是正时带工作时整个系统需要被覆盖和保护的原因。然而即使正时带的绝大部分都被保护起来,仍会有少量发动机内的油液(例如机油、冷却液等)影响到正时带,使其打滑或发生化学腐蚀。另外,小石子、小金属屑或其他碎屑也可以通过某些途径钻到正时带区域，这些也都可能损害正时带。

4 配件更换不正确

目前，大部分正时带制造商和供应商都提供正时带的更换组件，其中包括正时带、张紧轮、惰轮和导向轮在内的所有部件，并统一装在一个盒子里，这些部件都是根据特殊使用条件定做的。如果张紧轮或惰轮出现问题而不予更换，将会导致刚更换不久的正时带再一次出现故障，因此，最好是同时更换正时系统的所有部件。

二 任务实施

配气正时机构的拆装与检查

1 准备工作

(1)科鲁兹发动机。

(2)维修手册。

(3)常用拆装工具。

(4)专用工具：EN－6628－A 锁止工具、EN－652 固定工具、EN－6333 锁销。

(5)翼子板布、前格栅布、转向盘护套、变速杆手柄套、脚垫和座椅套等。

2 操作步骤与技术规范(表 2-1)

操作步骤与技术规范　　表 2-1

操作步骤	过　程	技术规范与操作要领
拆卸配气正时机构	拆卸曲轴扭转减振器	操作要领： (1)旋转曲轴扭转减振器紧固螺栓，直到标记 1 与汽缸 1 在上止点处对齐； 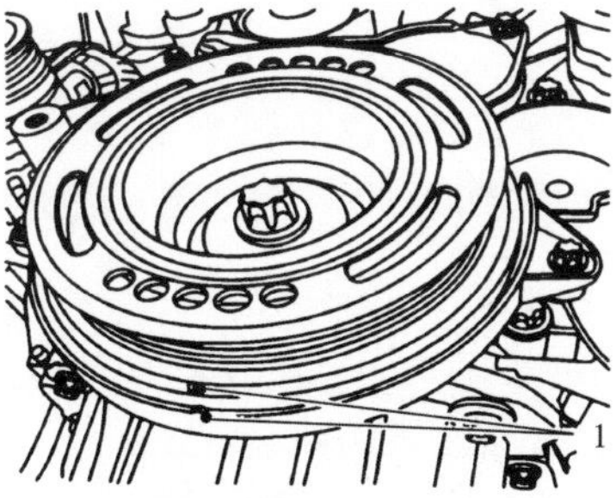 (2)箭头所指的六角水平对准凸轮轴，直至 EN－6628－A 锁止工具可以插入两个凸轮轴内；  (3)安装 EN－6628－A 锁止工具 1；

续上表

操作步骤	过　程	技术规范与操作要领
拆卸配气正时机构	拆卸曲轴扭转减振器	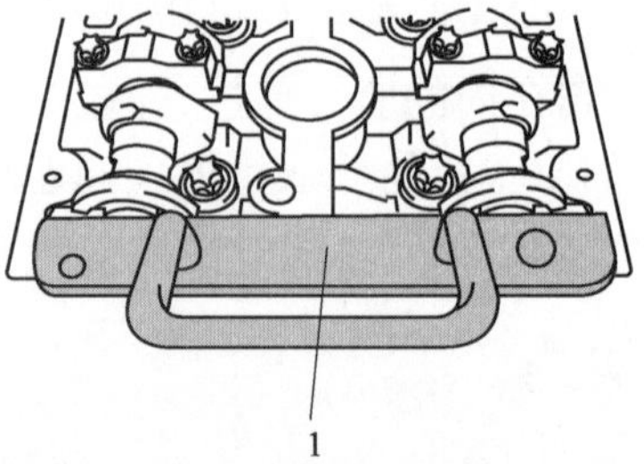 (4)安装 EN－652 固定工具 1，通过起动机齿圈锁止飞轮 2 或自动变速器挠性盘； 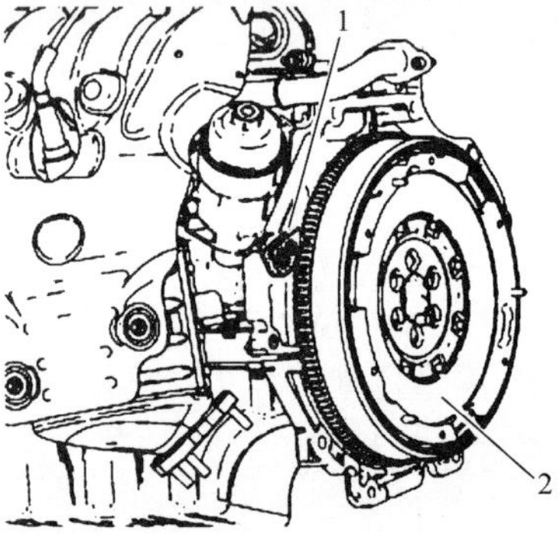 (5)拆下曲轴扭转减振器螺栓 4，拆下曲轴扭转减振器垫圈 3，拆下曲轴扭转减振器 2 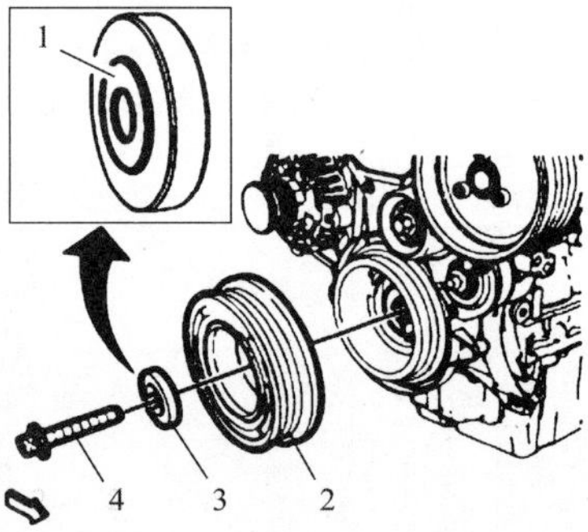
	拆卸正时带护盖	操作要领： (1)拆下 2 个正时带上前盖螺栓 2，拆下正时带上前盖 1； 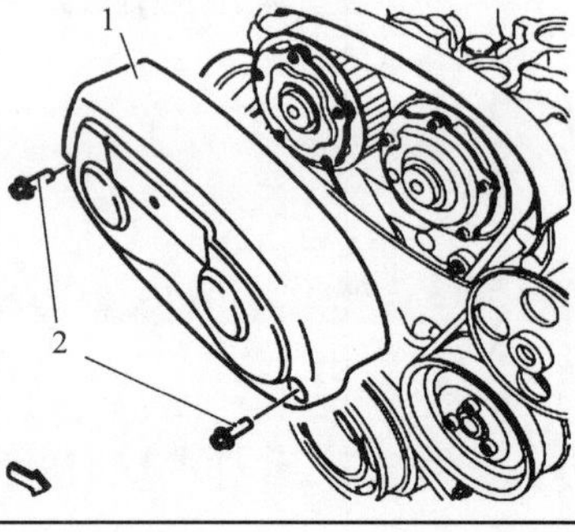

续上表

<table>
<tr><th>操作步骤</th><th>过　程</th><th>技术规范与操作要领</th></tr>
<tr><td rowspan="2">拆卸配气正时机构</td><td>拆卸正时带护盖</td><td>(2)拆下正时带中前盖 1;

(3)拆下 4 个正时带下前盖螺栓 2,拆下正时带下前盖 1
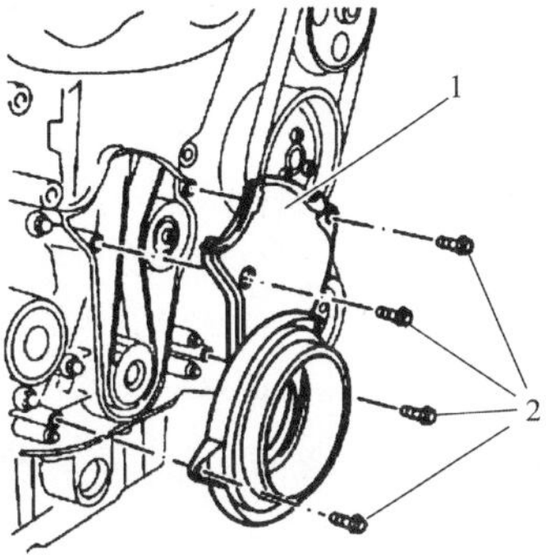
</td></tr>
<tr><td>拆卸正时带张紧器与正时带</td><td>操作要领:
(1)对齐正时带传动齿轮和油泵壳体;
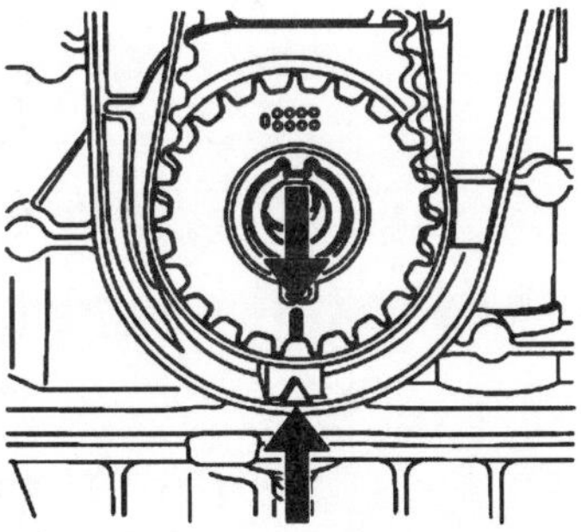
(2)使用内六角扳手 1 对正时带张紧轮 2 施加张力,安装 EN－6333 锁销 3;
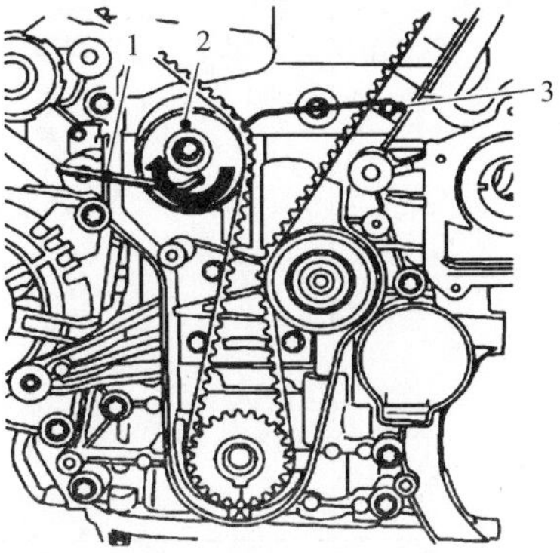
</td></tr>
</table>

续上表

<table>
<tr><th>操作步骤</th><th>过　程</th><th>技术规范与操作要领</th></tr>
<tr><td>拆卸配气正时机构</td><td>拆卸正时带张紧器与正时带</td><td>(3)拆下张紧器螺栓 3,拆下正时带张紧器 2,拆下正时带 1
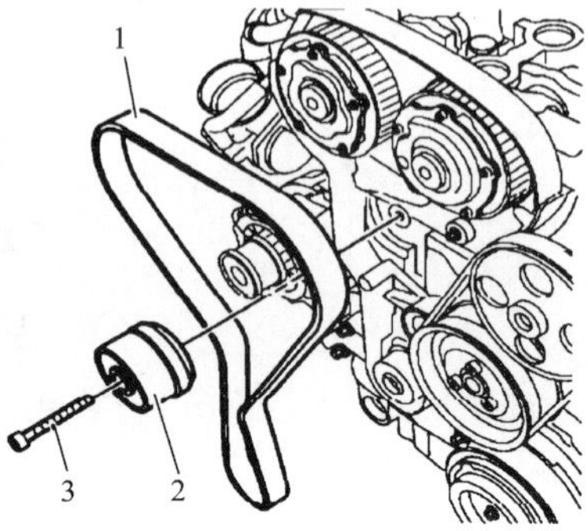
</td></tr>
<tr><td>检查配气正时机构</td><td>外观检查</td><td>操作要领:
(1)检查正时带是否磨损、损伤、裂纹、油污;
(2)检查曲轴链轮 1 的磨损状态;
(3)检查张紧轮 2 和惰轮 3 轴承是否松旷和有噪声;

(4)检查进排气凸轮轴位置执行器调节器齿轮 3 的磨损状态
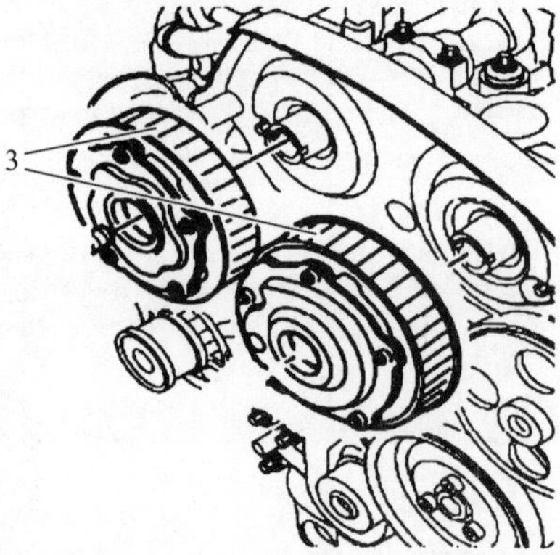
</td></tr>
</table>

续上表

操作步骤	过　程	技术规范与操作要领
安装配气正时机构	安装正时带张紧器及正时带	技术规范： (1)正时带张紧器螺栓拧紧力矩:20N·m； (2)安装正时带后,必须转动曲轴2圈以上,检查正时标记是否正确 操作要领： (1)安装新的正时带1； (2)引导正时带通过张紧器并将其放置在曲轴链轮上； (3)将正时带放置在排气和进气凸轮轴位置执行器调节器上； (4)安装新的正时带张紧器2,将正时带张紧器螺栓3紧固至20N·m； 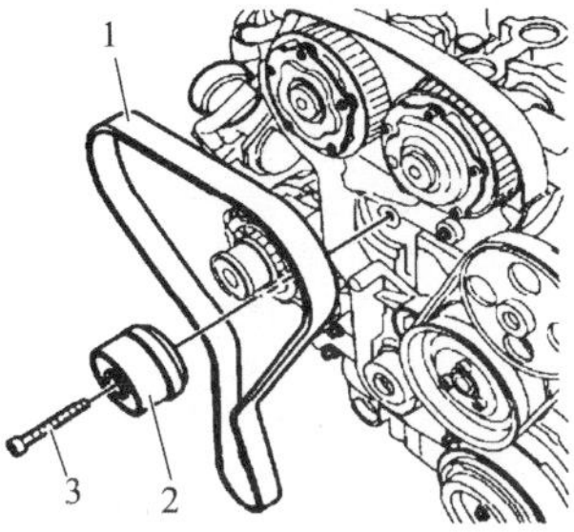 (5)使用内六角扳手1对正时带张紧轮2施加张力,拆下EN－6333锁销3； 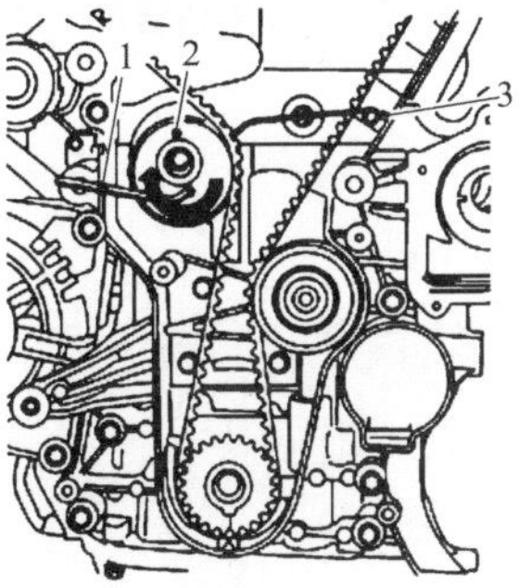 **注意**:正时带张紧器自动移至正确位置。 (6)释放正时带上的张力
	安装下部正时带护盖	技术规范： 正时带盖螺栓拧紧力矩:6N·m 操作要领： 安装下部正时带盖1。安装4个下部正时带盖螺栓2并紧固至6N·m 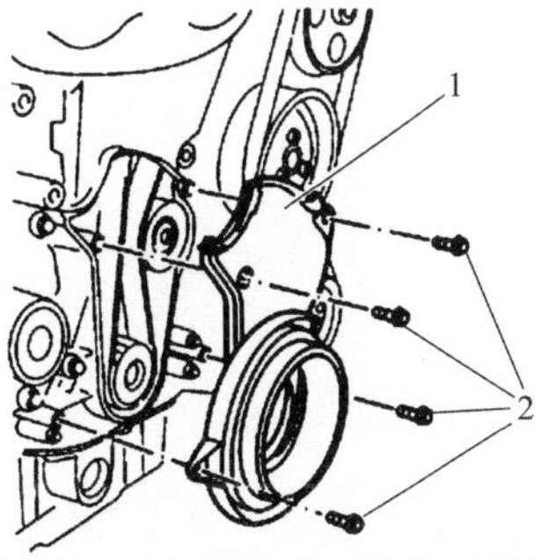

续上表

操作步骤	过　程	技术规范与操作要领
	安装曲轴扭转减振器	技术规范： 曲轴扭转减振器螺栓拧紧力矩：95N·m+45°+15° 操作要领： (1)安装曲轴扭转减振器 2； (2)安装新的曲轴扭转减振器螺栓 1 并使用专用角度仪分三遍紧固。第一遍紧固至 95N·m，第二遍紧固至 45°，第三遍紧固至 15°。 
安装配气正时机构	安装正时带中前盖	技术规范： 正时带上前盖螺栓拧紧力矩：6N·m 操作要领： (1)拆下 EN－652 固定工具 1； 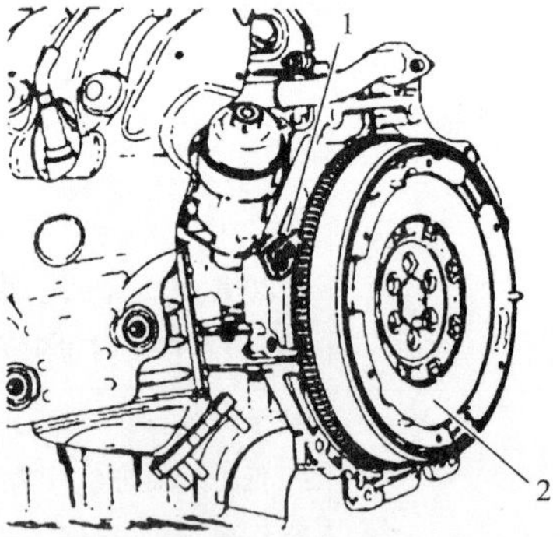 (2)拆下 EN－6628－A 锁止工具 1； 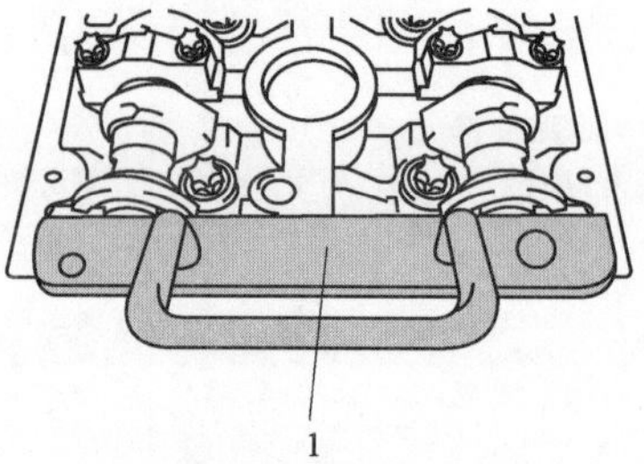 (3)旋转曲轴 2 圈以上，检查正时标记；

续上表

操作步骤	过　程	技术规范与操作要领
安装配气正时机构	安装正时带中前盖	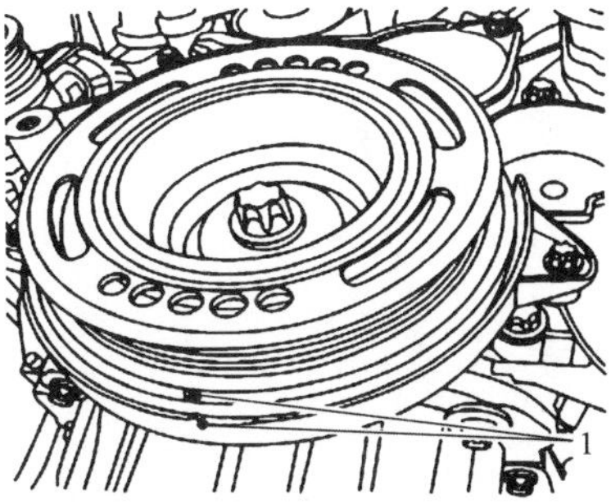 (4)安装正时带中前盖1；  (5)安装正时带上前盖1，安装2个正时带上前盖螺栓2并紧固至6N·m 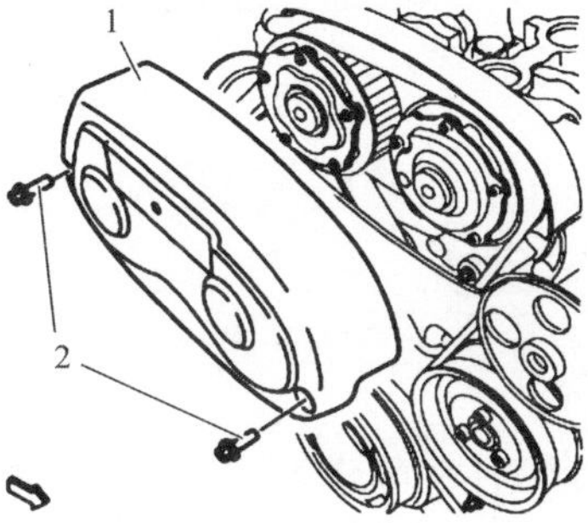

三　学习拓展

1　配气正时机构的张紧形式

为了保证正时传动装置正常、可靠的工作，正时传动装置必须装有张紧装置，以保持正时传动装置正常的张紧力。目前，多数发动机的正时传动装置都装有正时传动张紧力自动调节机构，如图2-9所示。有些发动机虽然装的是手动调整张紧力装置，但调节器本身是自动的，如图2-10所示。

2　正时链的检查

正时链长期使用后会发生磨损，正时链的磨损程度通常用其伸长量来判断。正时链的伸长量可通过测量正时链的全长或规定链节数的长度来进行测量。以测量卡罗拉1ZR发动机正时链为例,为使测量准确,测量正时链长度时,应将正时链用147N的力拉直,再用游标卡尺测量15个链节的长度,如图2-11所示。若长度不符合规定值,应更换正时链。

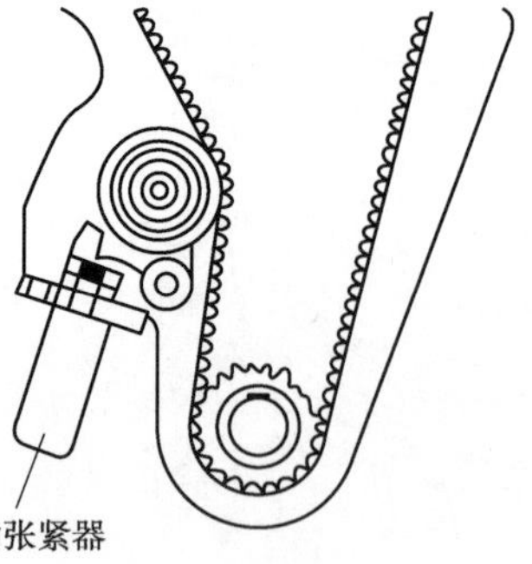

图2-9　自动调整张紧式

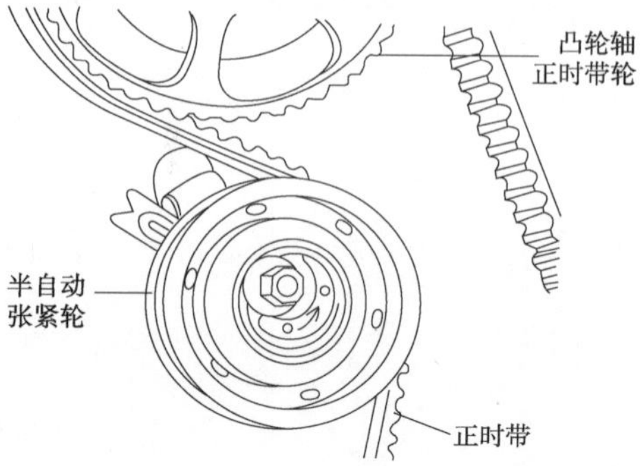

图2-10　手动调整张紧式

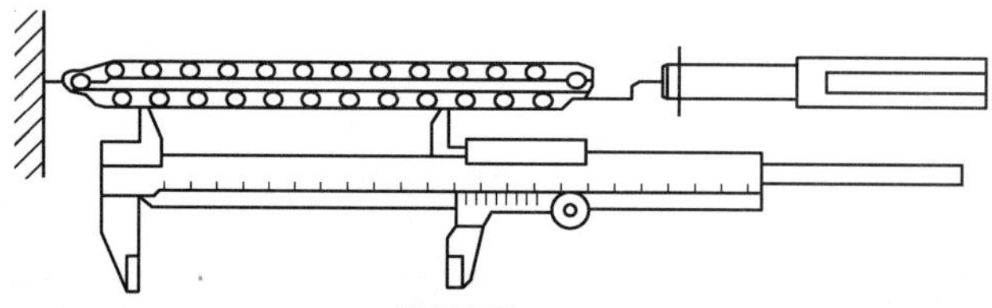

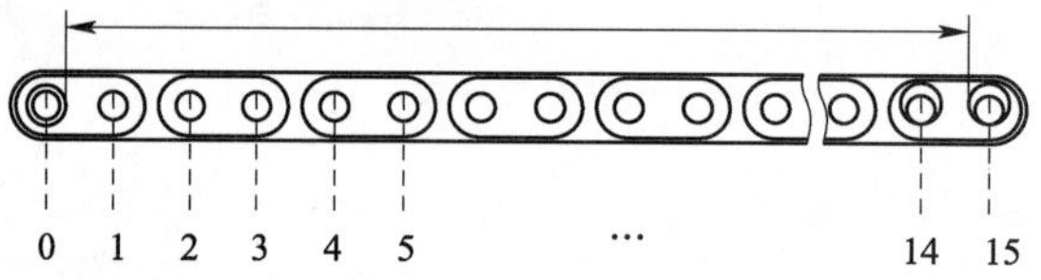

图2-11　卡罗拉1ZR发动机正时链伸长量的检查

四 评价与反馈

1 自我评价

(1)通过本学习任务的学习你是否已经知道以下问题:

①请简述汽车的整体构成?

____

____。

②配气正时机构的作用是什么?请简述其基本组成?

____

____。

③配气正时机构的常见传动方式有哪些?

____

____。

④发动机装配正时不正确会有何影响?

____

____。

(2)更换配气正时机构的操作过程中用到了哪些工具?

____

____。

(3)实训过程完成情况如何?

____

____。

(4)通过本学习任务的学习,你认为自己的知识和技能还有哪些欠缺?

____

____。

签名:____________　________年____月____日

2 小组评价(表2-2)

小组评价表　表2-2

序号	评价项目	评价情况
1	着装是否符合要求	
2	是否能合理规范地使用仪器和设备	
3	是否按照安全和规范的流程操作	
4	是否遵守学习、实训场地的规章制度	
5	是否能保持学习、实训场地整洁	
6	团结协作情况	

参与评价的同学签名:____________________　________年____月____日

3 教师评价

____

____。

教师签名:____________　________年____月____日

五 技能考核标准(表2-3)

技能考核标准表　表2-3

序号	项目	操作内容	规定分	评分标准	得分
1	拆卸配气正时机构	拆卸曲轴扭转减振器	15分	(1)曲轴扭转减振器上的标记没有与1缸上止点处对齐,扣5分; (2)EN－6628－A锁止工具安装不正确,扣5分; (3)EN－652固定工具安装不正确,扣5分	
		拆卸正时带张紧器与正时带	10分	(1)未对齐正时带传动齿轮和油泵壳体,扣5分; (2)安装EN－6333锁销方法不正确,扣5分	

续上表

序号	项目	操作内容	规定分	评分标准	得分
2	检查配气正时机构	外观检查	20分	(1)未检查正时带磨损、损伤、裂纹、油污,扣5分; (2)未检查曲轴链轮的磨损状态,扣5分; (3)未检查张紧轮和惰轮轴承松旷、噪声,扣5分; (4)未检查进排气凸轮轴位置执行器调节器齿轮的磨损状态,扣5分	
3	安装配气正时机构	安装正时带张紧器及正时带	25分	(1)拆下EN－6333锁销方法不正确,扣5分; (2)释放正时带上的张力方法不正确,扣5分; (3)正时带张紧器螺栓未紧固至规定力矩,扣5分; (4)安装正时带后,检查安装状况不正确,扣10分	
		安装下部正时带护盖	5分	安装下部正时带盖螺栓未紧固至规定力矩,扣5分	
		安装曲轴扭转减振器	10分	安装新的曲轴扭转减振器螺栓未紧固至规定力矩,扣10分	
		安装正时带中前盖	5分	安装正时带上前盖螺栓未紧固至规定力矩,扣5分	
4	安全文明生产	(1)安全放置、固定被检配件; (2)检测工具、设备使用方法、步骤符合安全要求; (3)操作过程必备安全防护用品佩戴齐全; (4)现场整洁	10分	(1)不安全放置的,扣2分; (2)工具、设备使用方法不安全的,扣3分; (3)防护用品佩戴不齐全的,扣3分; (4)现场不整洁,扣2分	
		安全用电,防火,无人身,设备故障		因违规操作发生重大人身和设备事故,此题按0分记	
分数合计			100分		

学习任务三　发动机配气机构的检测与维修

学习目标

知识目标

1. 掌握配气机构的功用与组成；
2. 掌握配气机构的主要布置形式；
3. 掌握气门组构造及工作过程；
4. 掌握凸轮轴构造及结构特点；
5. 了解气门间隙的概念及液压挺柱的工作原理。

技能目标

1. 能正确完成气门组的拆装与测量；
2. 能正确完成凸轮轴的拆装与测量；
3. 能正确检查与调整气门间隙。

建议课时

16 课时。

任务描述

某客户反映汽车近期动力不足，油耗增加。经检测排除机体密封不严，初步诊断为气门密封不严所致，需要对配气机构进行解体检查。

一　理论知识准备

(一)配气机构的功用与组成

配气机构的作用是按照发动机的工作循环和点火次序的要求，定时地开闭进、排气门、向汽缸供给可燃混合气(汽油机)或新鲜空气(柴油机)，并及时排出废气。

配气机构由气门组和气门传动组组成,如图 3-1 所示。

气门组包括气门、气门座、气门导管和气门弹簧等部件。

气门传动组(配气正时机构)包括凸轮轴、曲轴正时齿轮、凸轮轴正时齿轮、正时齿形带、张紧轮、气门挺柱等部件。

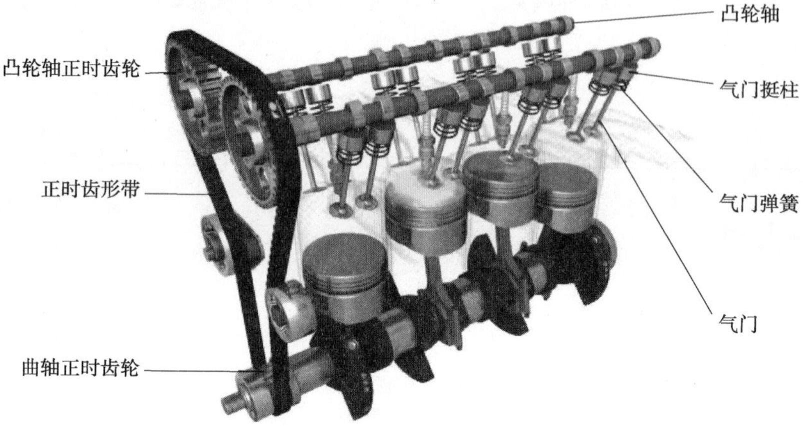

图 3-1　配气机构组成

(二)配气机构的主要布置形式

配气机构的主要布置形式有:侧置式,气门布置在汽缸的一侧;顶置式,气门布置在汽缸盖上,如图 3-2 所示。

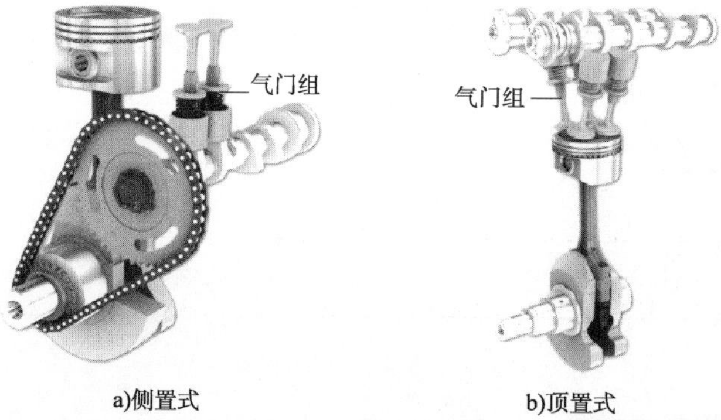

a)侧置式　　b)顶置式

图 3-2　按气门的布置位置

气门的数目常见有 2 气门、3 气门、4 气门和 5 气门,如图 3-3 所示。多气门结构,使发动机的进排气流通截面积增大,提高了充气效率,改善了发动机的动力性能、经济性能和排放性能。

(三)气门组的功用与组成

气门组的作用是实现汽缸的密封。气门组的组成及各零件间的装配关系,如图 3-4 所示。

1 气门

气门主要起到控制进、排气道的开闭作用。

气门是在高温、高压、润滑困难等条件下工作，这就要求气门具有足够的强度、刚度、耐磨、耐高温、耐腐蚀等特性。通常进气门采用合金钢（铬钢或镍铬等）制成，排气门采用耐热合金钢（硅铬钢等）制成。

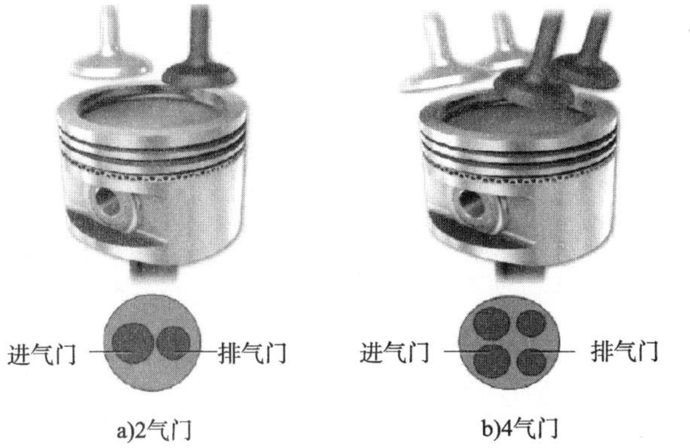

图3-3　按每缸气门的数目

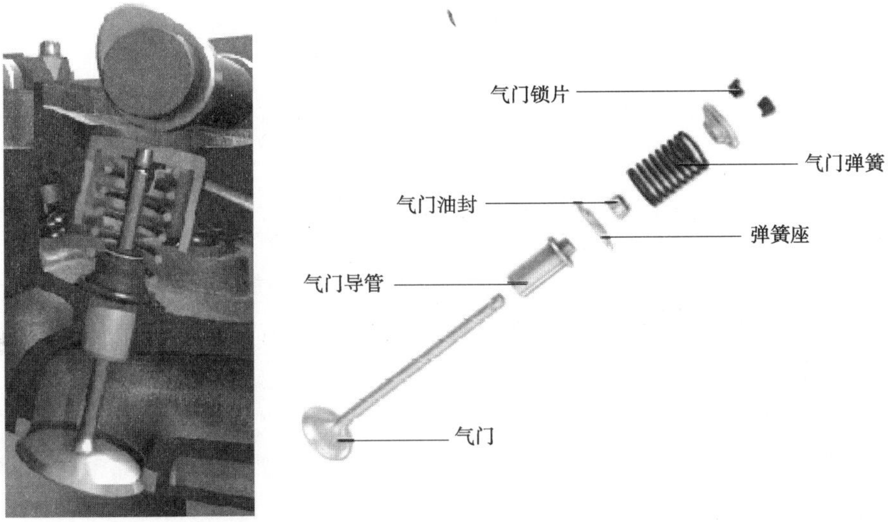

图3-4　气门组的组成

气门主要由两部分组成：头部和杆身，如图3-5所示。

气门头部与气门座圈的接触面是一个圆锥斜面，如图3-6所示，这个斜面与气门顶部平面之间的夹角称为气门锥角，一般为45°和30°。进气门锥角较小时，气门通过断面较大，进气阻力较小，可以增加进气量。但是，气门锥角小其气门头部边缘较薄，刚度较差，容易变形，致使气门与气门座圈之间的密封性变差。较大的气门锥角可提高气门头部边缘的刚度，气门落座时有较好的自动对中作用，与气门座圈有较大的接触压力等。这些都有利于气门与气门座圈之间的密封和传热，并有利于挤掉密封锥面上的积炭。因此，气门头边缘应保持一定厚度，一般为1～3mm，以防工作中冲击损坏和被高温烧蚀。考虑到排气阻力对发动机性能的影响比进气阻力小得多，为减小进气阻力，增加进气量，一般进气门头部直径比排气门大。

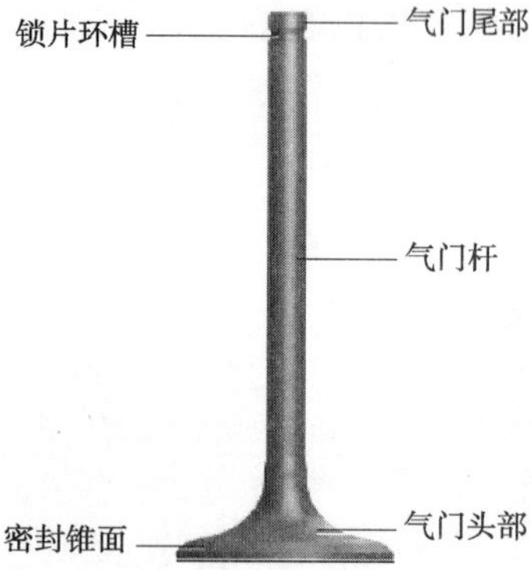

图 3-5　气门的结构

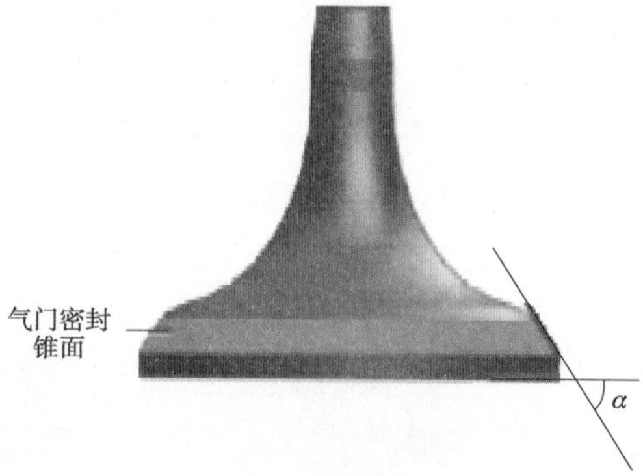

图 3-6　气门锥角

气门杆与气门头部制成一体，装在气门导管内起导向作用，杆身与头部采用圆滑过渡连接。气门杆尾端的形状决定气门弹簧座的固定方式，采用剖分成两半且外表面为锥面的气门锁夹来固定上气门弹簧座，如图 3-7 所示，结构简单，工作可靠，拆装方便，因此得到了广泛的应用。

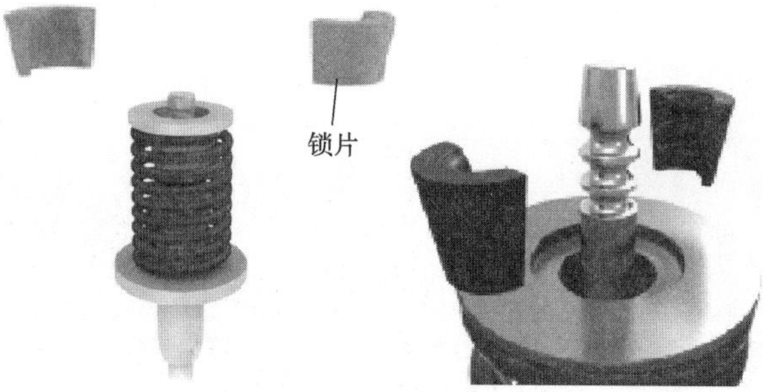

图 3-7　气门弹簧座的固定

2 气门座圈

汽缸盖上的进、排气道与气门锥面相接合的部位称为气门座圈，如图 3-8 所示，气门座圈的锥角与气门锥角相同，一般也是 30°或 45°。气门座圈与气门头部密封锥面配合密封汽缸，此外，气门座圈对气门起到导热作用。

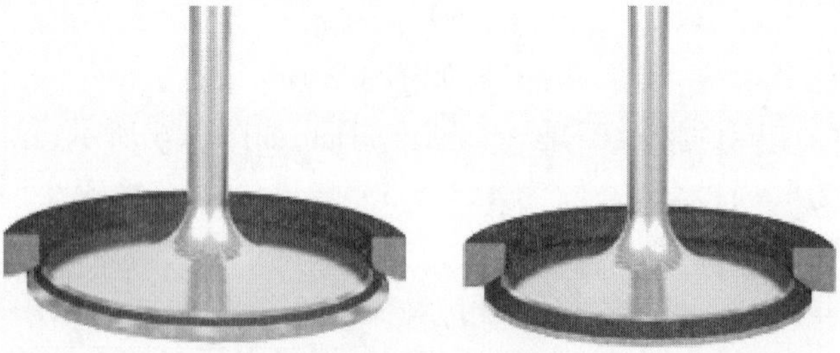

图 3-8　气门座圈

3 气门导管

气门导管对气门起导向作用，保证气门作直线往复运动，使气门与气门座圈紧密贴合，承受侧向作用力并起传热作用。

气门与气门导管间留有微量间隙，从而保证气门杆能在气门导管中自由运动。该间隙过小，会导致气门杆受热膨胀与气门导管卡死；间隙过大，会使机油进入燃烧室燃烧。为了防止过多的润滑油进入燃烧室，有的在气门导管上安装有橡胶油封。

4 气门弹簧

气门弹簧的作用是保证气门关闭时能紧密地与气门座圈贴合，并防止气门在发动机振动时因跳动而破坏密封。为保证上述作用的实现，气门弹簧的刚度一般都很大，而且在安装时进行了预紧压缩。

（四）气门传动组的功用与组成

气门传动组的作用是按发动机配气相位要求的时间及时开、闭气门，并保证规定的开启时间和开启高度。由于气门驱动形式和凸轮轴位置的不同，气门传动组的零件组成差别很大。

气门传动组包括凸轮轴、挺柱、推杆、摇臂气门间隙调整螺钉等。

1 凸轮轴

凸轮轴是气门驱动组中最主要的零件，如图3-9所示，其功用是用来驱动并控制各缸气门的开启和关闭，使其符合发动机的工作顺序、配气正时及气门开度的变化规律等要求。

常见的布置形式有顶置凸轮轴、中置式凸轮轴、下置式凸轮轴，如图3-10所示。

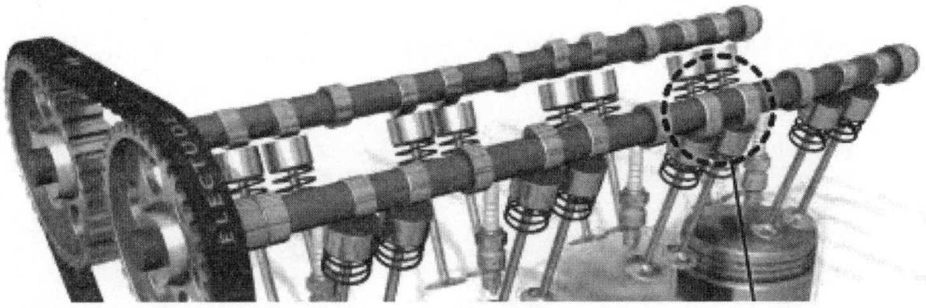

图3-9　凸轮轴

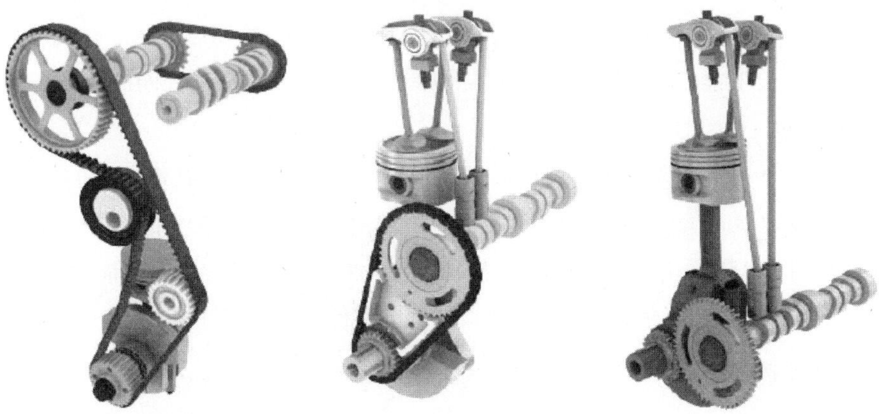

a)顶置式　　b)中置式　　c)下置式

图3-10　按凸轮轴布置位置

顶置凸轮轴的特点是气门和凸轮轴都布置在汽缸盖上，凸轮轴由链条或齿形带驱动直接顶动气门，从而可取消摇臂、摇臂轴、推杆，以提高整个系统的刚度。

下置凸轮轴大多数用于转速较低的发动机，其特点是凸轮轴平行布置在曲轴的一侧，由于曲轴和凸轮轴位置靠近，只用一对正时齿轮传动，使得传动系比较简单，但刚度较低。

顶置式凸轮轴有单顶置(SOHC)和双顶置(DOHC)之分。单顶置凸轮轴将进气凸轮和排气凸轮布置在同一根凸轮轴上。双顶置式凸轮轴的两根凸轮轴，一根是进气凸轮轴，上面布置有各缸的进气凸轮；另一根是排气凸轮轴，上面布置的是各缸的排气凸轮。

2 凸轮轴轴颈与轴承

凸轮轴轴颈用来支承凸轮轴，凸轮轴有全支承和非全支承两种。全支承凸轮轴每个汽缸两端都有一个轴颈，而非全支承则是每隔两个汽缸设置一个轴颈。由于装配方式的不同，轴颈的直径有的相等，有的则从前向后依次减小，以便于安装。

凸轮轴轴颈的润滑采用压力润滑，汽缸体或汽缸盖上钻有油道与轴承相通。凸轮与挺柱间采用飞溅润滑。

3 挺柱

挺柱的功用是将凸轮轴旋转时产生的推力传给推杆或气门，有普通挺柱和液压挺柱两种。

普通挺柱常见的形式有筒式和滚轮式两种，如图 3-11 所示，。大多数发动机采用筒式挺柱，有些大型柴油机采用滚轮式挺柱，滚轮式挺柱可减少摩擦力和侧向力，但结构复杂，质量大。挺柱的下端设有油孔，以便将漏入挺柱内的机油引到凸轮表面进行润滑。

图 3-11　普通挺柱

液压挺柱的长度能自动调整，所以不需预留气门间隙，也没有气门间隙调整装置。

4 推杆与摇臂

在下置式凸轮轴的配气机构中设有推杆，其作用是将挺柱传来的作用力传给摇臂。

摇臂的功用是将推杆或凸轮传来的作用力，改变方向后传给气门使其开启。摇臂是一个双臂杠杆，以摇臂轴为支点，两臂不等长，如图 3-12 所示。短臂端加工有螺纹孔，用来拧入气门间隙调整螺钉，长臂端加工成圆弧面，是推动气门的工作面。

(五)气门间隙

1 气门间隙的含义

发动机工作时，气门因温度升高而膨胀。通常在发动机冷态装配(气门完全关闭)

时，在气门与其传动机构中，留有适当的间隙，以补偿气门受热后的膨胀量，这一间隙通常称为气门间隙，如图3-13所示，不同机型，气门间隙的大小不同，根据试验确定，一般冷态时，排气门间隙大于进气门间隙，进气门间隙为0.25～0.3mm，排气门间隙为0.3～0.35mm。

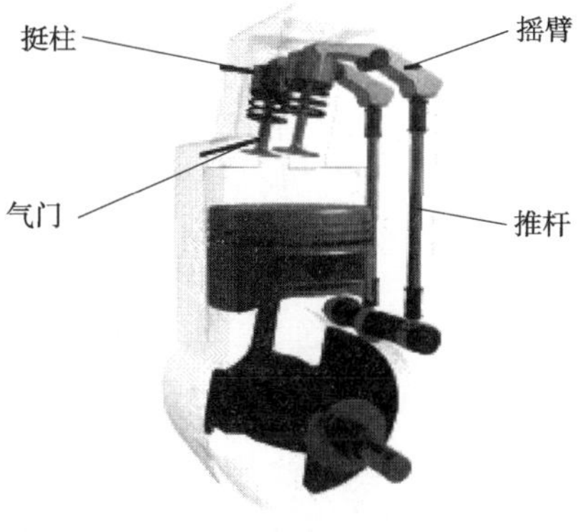

图3-12　摇臂组件结构图

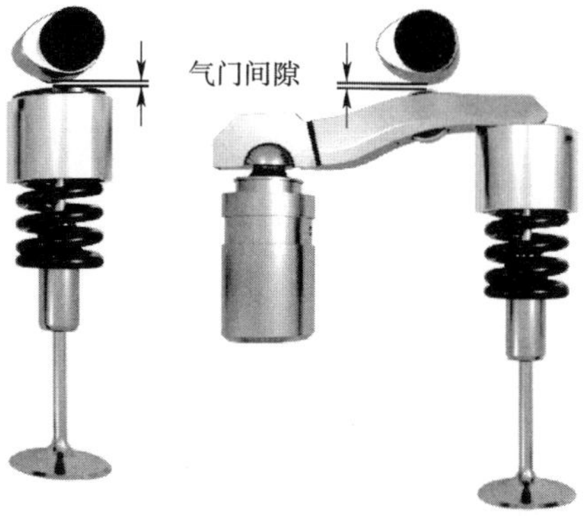

图3-13　气门间隙

2 气门间隙异常的影响

气门间隙的大小，对发动机的工作和性能影响很大。如果气门间隙过小，发动机在热态下可能因气门关闭不严而发生漏气，导致功率下降，不易起动甚至气门烧坏。如果气门间隙过大，则使传动零件之间以及气门和气门座之间产生撞击响声，并加速磨损。同时，也会使气门开启的持续时间减少，汽缸的充气以及排气情况变差。

对采用液压挺柱的发动机，由于挺柱的长度能自动变化，随时补偿气门的热膨胀量，故不需要预留气门间隙。

3 气门间隙常见的调整方法

（1）用更换气门挺杆的方法调整气门间隙，如图3-14所示。

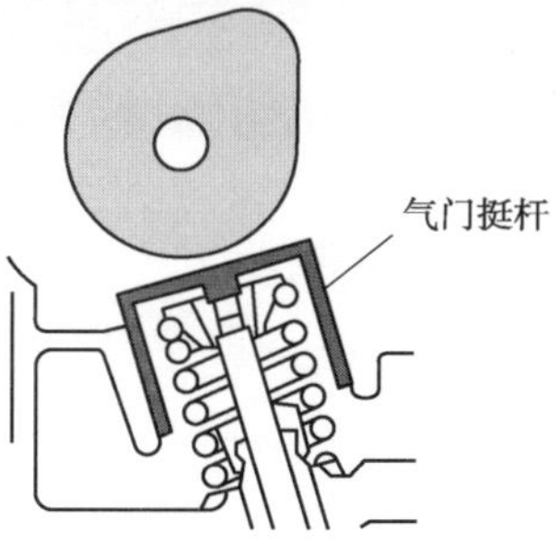

图3-14　更换气门挺杆调整间隙

（2）用更换调整垫片的方法，调整气门间隙，如图3-15所示。

（3）通过转动安装在摇臂上的调整螺钉调整气门间隙，如图3-16所示。

（六）气门间隙液压补偿机构

轿车发动机普遍采用气门间隙液压补偿机构，气门间隙液压补偿机构能自动调整，所以不需预留气门间隙，也没有气门间隙调整装置。

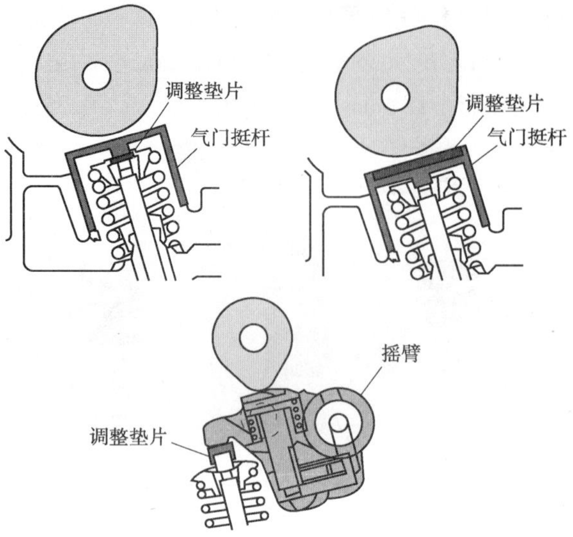

图 3-15　更换调整垫片调整间隙

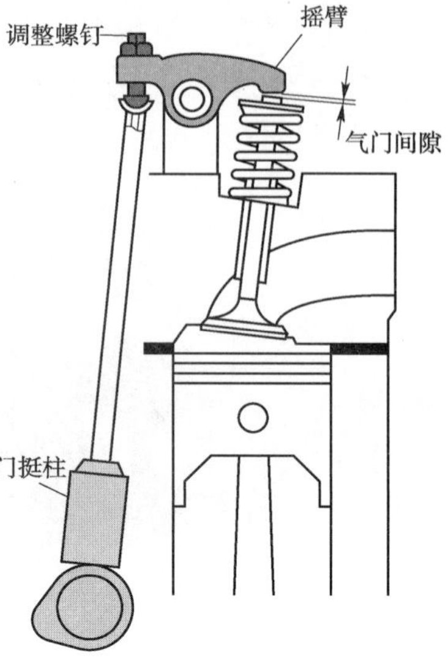

图 3-16　调整螺钉调整间隙

气门间隙液压补偿机构结构，如图 3-17 所示，其工作原理是当发动机温度变化时，通过油腔油压来调整摇臂一端的高度，从而起到补偿气门间隙的目的。

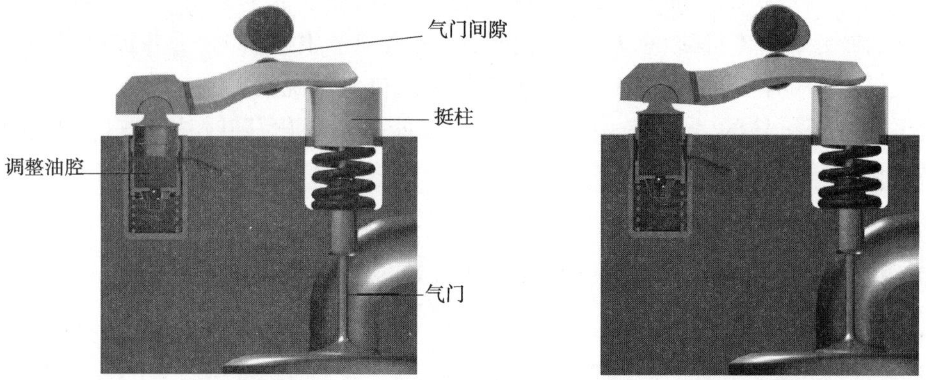

a)气门间隙未补偿　　b)气门间隙补偿

图 3-17　气门间隙液压补偿机构

二 任务实施

（一）气门组的拆装

1 准备工作

（1）科鲁兹发动机。

（2）维修手册。

（3）常用拆装工具。

（4）专用工具：EN－849 装配托架、EN－6167 固定工具、EN－6171 释放工具、EN－6215 安装设备、EN－840 拆卸工具、EN－9585 气门杆密封件安装工具、EN－6086 基本套件、弹簧和楔块更换工具、EN－6215－3 锁销。

(5)翼子板布、前格栅布、转向盘护套、变速杆手柄套、脚垫和座椅套等。

2 操作步骤与技术规范(表3-1)

操作步骤与技术规范　　表3-1

操作步骤	过　程	技术规范与操作要领
拆卸气门挺柱	拆卸气门挺柱	技术规范： 拆卸气门挺柱并将其放在一个显示组装位置的纸上 操作要领： (1)不要用钳子,因为使用钳子可能损坏气门挺柱； (2)重新组装时,将气门挺柱重新组装在与其拆卸时完全相同的位置
拆卸气门	安装气门拆卸专用工具	操作要领： (1)安装 EN－6215－4 装配装置的 EN－6215－5 侧支座1； 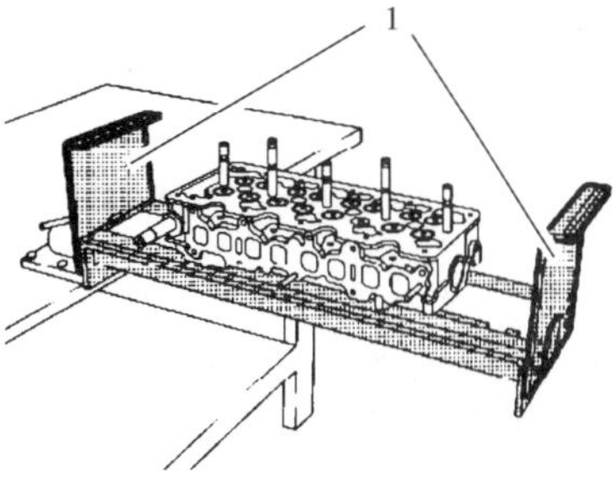 (2)安装 EN－6215－4 装配装置1； 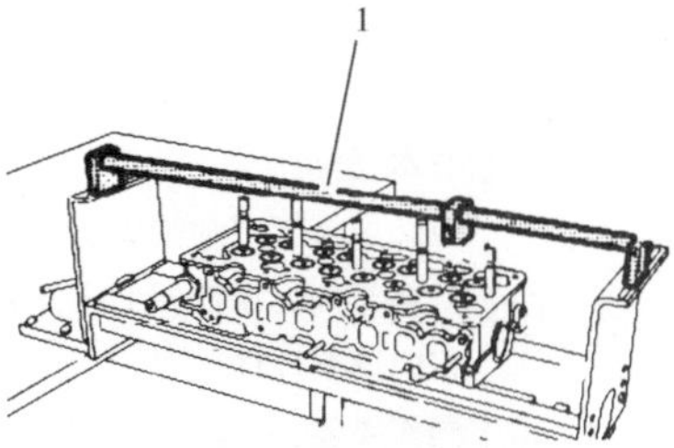 (3)必须清除火花塞螺纹上的燃烧残留物,以确保可以正确连接反向固定工具,将丝锥(M14×1.25)1 插入火花塞螺纹中并平稳拧入； 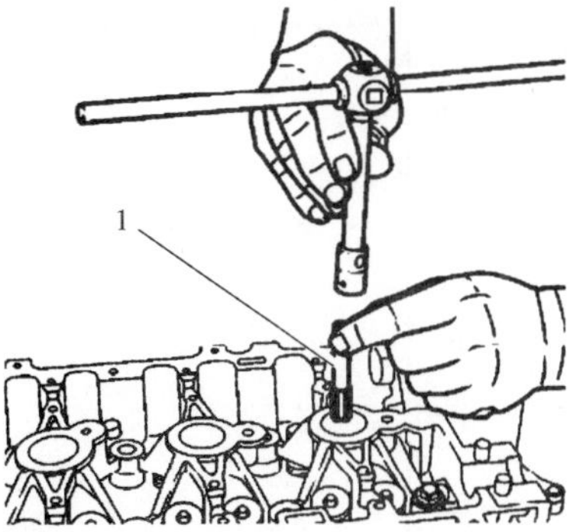 (4)转动汽缸盖底板； (5)安装反向固定工具,为适用不同燃烧室类型,有两种反向固定工具,即 A 型和 B 型；

续上表

<table>
<tr><th>操作步骤</th><th>过　程</th><th>技术规范与操作要领</th></tr>
<tr><td rowspan="2">拆卸气门</td><td>安装气门拆卸专用工具</td><td>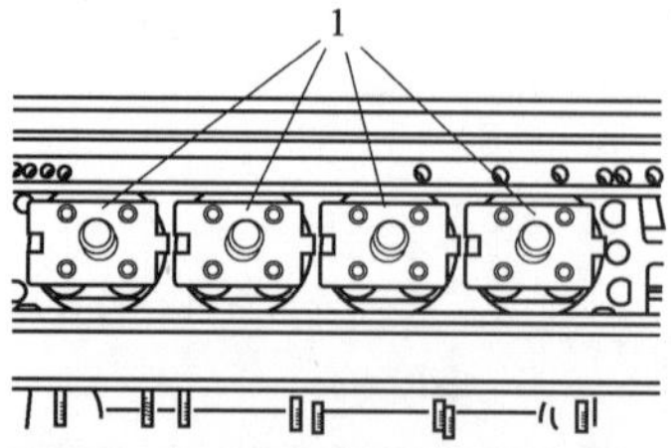

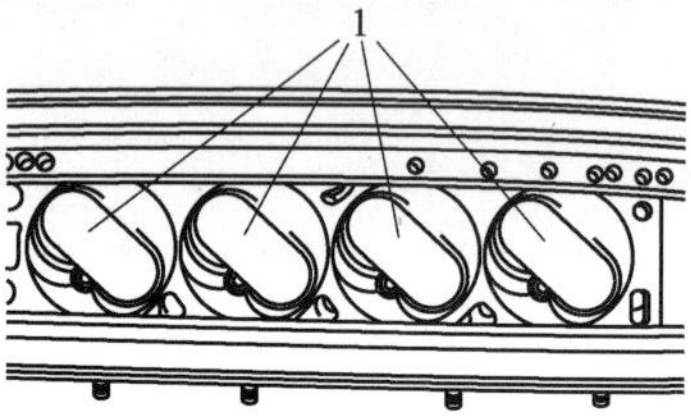

(6)安装 EN－6167 固定工具 1,用安全锁销连接 EN－6215－3 安装设备 3,安装固定螺栓 2。再次转动汽缸盖底板
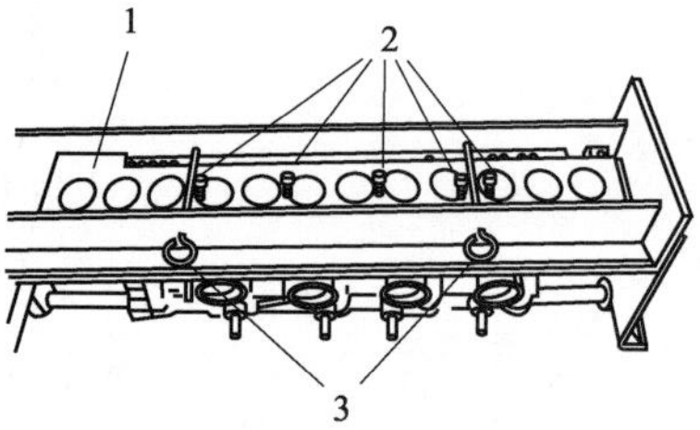
</td></tr>
<tr><td>拆卸气门及气门弹簧</td><td>技术规范:
必须将气门弹簧压缩工具 1 平行定位在气门弹簧上,以确保工具和组件都不会损坏,为此,在杠杆上选择适当的孔。如果不能平行定位气门弹簧压缩装置,必须相应调整杠杆
操作要领:
(1)确保在拆卸气门楔块过程中没有损坏任何专用工具,用 EN－6171 释放工具 1 松开气门座圈,将 EN－6171 释放工具放在气门座圈上,并用橡胶锤短暂敲击,所有气门座圈都将松开;
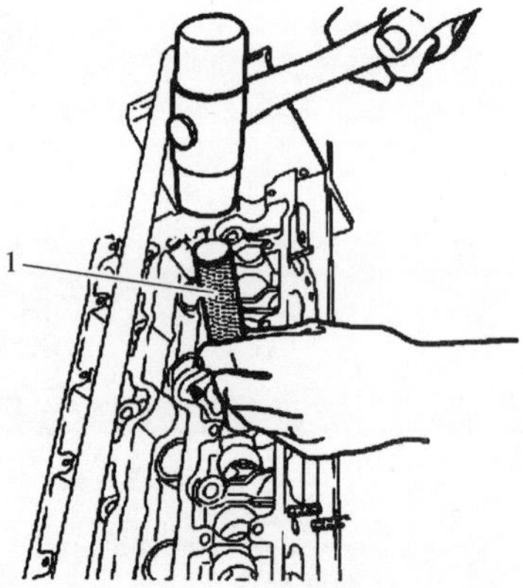
</td></tr>
</table>

续上表

<table>
<tr><th>操作步骤</th><th>过　程</th><th>技术规范与操作要领</th></tr>
<tr><td rowspan="2">拆卸气门</td><td>拆卸气门及气门弹簧</td><td>(2)将压缩工具1与杠杆一同向下推,直到气门弹簧松开,拆下气门锁片;
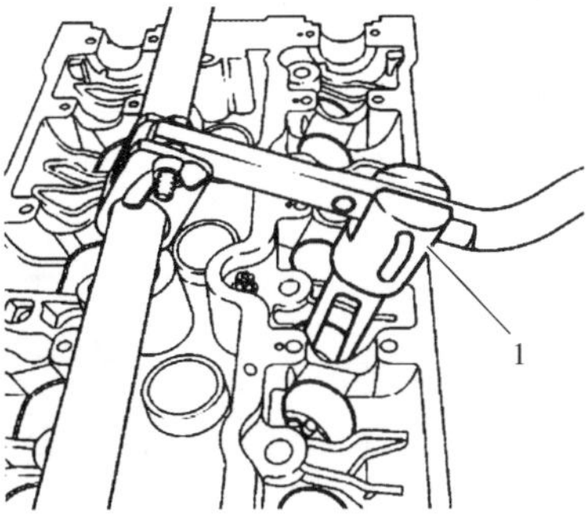

(3)拆下上气门弹簧盖和气门弹簧,并将它们放置在EN－849装配托架上。用EN－840拆卸工具1松开气门杆密封件,并从气门导管上拆下;
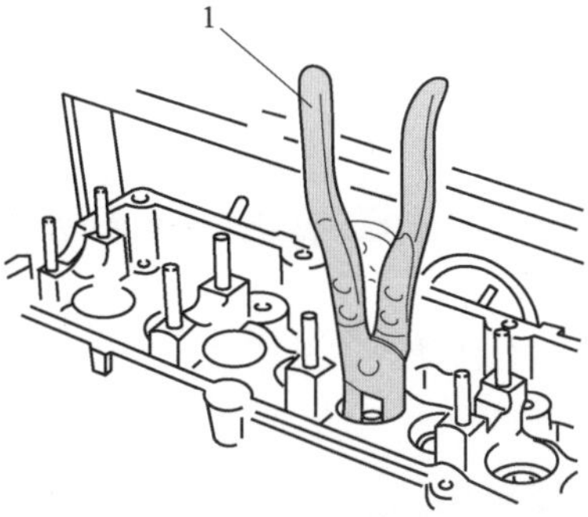

(4)拆下杠杆工具,转动汽缸盖底板,拆下木板EN－6215安装设备和反向固定工具</td></tr>
<tr><td>按顺序摆放气门及气门弹簧</td><td>操作要领:
拆卸的所有气门及气门弹簧按顺序放在EN－849装配托架1上
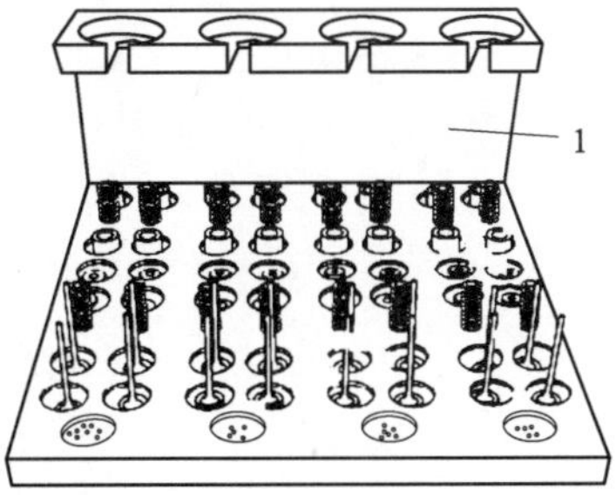
</td></tr>
<tr><td>安装气门及气门弹簧</td><td>放入气门并安装弹簧和弹簧座</td><td>技术规范:
按照顺序将气门安装到原拆卸位置
操作要领:
将所有气门导管和气门涂上机油,并按顺序将它们安装到汽缸盖中</td></tr>
</table>

续上表

操作步骤	过　程	技术规范与操作要领
安装气门及气门弹簧	上紧气门弹簧压缩器，安装气门锁片	操作要领： (1)安装反向固定工具 EN－6167－1 固定工具 1，用安全锁销上紧 EN－6215－3 锁销 3，拧紧紧固螺钉 2，再次转动汽缸盖底板； 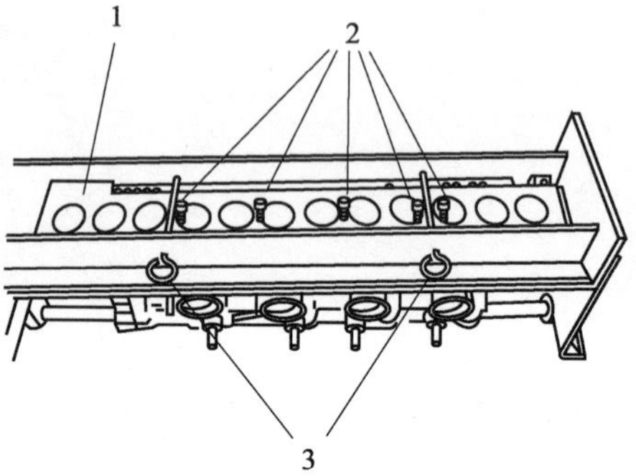 (2)用适当的工具小心安装气门杆密封件； (3)按顺序将气门弹簧和气门座圈安装到汽缸盖中，各自的尺寸在推力块顶部找到； **注意：**确定装配头和推力块被牢固地固定在一起，未能固定装配头和推力块可能会妨碍气门杆锁片的安装并导致推力块损坏 (4)向下推固定箱 1 并将气门楔块安装在装配头中，向上推固定箱，通过此程序固定气门楔块； 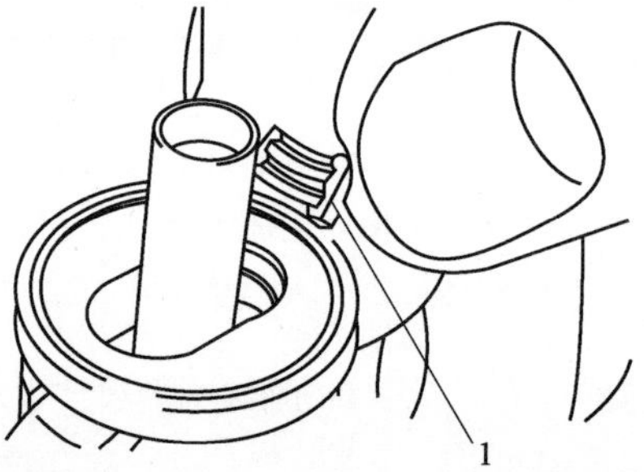 (5)将装配头安装到杠杆 EN－6086 杠杆上，调整杠杆工具，直到装配头被垂直定位在气门上面。用微小的压力小心并缓慢地按压带杠杆工具的装配头，直到气门楔块可听见地接合到气门杆中 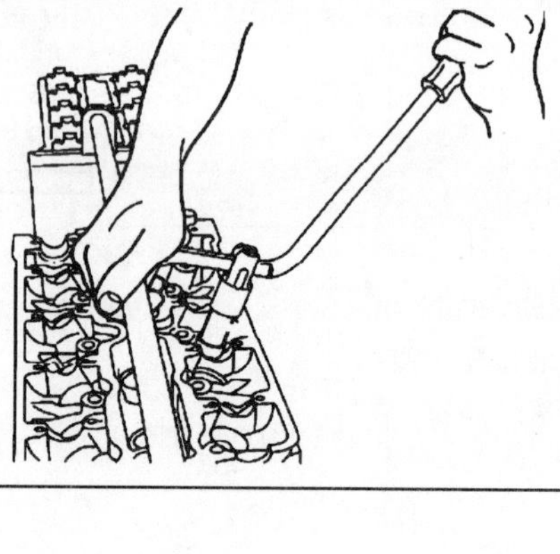

续上表

操作步骤	过　程	技术规范与操作要领
安装气门及气门弹簧	拆卸专用工具	操作要领： (1)安装好所有气门及气门弹簧后，拆下杠杆工具1并从侧门提起； 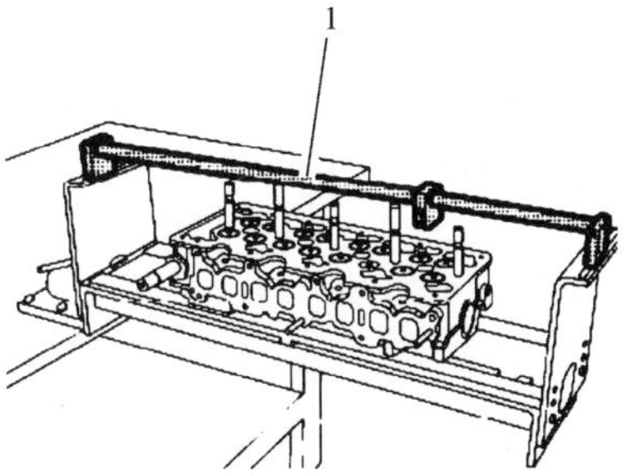 (2)拆下反向固定工具； (3)从装配夹具上拆下汽缸盖； (4)彻底清洁汽缸盖

(二)气门组的检测

1 准备工作

(1)科鲁兹发动机。

(2)维修手册。

(3)常用拆装工具。

(4)专用工具：EN－849装配托架、EN－6167固定工具、EN－6171释放工具、EN－6215安装设备、EN－840拆卸工具、EN－9585气门杆密封件安装工具、EN－6086基本套件、弹簧和楔块更换工具、EN－6215－3锁销。

(5)翼子板布、前格栅布、转向盘护套、变速杆手柄套、脚垫和座椅套等。

(6)量具：游标卡尺、千分尺。

(7)染色剂。

2 操作步骤与技术规范(表3-2)

操作步骤与技术规范　　表3-2

操作步骤	过　程	技术规范与操作要领
检查气门外观	检查气门头到气门杆的状况	技术规范： 检查气门头到气门杆是否有以下状况。 (1)气门座部位点蚀1； (2)气门余量厚度不够2； (3)气门杆弯曲3； (4)气门杆点蚀或严重磨损4； (5)气门锁片槽磨损5； (6)气门杆顶端磨损6

续上表

<table>
<tr><th>操作步骤</th><th>过　程</th><th>技术规范与操作要领</th></tr>
<tr><td>检查气门外观</td><td>检查气门头到气门杆的状况</td><td>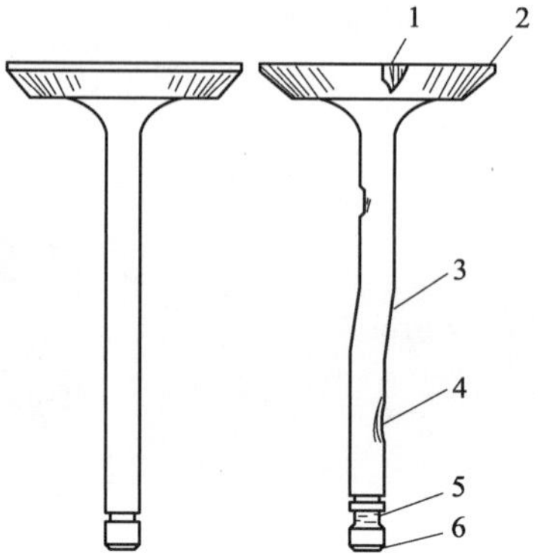
</td></tr>
<tr><td rowspan="2">测量气门座宽度</td><td>清洁并校零游标卡尺</td><td rowspan="2">技术规范：
(1)进气门座宽度：1.000～1.400mm
排气门座宽度：1.400～1.800mm
(2)测量位置：如下图所示
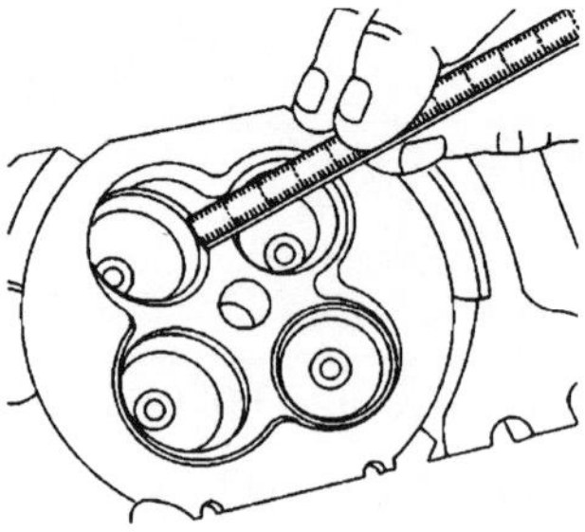</td></tr>
<tr><td>测量气门座宽度</td></tr>
<tr><td>测量气门对气门座的同心度</td><td>测量气门对气门座的同心度</td><td>技术规范：
(1)由于气门锥面1和气门杆2同心，测量后整个锥面1染色剂印痕应是连续的；
(2)染料磨去印痕至少要距离气门外径(余量)0.5mm；
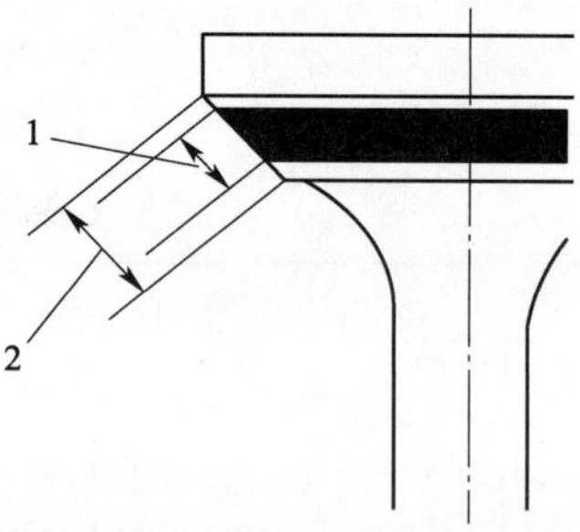

操作要领：
(1)将蓝染色剂轻轻涂于气门锥面上；
(2)将气门安装到汽缸盖上；
(3)用足够的压力抵着气门座转动气门，以磨去染料；
(4)将气门从汽缸盖上拆下；
(5)检查气门锥面是否符合技术规范</td></tr>
</table>

续上表

操作步骤	过　程	技术规范与操作要领
测量气门杆直径	清洁并校零千分尺	技术规范： (1)气门杆标准直径： 进气门:4.965～4.980mm 排气门:4.950～4.965mm (2)测量位置:如下图所示
	测量气门杆直径	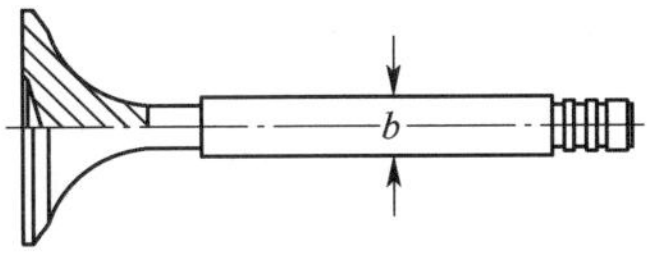
测量气门头直径	清洁并校零千分尺	技术规范： (1)气门头标准直径： 进气门:31.100～31.300mm 排气门:27.400～27.600mm (2)测量位置:如下图所示
	测量气门头直径	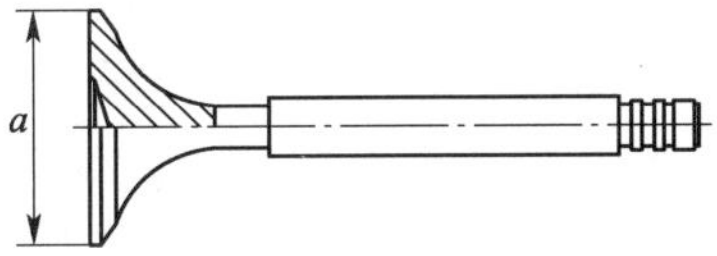
测量气门长度	清洁并校零游标卡尺	技术规范： (1)气门长度标准： 进气门:117.000～117.400mm 排气门:116.160～116.360mm (2)测量位置:所下图所示
	测量气门长度	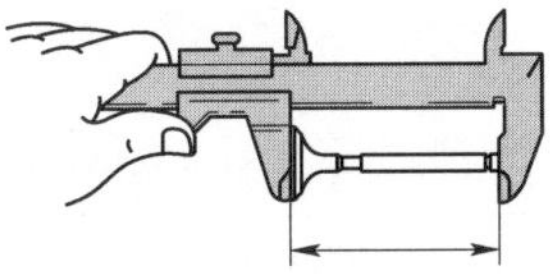

记录结果	项　目	测量值	判　断
	外观检查		□正常　□异常
	气门座宽度		□正常　□异常
	同心度		□正常　□异常
	气门杆直径		□正常　□异常
	气门头直径		□正常　□异常
	气门长度		□正常　□异常

(三)凸轮轴位置执行器调节器及凸轮轴的拆装

1 准备工作

(1)科鲁兹发动机。

(2)维修手册。

(3)常用拆装工具。

(4)专用工具:EN－6628－As 锁止工具、EN－6340 锁止工具、EN－845 专用工具。

(5)翼子板布、前格栅布、转向盘护套、变速杆手柄套、脚垫和座椅套等。

(6)新机油。

❷ 操作步骤与技术规范(表 3-3)

操作步骤与技术规范　　表 3-3

操作步骤	过　程	技术规范与操作要领
拆卸凸轮轴执行器调节器	安装专用锁止工具	操作要领: (1)转动凸轮轴六角头处,直至凸轮轴末端的凹槽处于水平位置;  (2)安装 EN－6628－As 锁止工具 1 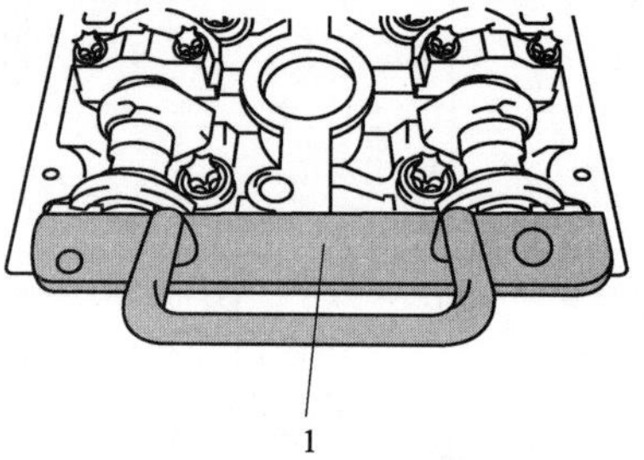
	拆卸凸轮轴执行器调节器	技术规范: (1)拆卸凸轮轴位置执行器调节器及其密封螺栓时,需要两个人配合完成; (2)拆卸时机油可能会溢出,需要利用抹布或纸等将机油从所有正时部件上清除。 操作要领: (1)使用适当的薄截面开口扳手 1 反向抵住凸轮轴六角头 2; 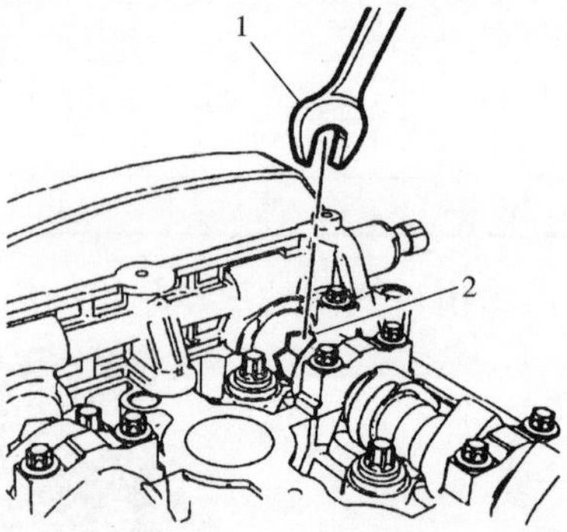

续上表

操作步骤	过　程	技术规范与操作要领
拆卸凸轮轴执行器调节器	拆卸凸轮轴执行器调节器	（2）拆下进排气侧凸轮轴位置执行器和凸轮轴位置执行器调节器的封闭螺栓 1； （3）继续使用适当的薄断面开口扳手抵住凸轮轴六角头。拆下并废弃进排气侧凸轮轴位置执行器调节器螺栓 2； （4）拆下进排气侧凸轮轴位置执行器调节器 3 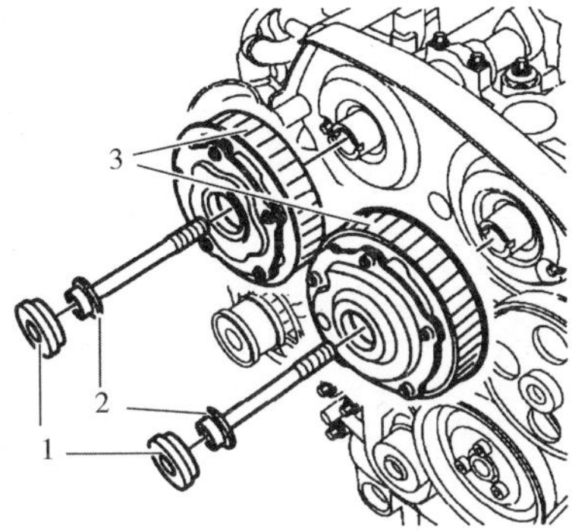
	拆卸正时带后盖	操作要领： 拆下并废弃 4 个正时带后盖螺栓 2，拆下正时带后盖 1 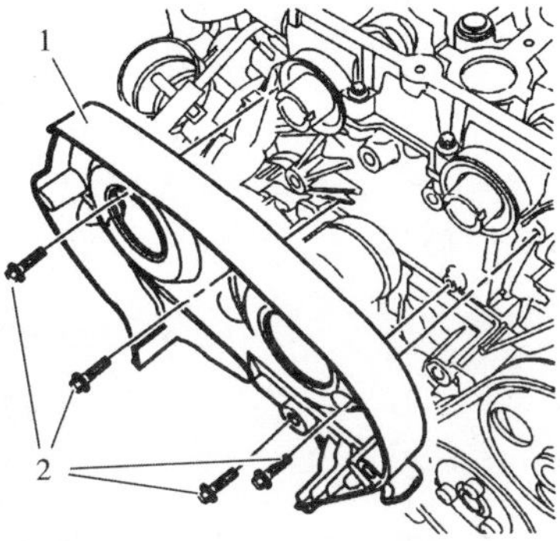
拆卸凸轮轴	拆卸第一凸轮轴轴承盖	操作要领： 按照①→②→③→④的拆卸顺序拆下 4 个凸轮轴轴承盖螺栓，拆下第一凸轮轴轴承盖 1； **注意：**用一把塑料锤子轻轻敲打以松开轴承架。 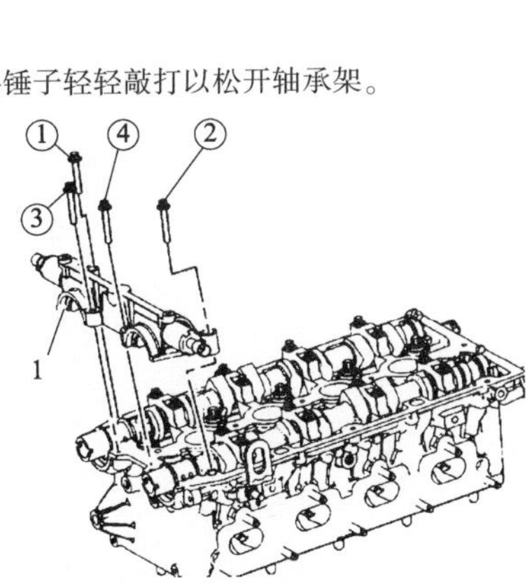

续上表

<table>
<tr><th>操作步骤</th><th>过　程</th><th>技术规范与操作要领</th></tr>
<tr><td rowspan="3">拆卸凸轮轴</td><td>拆卸排气侧凸轮轴</td><td>操作要领：
(1)拆卸前标记凸轮轴轴承盖,然后以1/2～1转的增量从外到内旋松8个排气凸轮轴轴承盖螺栓并拆下；
(2)从汽缸盖拆下4个排气侧凸轮轴轴承盖⑥～⑨；
(3)拆下排气凸轮轴1
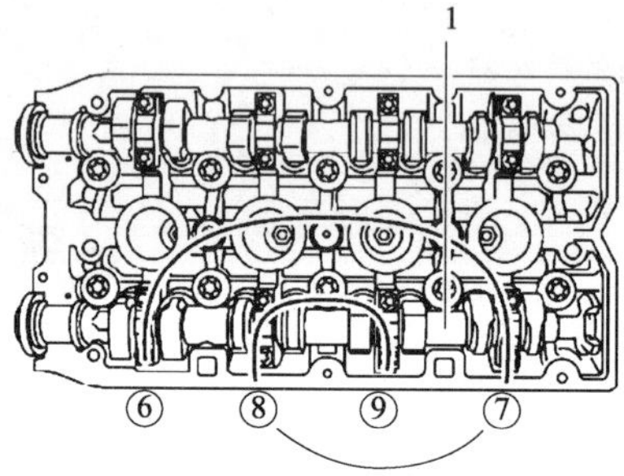</td></tr>
<tr><td>拆卸进气侧凸轮轴</td><td>操作要领：
(1)拆卸前标记凸轮轴轴承盖,然后以1/2～1转的增量从外到内旋松8个进气凸轮轴轴承盖螺栓并拆下；
(2)从汽缸盖拆下4个进气侧凸轮轴轴承盖②～⑤；
(3)拆下进气凸轮轴1
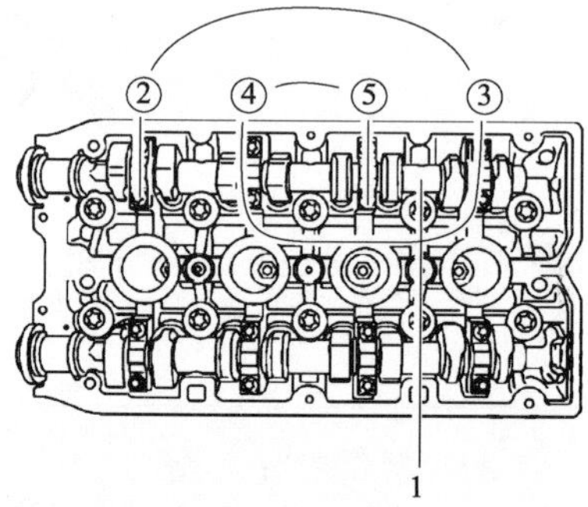</td></tr>
<tr><td>拆卸气门挺柱</td><td>操作要领：
使用EN－845装置1或吸棒拆下16个气门挺柱
</td></tr>
</table>

续上表

<table>
<tr><th>操作步骤</th><th>过　程</th><th>技术规范与操作要领</th></tr>
<tr><td rowspan="3">安装凸轮轴</td><td>安装气门挺柱</td><td>操作要领：
将气门挺柱滑动面涂抹新机油，按照正确的分配位置安装气门挺柱 1
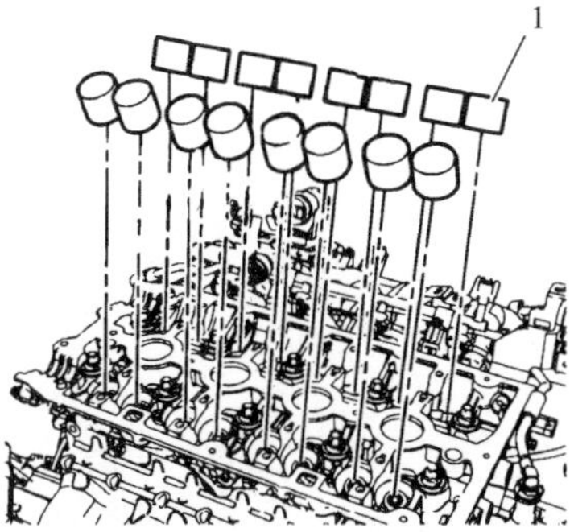
</td></tr>
<tr><td>安装凸轮轴及轴承盖</td><td>操作要领：
(1)安装进气凸轮轴。安装 8 个进气凸轮轴轴承盖螺栓，并按规定力矩紧固。
注意：凸轮轴轴承盖上的识别标记
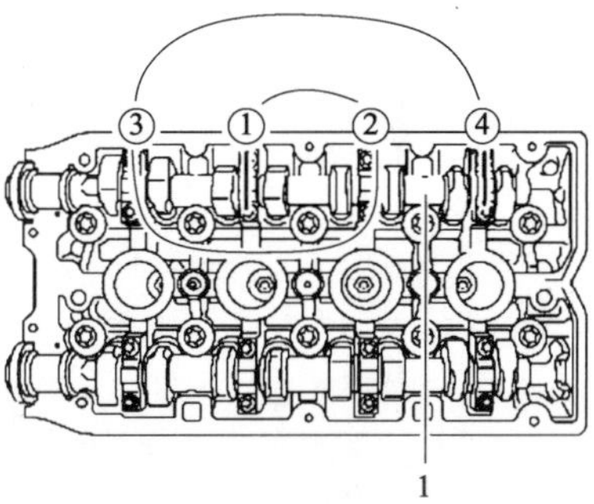

(2)安装排气凸轮轴。安装 8 个排气凸轮轴轴承盖螺栓，并按规定力矩紧固。
注意：凸轮轴轴承盖上的识别标记
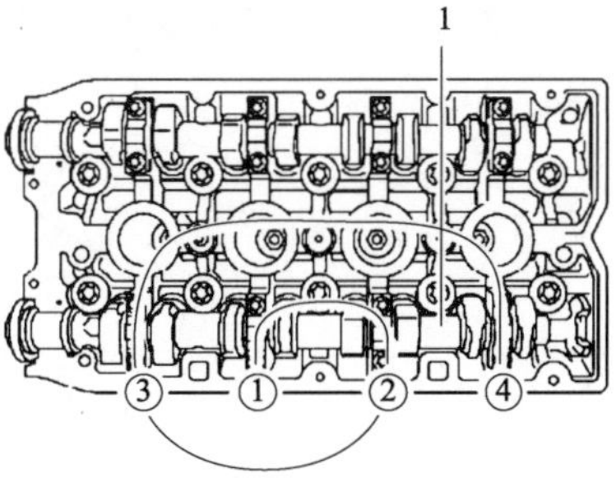
</td></tr>
<tr><td>安装第一凸轮轴轴承架</td><td>技术规范：
凸轮轴轴承盖螺栓：第一遍紧固至 2 N · m，第二遍紧固至 8N · m
操作要领：
(1)用适当的工具清洁第一凸轮轴轴承架和汽缸盖的密封面，密封面必须无机油和润滑油，清除油管中的残余密封胶</td></tr>
</table>

续上表

操作步骤	过　程	技术规范与操作要领
安装凸轮轴	安装第一凸轮轴轴承架	(2)给第一凸轮轴轴承盖1的密封面轻薄均匀地涂抹表面密封剂； 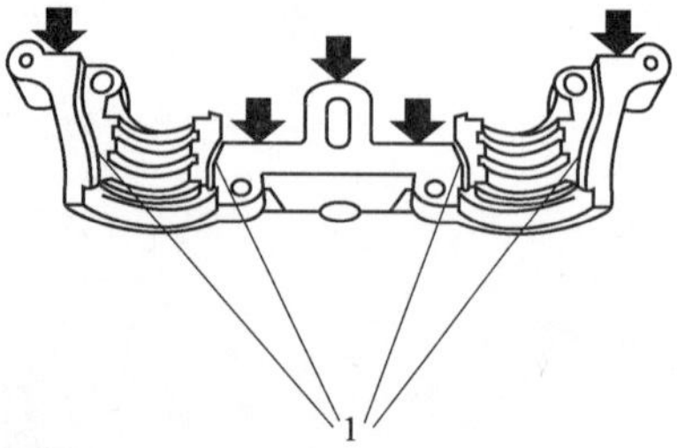 (3)将第一个凸轮轴轴承盖1定位到汽缸体上，注意螺栓安装顺序； (4)安装第一凸轮轴轴承盖螺栓并分两次按规定力矩紧固 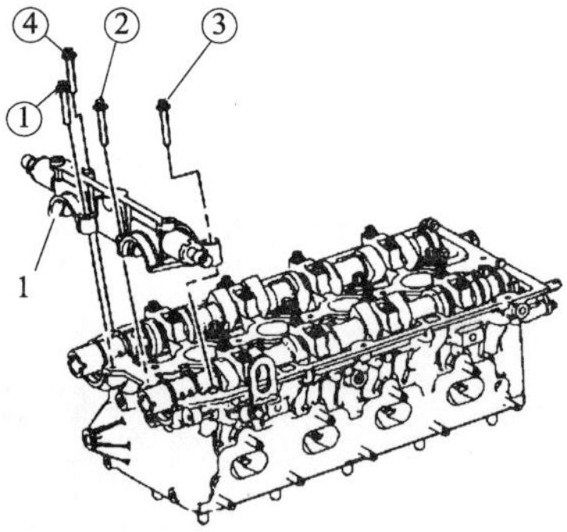
安装凸轮轴执行器调节器	安装正时带后盖	技术规范： 正时带后盖螺栓规定力矩：6N·m 操作要领： 安装正时带后盖1及其4颗螺栓2，并紧固至6N·m 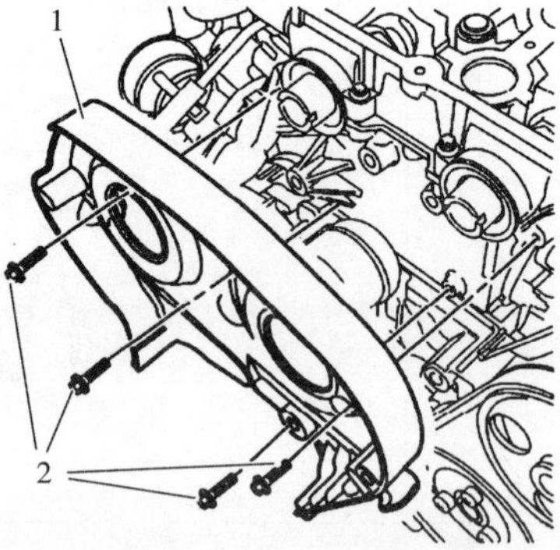
	安装锁止工具	操作要领： (1)安装正时带后盖1及其4颗螺栓2，并紧固至6 N·m； (2)用箭头所指的六角水平仪对准凸轮轴，直至EN－6628－A锁止工具可以插入两个凸轮轴内；

续上表

操作步骤	过　程	技术规范与操作要领
安装凸轮轴执行器调节器	安装锁止工具	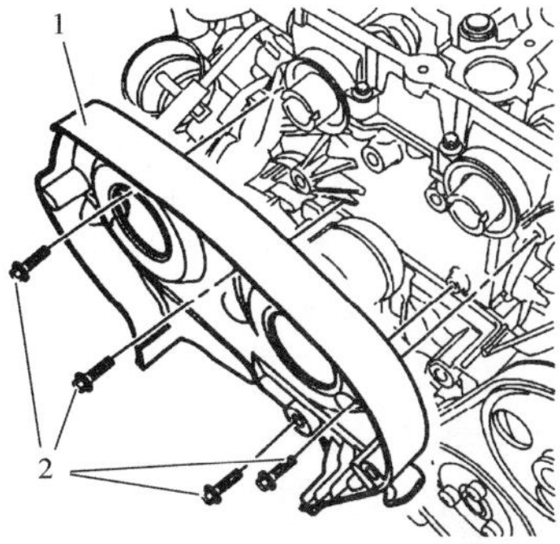  (3)安装 EN－6628－A 锁止工具 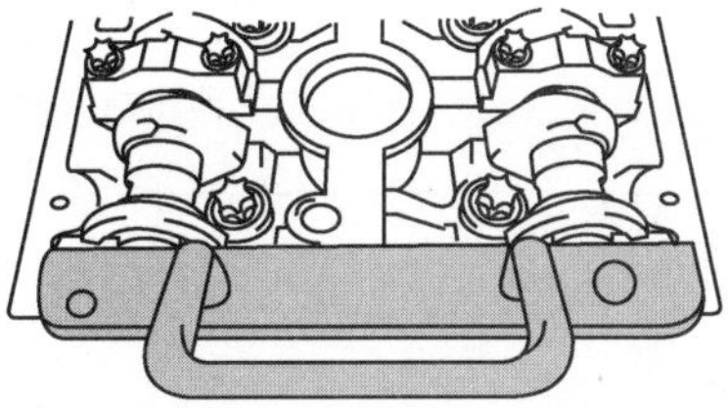
	安装凸轮轴执行器调节器	技术规范： 凸轮轴位置执行器调节器螺栓:50N·m＋150°＋15° 凸轮轴位置执行器调节器密封螺塞:30N·m 操作要领： (1)安装进排气侧凸轮轴位置执行器调节器 1； (2)安装新的进排气侧凸轮轴位置执行器调节器螺栓 2； 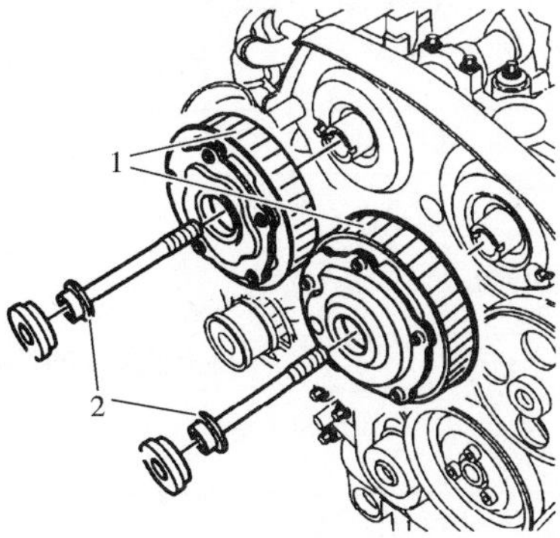

续上表

操作步骤	过　程	技术规范与操作要领
安装凸轮轴执行器调节器	安装凸轮轴执行器调节器	(3)将 EN－6340 锁止工具－左侧 1 安装到凸轮轴位置执行器调节器中，注意在此过程中，进气凸轮轴位置执行器调节器上的点标记 4 与左侧锁止工具的凹槽不一致，而是必须略高于凹槽； (4)将 EN－6340 锁止工具－右侧 2 安装到凸轮轴位置执行器调节器中，注意在此过程中，排气凸轮轴位置执行器调节器上的点标记 4 与右侧锁止工具的凹槽必须一致； 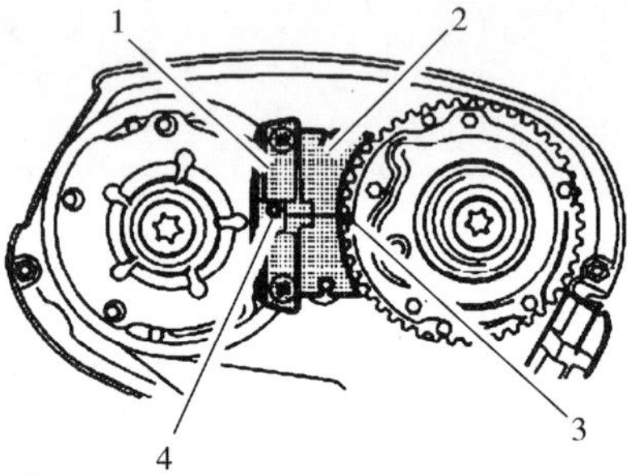 (5)使用适当的薄断面开口扳手抵住凸轮轴六角头，EN－6628－A 锁止工具的用途是调整凸轮轴，以防止凸轮轴错位，在螺栓力矩法拧紧程序中，需要用扳手抵住凸轮轴； (6)分三次紧固凸轮轴位置执行器调节器螺栓； (7)安装 2 个凸轮轴位置执行器调节器密封螺塞，并按规定技术规格紧固

(四)凸轮轴的检测

1 准备工作

(1)科鲁兹发动机。

(2)维修手册。

(3)常用拆装工具。

(4)翼子板布、前格栅布、转向盘护套、变速杆手柄套、脚垫和座椅套等。

(5)量具:百分表、磁性表座、千分尺。

2 操作步骤与技术规范(表 3-4)

操作步骤与技术规范　　表 3-4

操作步骤	过　程	技术规范与操作要领
清洁、检查凸轮轴外观	清洁凸轮轴轴颈、轴承和轴承盖	技术规范： 每个轴颈和轴承应无麻点和划痕，否则更换凸轮轴或视情修理
	检查轴颈和轴承有无麻点和划痕	

续上表

操作步骤	过　程	技术规范与操作要领
	清洁、组装百分表测量头并调零	操作要领： (1)将凸轮轴水平放置平台上，并用 V 形块支承，确保其在 V 形块上水平放置，两端不能高低不平，否则会影响测量结果； (2)检查百分表及支架并组装，百分表的调整螺母必须锁紧，否则会因为百分表松动影响到测量结果； (3)调整百分表，使百分表头贴近凸轮轴主轴颈，并对百分表预压 1mm；若不进行百分表预压，也会引起测量结果失准； (4)转动百分表刻度盘，使其大指针对准“0”刻度
检查凸轮轴弯曲度	检查凸轮轴弯曲度	技术规范： 最大圆跳动量为 0.06 mm，如果凸轮轴的圆跳动量超过最大值，则更换凸轮轴 操作要领： (1)双手慢慢转动凸轮轴，仔细观察百分表所测出凸轮轴的圆跳动量； (2)眼睛必须与百分表平视 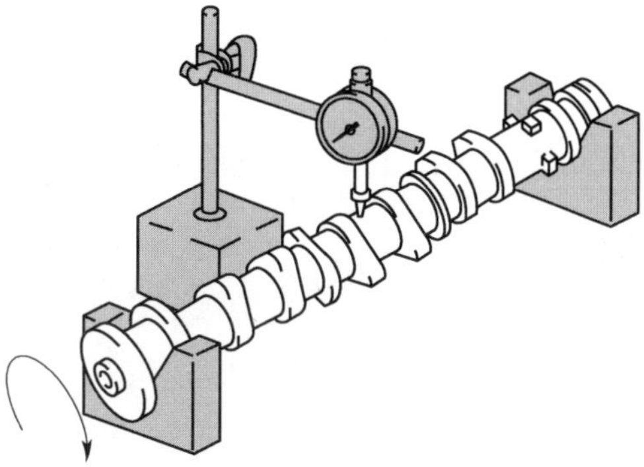
数据记录	外观检查	
	凸轮轴弯曲度	
	检测结论	

(五)气门间隙的检查与调整

1 准备工作

(1)科鲁兹发动机。

(2)维修手册。

(3)常用拆装工具。

(4)翼子板布、前格栅布、转向盘护套、变速杆手柄套、脚垫和座椅套等。

(5)量具：百分表、磁性表座、千分尺。

② 操作步骤与技术规范(表 3-5)

操作步骤与技术规范　　表 3-5

操作步骤	过　程	技术规范与操作要领
测量气门间隙	调整初始检测位置	操作要领： (1)旋转曲轴扭转减振器紧固螺栓，直到标记 1 与汽缸 1 在上止点处对齐； 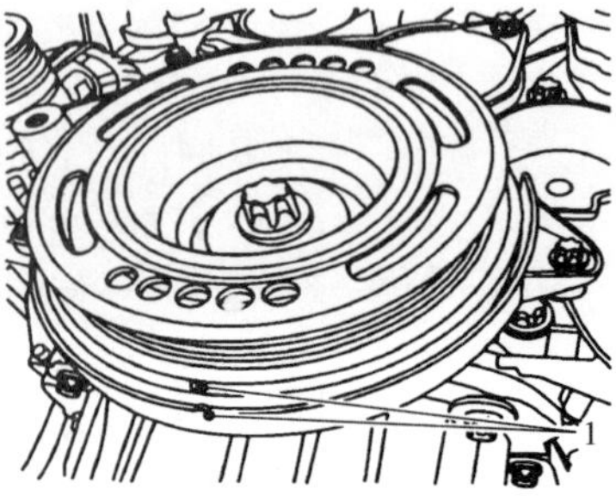 (2)汽缸 2 进气侧凸轮 1 和汽缸 3 排气侧凸轮 2 位于顶部且略微向内倾斜相同角度 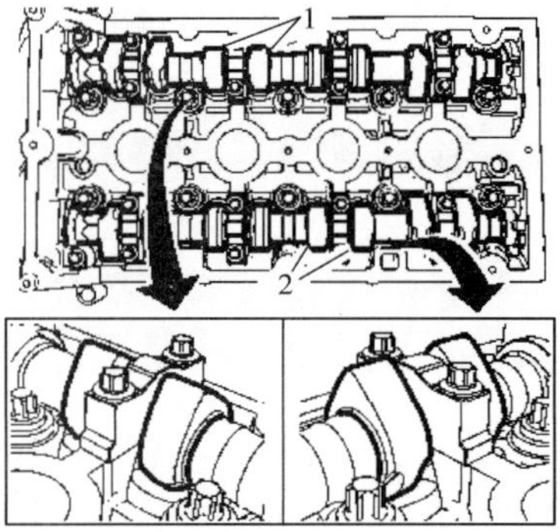
	测量 2 缸进气侧和 3 缸排气侧气门间隙	技术规范： 气门间隙：进气门 0.21 ~ 0.29mm(标称值 0.25mm)；排气门 0.27 ~ 0.35mm(标称值 0.30mm) 操作要领： 使用 EN - 6361 塞尺 1 检查气门间隙是否为规定间隙，记下结果 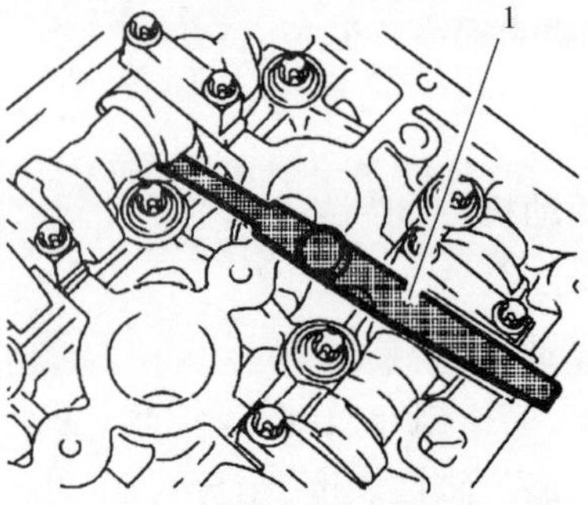

续上表

操作步骤	过　程	技术规范与操作要领
测量气门间隙	测量 1 缸进气侧和 4 缸排气侧气门间隙	技术规范： 气门间隙：进气门 0.21 ~ 0.29mm（标称值 0.25mm）；排气门 0.27 ~ 0.35mm（标称值 0.30mm） 操作要领： （1）通过曲轴扭转减振器螺栓将曲轴沿发动机旋转方向转动 180°； （2）汽缸 1 进气侧凸轮 1 和汽缸 4 排气侧凸轮 2 以一定角度指向上方； （3）使用 EN－6361 塞尺检查气门间隙，记下结果 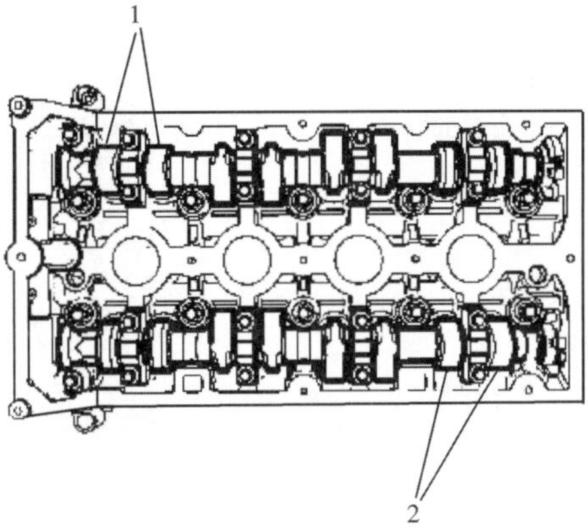
	测量 3 缸进气侧和 2 缸排气侧气门间隙	技术规范： 气门间隙：进气门 0.21 ~ 0.29mm（标称值 0.25mm）；排气门 0.27 ~ 0.35mm（标称值 0.30mm） 操作要领： （1）通过曲轴扭转减振器螺栓将曲轴沿发动机旋转方向转动 180°； （2）汽缸 3 进气侧凸轮 1 和汽缸 2 排气侧凸轮 2 以一定角度指向上方； （3）使用 EN－6361 塞尺检查气门间隙，记下结果 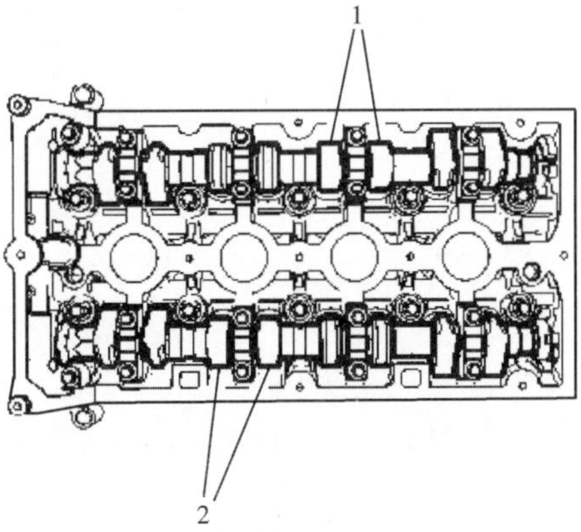

续上表

操作步骤	过　程	技术规范与操作要领
测量气门间隙	测量4缸进气侧和1缸排气侧气门间隙	技术规范： 气门间隙：进气门0.21～0.29mm（标称值0.25mm）；排气门0.27～0.35mm（标称值0.30mm） 操作要领： （1）通过曲轴扭转减振器螺栓将曲轴沿发动机旋转方向转动180°； （2）汽缸4进气侧凸轮1和汽缸1排气侧凸轮2以一定角度指向上方； （3）使用EN－6361塞尺检查气门间隙，记下结果 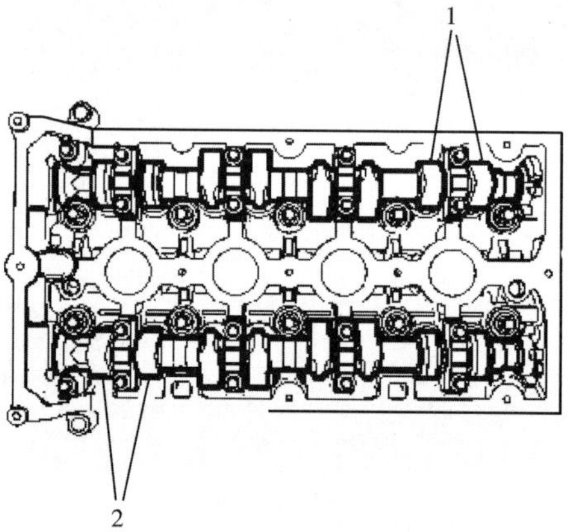
选配新挺柱	计算新挺柱厚度	操作要领： （1）根据作业表提供的实际厚度值计算新挺柱厚度； （2）新挺柱厚度＝测量气门间隙值＋实际厚度值－标准气门间隙 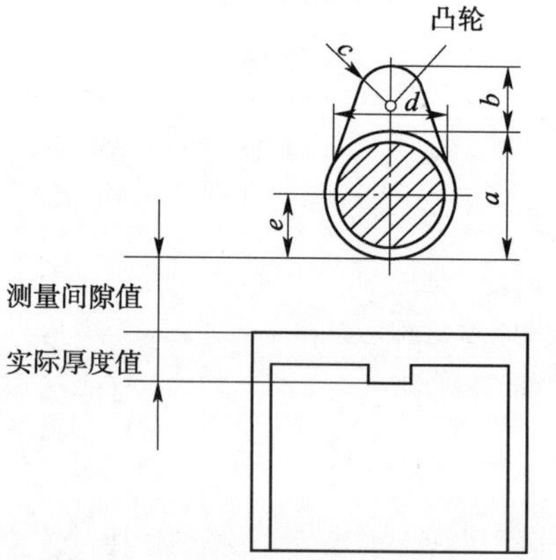
	选配气门挺柱	操作要领： 根据计算结果查询正确的配件编号 技术规范： 液压挺柱零件号选配表见表3-6。

液压挺柱零件号选配表　　表3-6

尺　　寸	配　件　号
气门挺柱(标记号:08,尺寸:3.070~3.090)	24438041
气门挺柱(标记号:12,尺寸:3.110~3.130)	24438146
气门挺柱(标记号:14,尺寸:3.130~3.150)	24438147
气门挺柱(标记号:16,尺寸:3.150~3.170)	24438148
气门挺柱(标记号:20,尺寸:3.190~3.210)	24438150
气门挺柱(标记号:04,尺寸:3.030~3.050)	24465260
气门挺柱(标记号:24X,尺寸:3.230~3.244)	55353764
气门挺柱(标记号:27X,尺寸:3.258~3.272)	55353766
气门挺柱(标记号:30X,尺寸:3.286~3.300)	55353768
气门挺柱(标记号:32X,尺寸:3.314~3.328)	55353770
气门挺柱(标记号:35X,尺寸:3.342~3.356)	55353772
气门挺柱(标记号:38X,尺寸:3.370~3.384)	55353774
气门挺柱(标记号:41X,尺寸:3.398~3.412)	55383776
气门挺柱(标记号:43X,尺寸:3.426~3.440)	55353778
气门挺柱(标记号:47,尺寸:3.460~3.480)	55353780
气门挺柱(标记号:51,尺寸:3.500~3.520)	55353782
气门挺柱(标记号:55,尺寸:3.540~3.560)	55353784
气门挺柱(标记号:59,尺寸:3.580~3.600)	55353786

三　学习拓展

1　气门和气门座的密封性的检查

重新装配的发动机,必须保证气门和气门座之间有良好的密封状况,否则会造成发动机燃烧室密封不严,发动机的动力下降。可通过以下方法检查气门与气门座之间的密封性:

(1)渗漏法。将汽缸盖水平倒置,使燃烧室朝上,向燃烧室内倒入煤油,观察煤油是否从气门与气门座之间的密封处渗漏,如果发生渗漏,则说明气门与气门座密封性不良,应重新修理气门座和研磨气门。

(2)充气法。如图3-18所示,用带有气压表的专用检验器对燃烧室内充入60~70kPa的相对压力,然后观察气压表读数在规定时间内是否下降,如果读数不下降,则说明气门与气门座之间的密封性良好,否则应重新修理气门座和研磨气门。

(3)画线法。如图3-19所示,用铅笔在气门锥面上每隔4mm画上一条线条,然后将该气门装入相应气门座,略压紧并转动气门90°,取出气门,检查铅笔线条,如果线条被均匀切断,则表示气门与气门座之间的密封良好,否则应重新修理气门座和研磨气门。

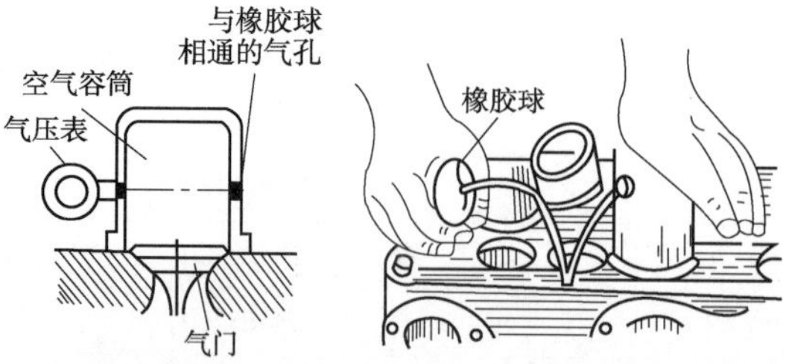

图 3-18　充气法检查气门与气门座之间的密封性

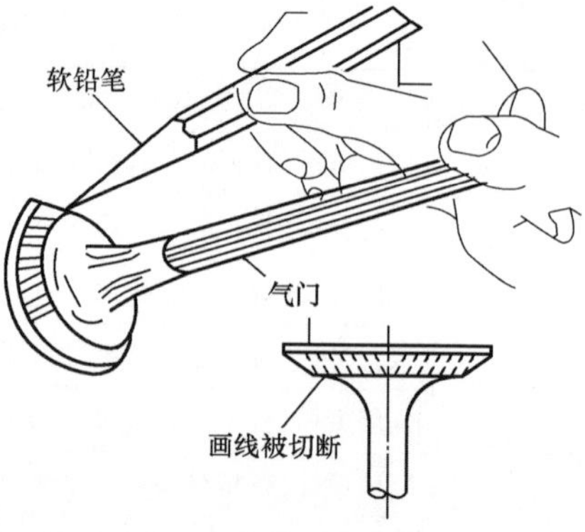

图 3-19　画线法检查气门与气门座之间的密封性

2 气门座的维修

(1)如图 3-20 所示,用 45°铰刀修整气门座表面,使气门座宽度大于规定值。

(2)如图 3-21 所示,用 30°和 75°铰刀修整气门座,使气门可以接触到气门座的整个圆周。应在气门座的中心接触,且气门座宽度应保持在气门座整个圆周的规定范围内。进排气门座宽度:1.0 ~1.4mm。

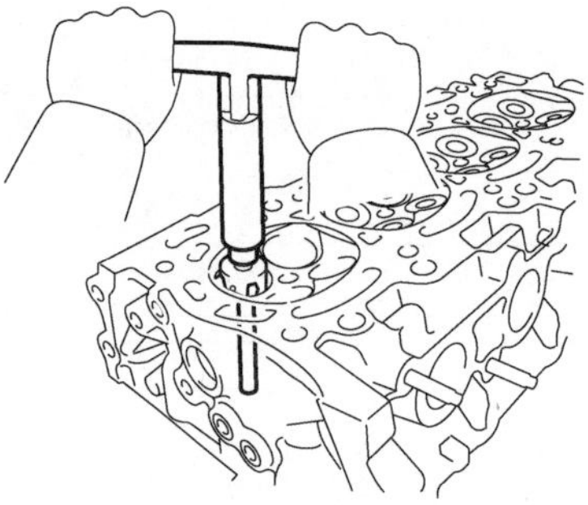

图 3-20　修整气门座表面

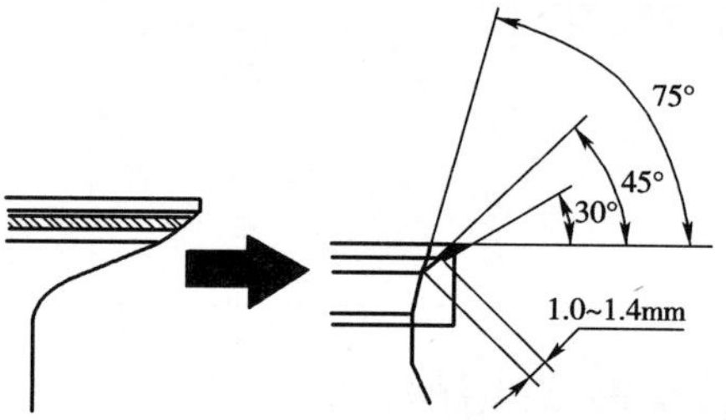

图 3-21　气门座表面

(3)用研磨剂对气门和气门座进行手工研磨。

(4)检查气门落座位置。

3 检查凸轮轴颈磨损

有的发动机需要通过检测凸轮轴颈的直径并计算轴颈圆度、圆柱度误差来判定磨损情况,如图 3-22 所示。如果测量值超过规定的值,则更换凸轮轴。

4 检查凸轮磨损

有的发动机需要通过检测凸轮的高度来判定磨损情况,如图 3-23 所示。如果测量值超过规定的值,则更换凸轮轴。凸轮磨损严重会产生很大的碰撞声音,并且会影响气门正确地打开和闭合正时。

5 气门响的故障分析

(1)故障特征。

①音频特征:发动机怠速运转时发出连续不断而且有节奏的"嗒、嗒、嗒"(在气门脚

处)或“啪、啪、啪”(在气门座处)的敲击声。

②转速特征:响声在发动机任何转速下均能听到,并随转速而变化。怠速时响声最明显,高速则声音杂乱,随负荷增加而增大;“断火”对响声无影响。

③温度特征:一般与温度无关,有些车辆热车后响声自动消失。

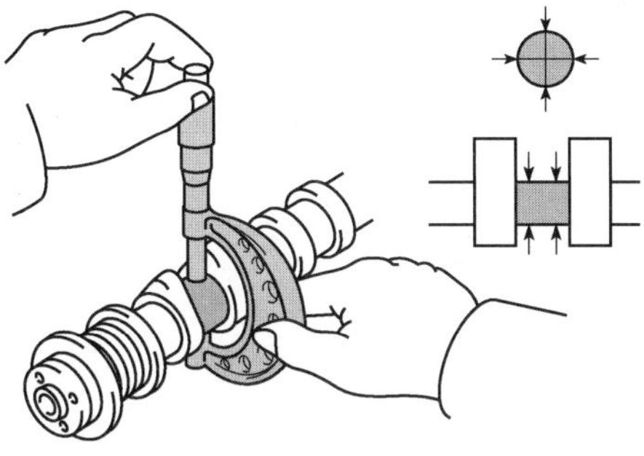

图 3-22　检测凸轮轴颈的直径

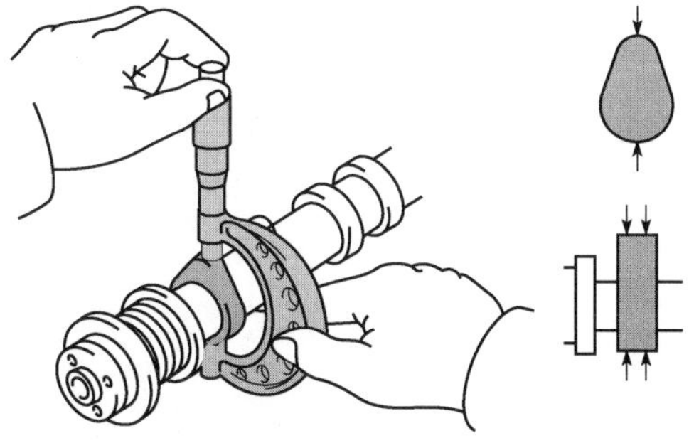

图 3-23　检测凸轮的高度

(2)原因分析(表 3-7)。

气门响原因分析　　表 3-7

气门响	气门脚响	气门间隙太大
		凸轮磨损过量,运转中挺柱产生跳动
		气门脚处润滑不良
	气门落座响	气门杆与导管配合间隙太大
		气门头与其座圈接触不良
		气门座圈松动

(3)诊断与排除。

诊断与排除流程如图 3-24 所示。

6 气门漏气的故障分析

(1)故障特征。

气门漏气是指气门与气门座工作面密封不良,产生气体渗漏,导致汽缸压力下降的现象。发生该故障时,发动机会出现起动困难、进气管回火、排气管放炮、冒烟、燃油消耗增加以及出现异响等现象。大负荷时在机体中部有较轻微的“吃吃”声,加机油口处与响声对应出现冒烟。

(2)原因分析。

①气门与气门座工作面磨损、烧蚀、密封不良而漏气。

②气门与气门座工作面有积炭,气门关闭不严而漏气。

③气门与气门导管间隙过大,气门杆晃动,导致气门关闭不严而漏气。

④气门杆在气门导管内发涩或卡住,气门不能上下移动。

⑤气门弹簧失去弹性,或弹簧折断。

(3)诊断与排除。

在排除点火系、燃料系故障原因后,尚不能确定故障时,测量汽缸压力或测量进气歧管的真空度,可以比较准确地确定该故障;测量汽缸压力时,气门漏气的汽缸压力较其他汽缸低。拆卸缸盖,对气门组零件进行修理,修磨或更换损坏的气门等零件。

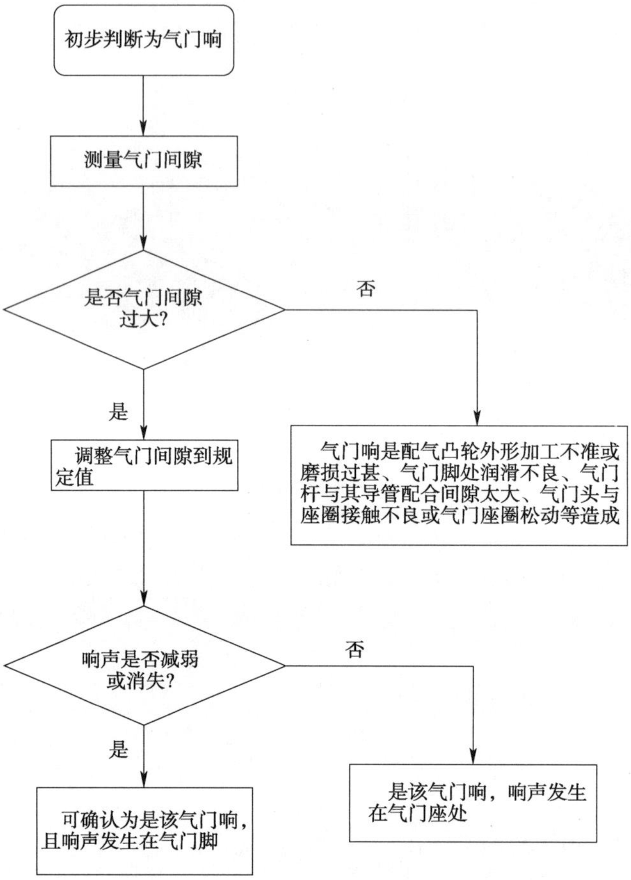

图 3-24　气门响故障的诊断与排除流程

7 凸轮轴响的故障分析

(1)故障特征。

①音频特征:发动机缸盖处出现有节奏而较钝的“哨哨”响声,发动机一般无其他异常现象。

②转速特征:发动机中速运转时比较明显,高速时消失。作单缸断火试验,响声依旧。

③振动特征:凸轮轴附近有振动。

(2)原因分析。

①凸轮轴及其轴承间配合松旷;

②凸轮轴弯曲变形;

③凸轮轴轴向间隙过大。

(3)诊断与排除。

拆检配气机构,更换故障零件。

8 液力挺柱故障的故障分析

(1)故障特征。

发动机发生类似普通机械气门脚响的现象。

(2)原因分析。

①发动机油油面过高或过低,导致有气泡的机油进到液压挺柱中,形成弹性体而产生噪声。

②机抽压力过低。

③机油泵、集滤器损坏或破裂,使空气吸到机油中。

④液力挺柱失效。

⑤使用质量低劣的机油。

(3)诊断与排除。

改变发动机转速并用听诊器察听响声的变化。怠速时发动机顶部响声明显,中速以上响声减弱或消失,断火试验响声无变化,即为液压挺柱响。具体部位可用听诊器根据响声变化来判断。在起动时液压挺柱有不大的响声是正常的(润滑油未充分进入液压挺柱),发动机转速达到2500r/min后继续运转2min,若挺柱仍有响声,应先检查调整机油压力。若机油压力正常,则应更换液压挺柱。

9 正时齿轮(齿形带)响的故障分析

(1)故障特征。

①音频特征:声响比较复杂,有因干摩擦导致的“叽叽”声,又有间隙过大的“哗哗”声,有时有节奏,有时无节奏,有时间歇响,有时又是连续响。

②转速特征:发动机怠速运转或转速有变化,中速以下较明显,在正时齿轮室盖处发出杂乱而轻微的噪声;转速提高后噪声消失;急减速时,此噪声随之出现。

③温度特征:有的声响受温度影响,温度降低时无噪声,温度正常后才出现噪声。

④振动特征:有的声响伴随正时齿轮室盖振动,有的声响不伴随振动。

(2)原因分析(表3-8)。

正时齿轮(齿形带)响原因分析 表3-8

正时齿轮(齿形带)响	正时齿轮响	正时齿轮松动
		正时齿轮轮齿折断、破裂
		曲轴与凸轮轴中心线不平行
		正时齿轮啮合间隙过大或过小
	正时齿形带响	正时齿形带过松
		正时齿形带沾有油污
		正时齿形带磨损损坏

(3)诊断与排除。

如果发动机冷车时响声较大,而温度升高后响声逐渐消失,则是温度太低造成的,可继续运行。如发动机热车后响声仍存在,对正时机构做进一步的拆检。

四 评价与反馈

1 自我评价

(1)通过本学习任务的学习你是否已经知道以下问题:

①请简述配气机构的功用与组成?

____

____。

②配气机构的主要布置形式有哪些?

____

____。

③请简述配气机构的工作过程?

____

____。

(2)配气机构的检查项目有哪些?用到了哪些工具?

____

____。

(3)实训过程完成情况如何?

____

____。

(4)通过本学习任务的学习,你认为自己的知识和技能还有哪些欠缺?

____

____。

签名:__________ ________年____月____日

2 小组评价(表3-9)

小组评价表 表3-9

序号	评价项目	评价情况
1	着装是否符合要求	
2	是否能合理规范地使用仪器和设备	
3	是否按照安全和规范的流程操作	
4	是否遵守学习、实训场地的规章制度	
5	是否能保持学习、实训场地整洁	
6	团结协作情况	

参与评价的同学签名:______________ ________年____月____日

3 教师评价

____

____。

教师签名：____________　________年____月____日

五 技能考核标准

1 气门组拆装技能考核标准（表 3-10）

气门组拆装技能考核标准表　　表 3-10

序号	项目	操作内容	规定分	评分标准	得分
1	拆卸气门挺柱	拆卸气门挺柱	15 分	(1)拆卸气门挺柱未按装配位置摆放,扣 5 分; (2)用钳子取下气门挺柱,扣 10 分	
2	拆卸气门	安装气门拆卸专用工具	15 分	(1)专用工具安装不正确,扣 5 分; (2)未清除火花塞螺纹上的燃烧残留物,扣 5 分; (3)安装反向固定工具,不正确扣 5 分	
		拆卸气门及气门弹簧	20 分	(1)专用工具使用不正确,扣 5 分; (2)操作方法不正确,扣 10 分; (3)未按装配位置摆放,扣 5 分	
3	安装气门及气门弹簧	放入气门并安装弹簧和弹簧座	20 分	(1)未按照顺序将气门安装到原拆卸位置,扣 10 分; (2)所有气门导管和气门,没有涂上机油,扣 10 分	
		上紧气门弹簧压缩器,安装气门锁片	20 分	(1)专用工具使用不正确,扣 10 分; (2)操作方法不正确,扣 10 分	
4	安全文明生产	(1)安全放置、固定被检配件; (2)检测工具、设备使用方法、步骤符合安全要求; (3)操作过程必备安全防护用品佩戴齐全; (4)现场整洁	10 分	(1)不安全放置的,扣 2 分; (2)工具、设备使用方法不安全的,扣 3 分; (3)防护用品佩戴不齐全的,扣 3 分; (4)现场不整洁,扣 2 分	
		安全用电,防火,无人身,设备故障		因违规操作发生重大人身和设备事故,此题按 0 分记	
总分			100 分		

2 气门组测量技能考核标准(表3-11)

气门组测量技能考核标准表 表3-11

序号	项目	操作内容	规定分	评分标准	得分
1	检查气门外观	检查气门头到气门杆的状况	10分	检查气门头到气门杆的状况,方法不正确,扣10分	
2	测量气门座宽度	测量气门座宽度	15分	(1)未清洁并校零游标卡尺,扣5分; (2)测量数据不正确,扣5分; (3)判定结果不正确,扣5分	
3	测量气门对气门座的同心度	测量气门对气门座的同心度	10分	(1)方法不正确,扣5分; (2)判定结果不正确,扣5分	
4	测量气门杆直径	测量气门杆直径	20分	(1)未清洁并校零游标卡尺,扣5分; (2)测量数据不正确,扣10分; (3)判定结果不正确,扣5分	
5	测量气门头直径	测量气门头直径	20分	(1)未清洁并校零千分尺,扣5分; (2)测量数据不正确,扣10分; (3)判定结果不正确,扣5分	
6	测量气门长度	测量气门长度	15分	(1)未清洁并校零游标卡尺,扣5分; (2)测量数据不正确,扣5分; (3)判定结果不正确,扣5分	
7	安全文明生产	(1)安全放置、固定被检配件; (2)检测工具、设备使用方法、步骤符合安全要求; (3)操作过程必备安全防护用品佩戴齐全; (4)现场整洁	10分	(1)不安全放置的,扣2分; (2)工具、设备使用方法不安全的,扣3分; (3)防护用品佩戴不齐全的,扣3分; (4)现场不整洁,扣2分	
		安全用电,防火,无人身,设备故障		因违规操作发生重大人身和设备事故,此题按0分记	
总分			100分		

3 凸轮轴位置执行器调节器及凸轮轴的拆装技能考核标准(表3-12)

凸轮轴位置执行器调节器及凸轮轴的拆装技能考核标准表 表3-12

序号	项目	操作内容	规定分	评分标准	得分
1	拆卸凸轮轴执行器调节器	安装专用锁止工具	5分	方法不正确,扣5分	
		拆卸凸轮轴执行器调节器	5分	方法不正确,扣5分	
		拆卸正时带后盖	5分	方法不正确,扣5分	

续上表

序号	项目	操作内容	规定分	评分标准	得分
2	拆卸凸轮轴	拆卸第一凸轮轴轴承盖	5分	方法不正确,扣5分	
		拆卸排气侧凸轮轴	5分	方法不正确,扣5分	
		拆卸进气侧凸轮轴	5分	方法不正确,扣5分	
		拆卸气门挺柱	5分	方法不正确,扣5分	
3	安装凸轮轴	安装气门挺柱	5分	方法不正确,扣5分	
		安装凸轮轴及轴承盖	15分	(1)方法不正确,扣5分; (2)未涂抹机油,扣5分; (3)未紧固至规定力矩,扣5分	
		安装第一凸轮轴轴承架	10分	(1)方法不正确,扣5分; (2)未紧固至规定力矩,扣5分	
4	安装凸轮轴执行器调节器	安装正时带后盖	10分	(1)方法不正确,扣5分; (2)未紧固至规定力矩,扣5分	
		安装锁止工具	5分	方法不正确,扣5分	
		安装凸轮轴执行器调节器	10分	(1)方法不正确,扣5分; (2)未紧固至规定力矩,扣5分	
5	安全文明生产	(1)安全放置、固定被检配件; (2)检测工具、设备使用方法、步骤符合安全要求; (3)操作过程必备安全防护用品佩戴齐全; (4)现场整洁	10分	(1)不安全放置的,扣2分; (2)工具、设备使用方法不安全的,扣3分; (3)防护用品佩戴不齐全的,扣3分; (4)现场不整洁,扣2分	
		安全用电,防火,无人身,设备故障		因违规操作发生重大人身和设备事故,此题按0分记	
总分			100分		

4 凸轮轴的检测技能考核标准(表3-13)

凸轮轴的检测技能考核标准表　　表3-13

序号	项目	操作内容	规定分	评分标准	得分
1	清洁、检查凸轮轴外观	检查轴颈和轴承有无麻点和划痕	30分	(1)未清洁凸轮轴轴颈、轴承和轴承盖,扣10分; (2)检查方法不正确,扣20分	
2	检查凸轮轴弯曲度	检查凸轮轴弯曲度	60分	(1)清洁、组装百分表测量头并调零,方法不正确扣20分; (2)测量数据不正确,扣20分; (3)判定结果不正确,扣20分	

续上表

序号	项目	操作内容	规定分	评分标准	得分
3	安全文明生产	(1)安全放置、固定被检配件； (2)检测工具、设备使用方法、步骤符合安全要求； (3)操作过程必备安全防护用品佩戴齐全； (4)现场整洁 安全用电，防火，无人身，设备故障	10分	(1)不安全放置的，扣2分； (2)工具、设备使用方法不安全的，扣3分； (3)防护用品佩戴不齐全的，扣3分； (4)现场不整洁，扣2分 因违规操作发生重大人身和设备事故，此题按0分记	
总分			100分		

5 气门间隙检查调整技能考核标准(表3-14)

气门间隙检查调整技能考核标准表　　表3-14

序号	项目	操作内容	规定分	评分标准	得分
1	测量气门间隙	调整初始检测位置	10分	旋转曲轴扭转减振器紧固螺栓，1缸上止点对齐错误，扣10分	
		测量2缸进气侧和3缸排气侧气门间隙	15分	(1)测量方法不正确，扣5分； (2)测量数据不正确，扣10分	
		测量1缸进气侧和4缸排气侧气门间隙	15分	(1)测量方法不正确，扣5分； (2)测量数据不正确，扣10分	
		测量3缸进气侧和2缸排气侧气门间隙	15分	(1)测量方法不正确，扣5分； (2)测量数据不正确，扣10分	
		测量4缸进气侧和1缸排气侧气门间隙	15分	(1)测量方法不正确，扣5分； (2)测量数据不正确，扣10分	
2	选配新挺柱	计算新挺柱厚度	10分	计算方法不正确，扣10分	
		选配气门挺柱	10分	选配气门挺柱错误，扣10分	
3	安全文明生产	(1)安全放置、固定被检配件； (2)检测工具、设备使用方法、步骤符合安全要求； (3)操作过程必备安全防护佩戴齐全； (4)现场整洁	10分	(1)不安全放置的，扣2分； (2)工具、设备使用方法不安全的，扣3分； (3)防护用品佩戴不齐全的，扣3分； (4)现场不整洁，扣2分	
		安全用电，防火，无人身，设备故障		因违规操作发生重大人身和设备事故，此题按0分记	
总分			100分		

学习任务四　发动机曲柄连杆机构的检测与维修

学习目标

知识目标

1. 掌握曲柄连杆机构的功用与组成；
2. 掌握曲柄连杆机构主要部件的结构组成；
3. 掌握四冲程发动机的基本术语；
4. 掌握多缸四冲程发动机的工作原理。

技能目标

1. 能按照标准工艺完成汽缸盖的拆装与检测；
2. 能按照标准工艺完成汽缸的检测；
3. 能按照标准工艺完成活塞连杆组拆装与检测；
4. 能按照标准工艺完成曲轴的拆装与测量；
5. 能按照标准工艺完成汽缸压力检测。

建议课时

18 课时。

任务描述

某车主反映，近期客车动力严重下降，油耗明显增加并伴有明显振动和噪声，于是送修理厂，想查明原因。经询问及试车，无明显噪声和异常，初步判断汽缸压力不足所致，使用汽缸压力表对发动机进行检测，初步判断汽缸与活塞之间间隙过大，异常振动和噪声来自曲轴箱，需要解体发动机进行检测。

一 理论知识准备

(一)曲柄连杆机构的功用与组成

1 曲柄连杆机构的功用

曲柄连杆机构的功用是将燃料燃烧时产生的热能转变为活塞往复运动的机械能,再通过连杆将活塞的往复运动变为曲轴的旋转运动而对外输出转矩。

2 曲柄连杆机构的组成

根据机件的运动方式不同,通常将曲柄连杆机构划分成机体组、活塞连杆组、曲轴飞轮组3个组。机体组主要由汽缸盖、汽缸体、曲轴箱、汽缸垫、油底壳和汽缸套等不动件组成。活塞连杆组主要由活塞、活塞环、活塞销和连杆等运动件组成。曲轴飞轮组主要由曲轴、飞轮、扭转减振器和带轮等旋转件组成,其结构图如图4-1所示。

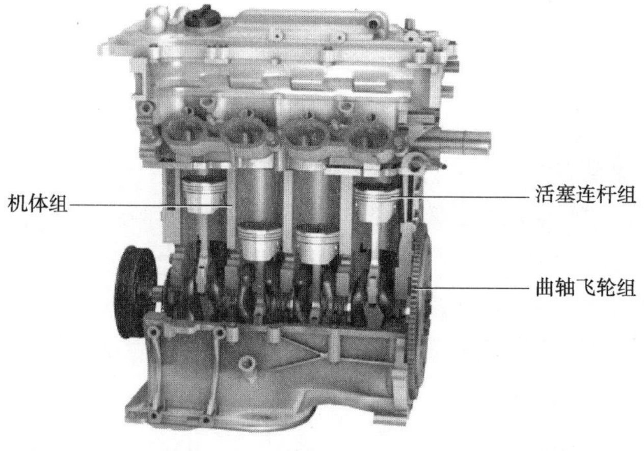

图4-1　曲柄连杆机构的组成

(二)机体组的组成和结构特点

1 机体组的组成

发动机机体组是发动机的骨架,是发动机各机构、系统和各种附件的装配基体。机体组主要由汽缸盖、汽缸体、曲轴箱、汽缸垫、油底壳和汽缸套等组成,如图4-2所示。

2 汽缸体的结构

发动机汽缸体与上曲轴箱常铸成一体,简称汽缸体,结构如图4-3所示,是发动机各机构安装的基础。

汽缸体上半部有若干个汽缸,上下有两个平面用以安装汽缸盖和油底壳,中部有水套。

上曲轴箱的下部制有用于安装曲轴主轴承座孔,侧壁和前后壁上钻有将润滑油流向各轴承的主油道和分油道。

根据汽缸排列形式不同,汽缸体分直列式、V型、对置式等类型,如图4-4所示。

直列式:各汽缸排成一直列,是最普通的汽缸排列方式。其特点是宽度较小,高度较高,发动机的总长度将随着汽缸数目增加而增加。

V 型:汽缸呈 V 型排成两列。其特点是汽缸体长度和高度小、宽度较大、形状复杂。而且由于曲轴轴承减少,这种发动机的摩擦损失也有所降低。

对置式:汽缸分两列水平分布在曲轴的两侧。其特点是重心低、宽度大、发动机的平衡性好。

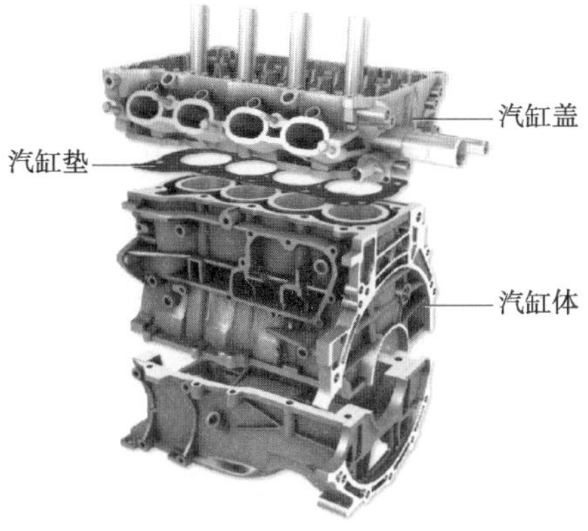

图 4-2　机体组的组成

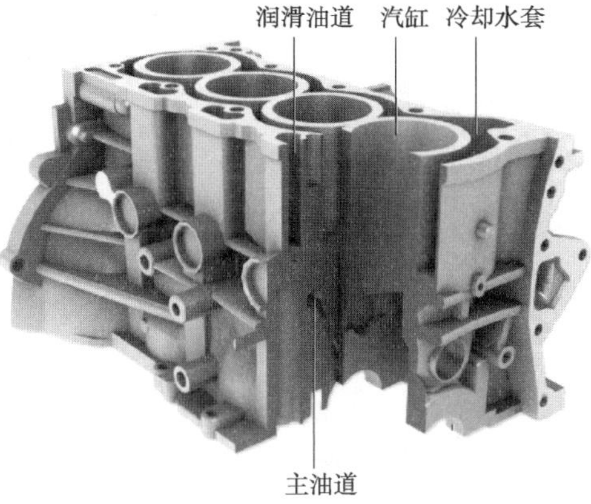

图 4-3　汽缸体的结构

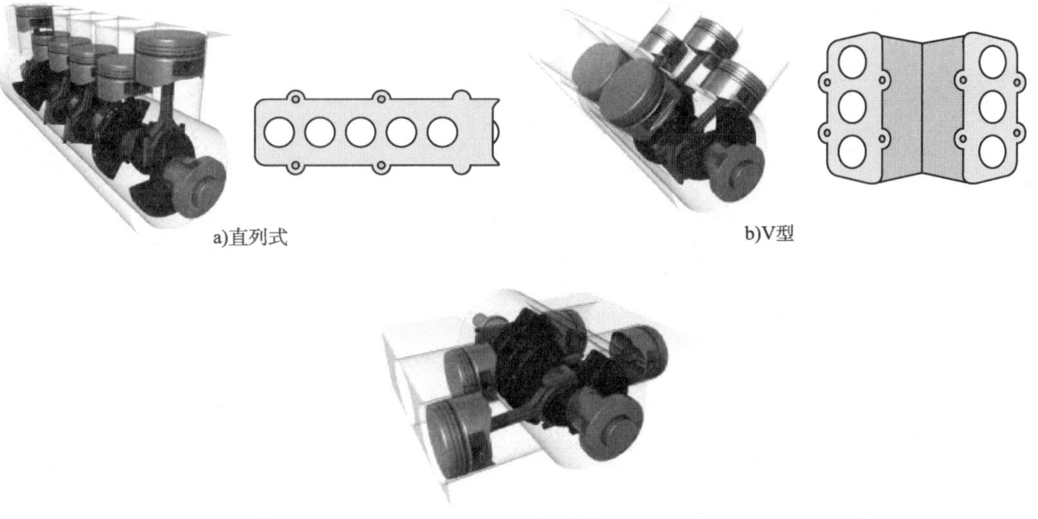

图 4-4　汽缸排列方式及特点

3 汽缸的结构

汽缸体内引导活塞作往复运动的圆柱形空腔称为汽缸。它要承受着可燃混合气燃烧产生的压力和热量及活塞在汽缸内往复运动中产生的侧向压力。

汽缸根据汽缸套的结构不同,可分为干式缸套和湿式缸套两种,如图 4-5 所示。

4 汽缸盖的结构

汽缸盖安装在汽缸体的上表面,与活塞一起形成燃烧室。汽缸盖内部有用于冷却燃烧室及周围区域的水套,其下端面上的冷却水孔与汽缸体上的冷却水孔相通,以保证冷却水的循环。汽缸盖上有进、排气门座,气门导管孔及进、排气通道等。汽缸盖两侧安装进、排气歧管,上部安装凸轮轴。汽缸盖上还加工有安装火花塞(汽油机)或喷油器(柴油机)的座孔,如图 4-6 所示。

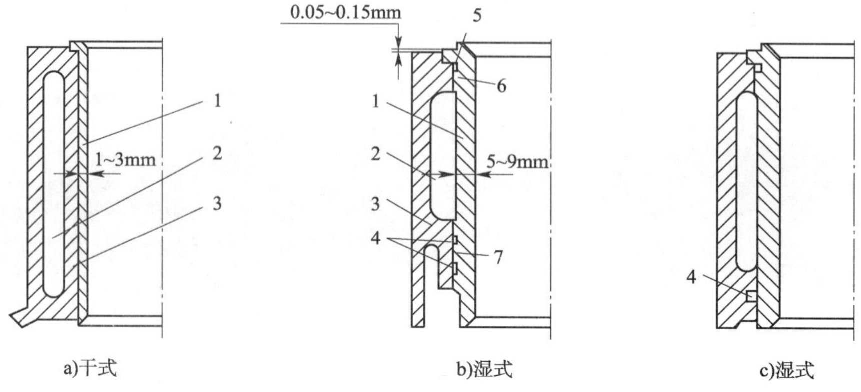

图 4-5　汽缸套

1-汽缸套;2-水套;3-汽缸;4-橡胶密封圈;5-凸缘平面;6-上支承密封带;7-下支承密封带

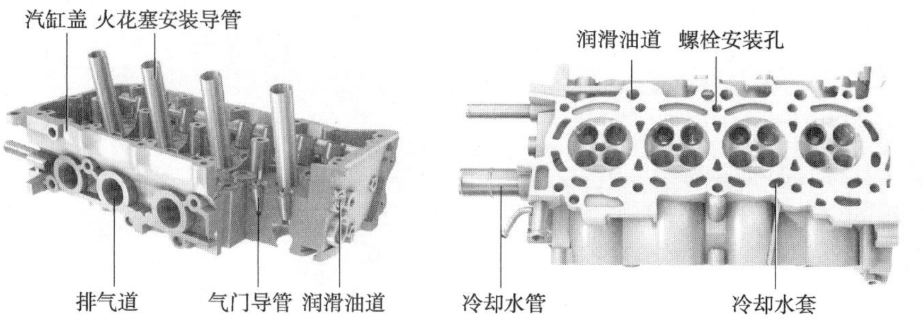

图 4-6　发动机汽缸盖

5 燃烧室的结构

燃烧室有盆形、倾斜盆形、楔形、半球形、双球形、多球形等类型,如图 4-7 所示。

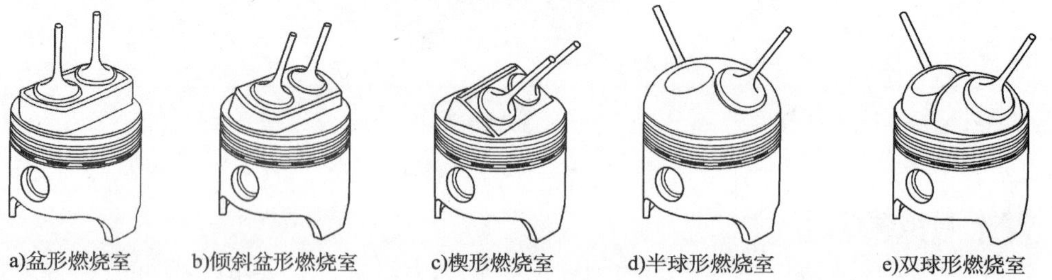

图 4-7　发动机燃烧室

6 汽缸垫的结构

汽缸垫安装在汽缸盖和汽缸体之间,它是发动机最重要的一种垫片,是保证汽缸盖和汽缸体间的密封,防止漏水、漏气与窜油,如图 4-8 所示。

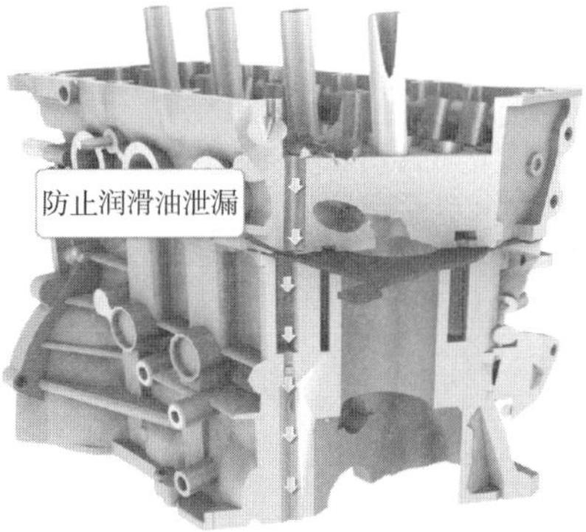

图 4-8　汽缸垫

汽缸垫受汽缸盖紧固螺栓拧紧力的作用。发动机工作时又受到汽缸内燃气的压力与热负荷的作用。这些力都将引起汽缸垫的变形,从而破坏密封的可靠性。此外它还受到油水的腐蚀作用。汽缸垫常见材料有金属—石棉垫、金属骨架—石棉垫、纯金属垫等类型,目前应用较多的是金属—石棉垫。

7 油底壳的结构

油底壳又称下曲轴箱,如图 4-9 所示,其作用是储存和冷却机油并封闭曲轴箱。一般用薄钢板冲压而成。为防止汽车振动时油底壳油面产生较大的波动,内部设有稳油挡板。在底部装有的放油螺塞,为能吸附润滑油中的铁屑,放油螺塞带磁性。曲轴箱与油底壳之间有密封衬垫。

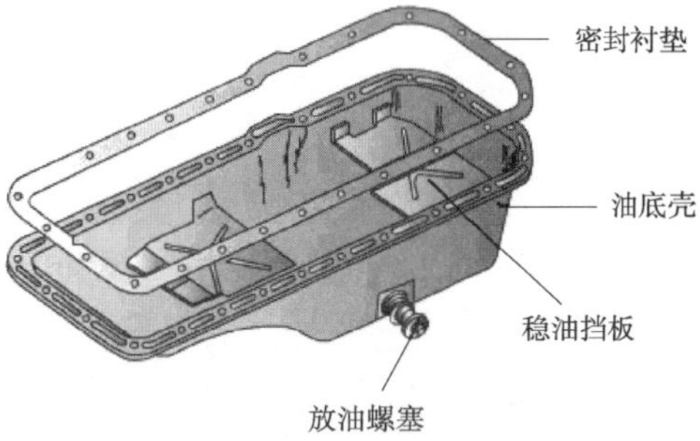

图 4-9　油底壳

(三)活塞连杆组的组成和结构特点

1 活塞连杆组的组成

活塞连杆组主要由活塞、活塞环、活塞销和连杆等部件组成,如图 4-10 所示。

2 活塞的结构

活塞的功用是承受燃气燃烧后的膨胀压力,并通过活塞销和连杆将此力传递给曲轴,以驱动曲轴旋转;同时活塞顶部还与汽缸盖和汽缸壁共同构成燃烧室。

活塞的基本结构由活塞顶部、头部和裙部三大部分组成,如图 4-11 所示。

活塞顶部是燃烧室的重要组成部分,用来承受气体压力,其形状取决于燃烧室的形式。常见的活塞顶部形状有平顶、凸顶、凹顶、成型顶等结构形式,如图 4-12 所示。

活塞头部是指活塞环槽及以上的部分,用来安装活塞环,它是活塞的防漏部分,两环槽之间部分结构称环岸。

活塞裙部是指油环槽以下的部分,其功用是为活塞在汽缸内作往复运动导向,并承受侧压力。因而裙部要有一定的长度,保证可靠的导向;又要有足够的面积,以防活塞对汽缸壁单位面积压力过大,破坏润滑油膜,加大磨损。

发动机工作时，由于气体压力和活塞销座处金属较多的影响，活塞裙部沿活塞销轴线方向膨胀量较大，所以在常温下，活塞裙部截面形状呈椭圆形，如图 4-13 所示，椭圆形长轴垂直于活塞销方向，其目的是保证在热态下活塞与汽缸的配合间隙均匀。

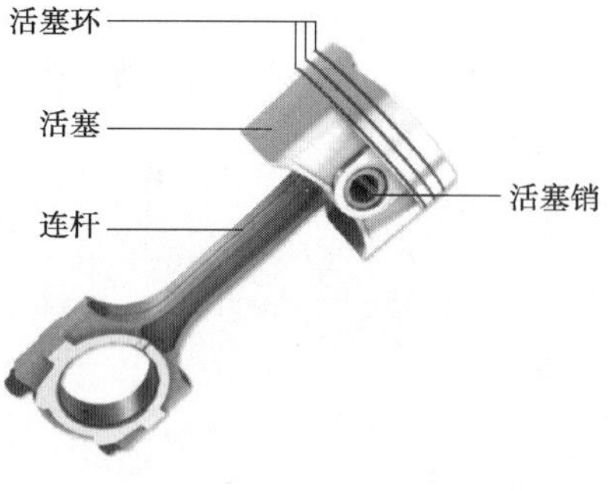

图 4-10　活塞连杆组

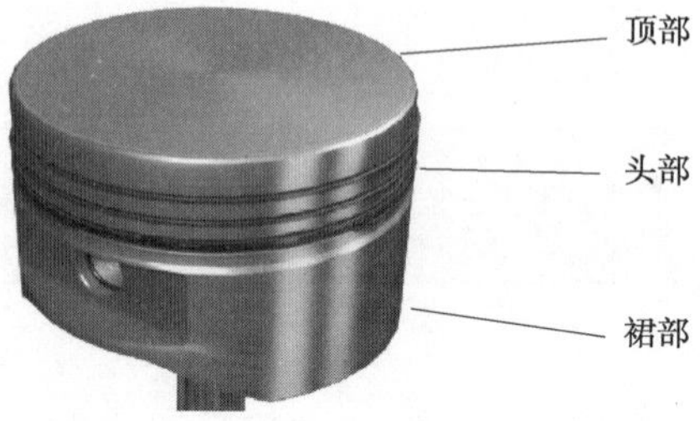

图 4-11　活塞的结构

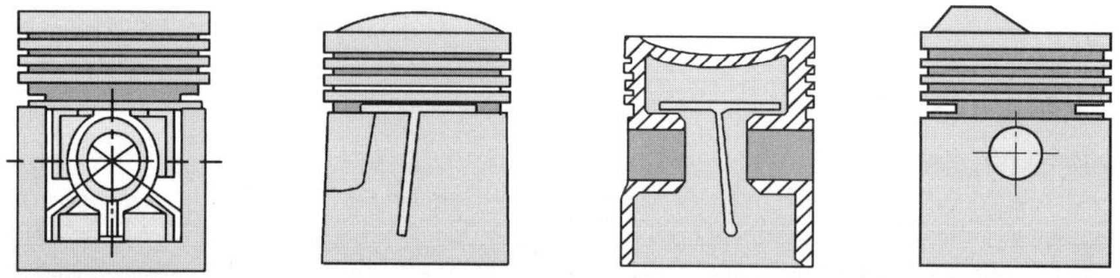

a)平顶活塞　b)凸顶活塞　c)凹顶活塞　d)成型顶活塞

图 4-12　活塞顶部形状

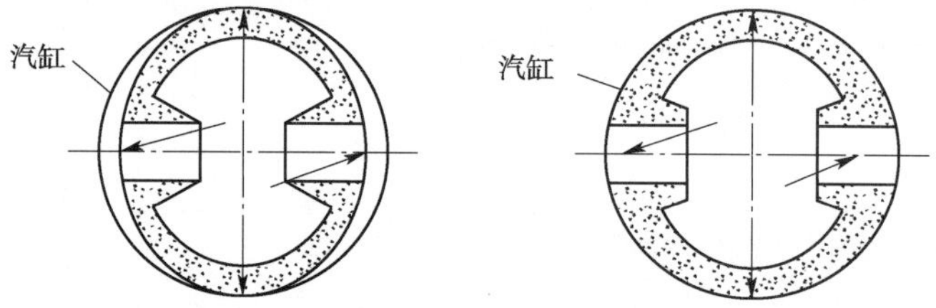

a)常温下的形状　b)热态下的形状

图 4-13　活塞裙部截面形状

此外，发动机工作中，由于活塞的温度从上到下逐渐降低，膨胀量逐渐减小，所以在常温下，活塞裙部的直径是上小下大。

3 活塞环的结构

活塞环包括气环和油环两种，如图 4-14 所示。

气环也称密封环，其作用是保证活塞与汽缸壁间的密封，防止燃烧室中的高温高压气体大量漏入曲轴箱，同时还可将活塞头部的热量传给汽缸壁。一般每个活塞上装有 2 ~ 3 道气环。

活塞环连同活塞一起装入汽缸后会形成“三隙”，即端隙 Δ1，侧隙 Δ2 和背隙 Δ3，如图 4-15所示。

活塞环端隙是指活塞环随活塞装入汽缸后，两端头间的间隙，此间隙是为了防止活塞环受热膨胀卡死在汽缸内而设置的。此间隙过大会使环的气体密封性下降，间隙过小会导致在高温膨胀时相互间发生“粘住”的危险。

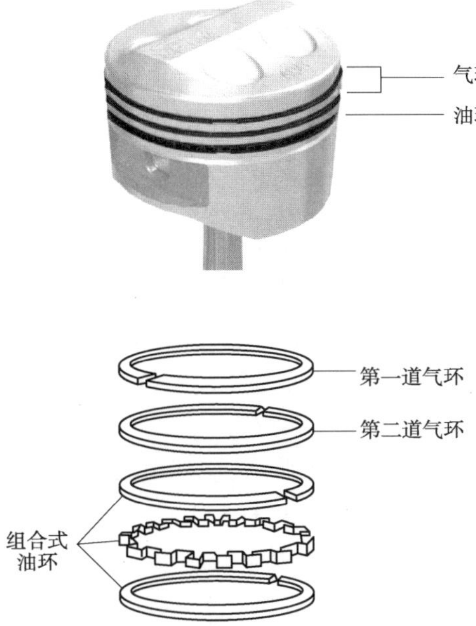

图 4-14　活塞环

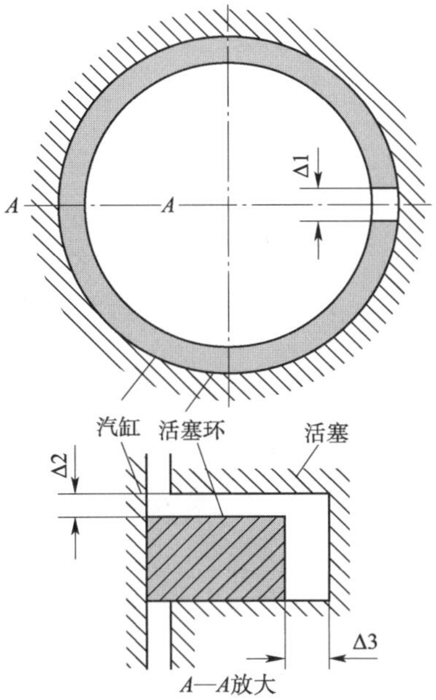

图 4-15　活塞环的间隙

活塞环的背隙是指活塞与活塞环装入汽缸后，活塞环内圆柱面与活塞环槽底间的间隙。

活塞环侧隙是指环的厚度与活塞上相应环槽宽度的差值。

在安装活塞环时，各道环的开口应按规定互相错开。活塞环上一般还有朝上标记，应按规定安装。

油环的作用是刮去汽缸壁上多余的润滑油，并将汽缸壁上的润滑油分布均匀。一般每个活塞上装有一道油环。

油环根据结构的不同分组合式油环和整体式油环两种类型，组合式油环结构如图 4-16a）所示，整体式油环结构如图 4-16b）所示，其中使用较广泛的是组合式油环。

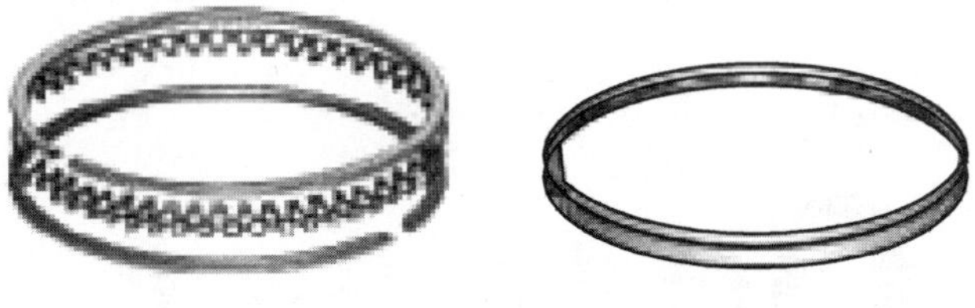

a)组合式油环　　b)整体式油环

图 4-16　油环

组合式油环由刮油的上下刮片和保持表面压力的衬簧构成。通过使用衬簧，可以得到较高的表面压力。

4 活塞销的结构

活塞销的功用是连接活塞与连杆，并将气体作用在活塞上的力传给连杆。活塞销的基本结构为一空心圆柱体，有时也按等强度要求做成变断面管状结构，如图 4-17 所示。

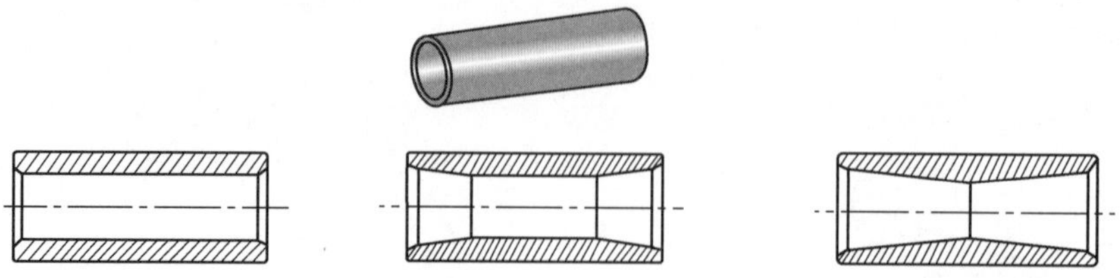

图 4-17　活塞销

5 连杆的结构

连杆的作用是将活塞的往复运动转变为曲轴的旋转运动，并将活塞承受的力传给曲轴。连杆的质量要轻，而且应具有足够的强度来承受发动机运转时的压力和拉力。

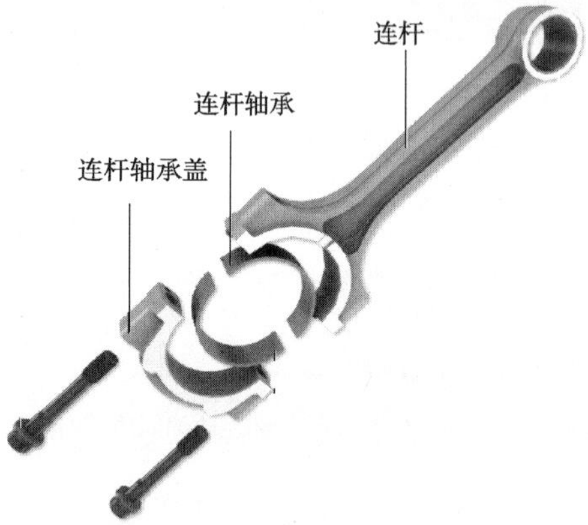

图 4-18　连杆的结构

连杆的结构如图 4-18 所示，连杆由小头、杆身和大头组成。为了减轻质量，杆身为工字形断面。连杆小头用来安装活塞销以连接活塞，在全浮式连接的连杆小头内压有减摩的连杆衬套。连杆大头切分成杆身和连杆轴承盖两部分，通过连杆螺栓与曲轴的连杆轴颈相连。在连杆轴承盖和连杆杆身上都有朝前标记，以免在组合时，装错连杆大头与连杆轴承盖的方向。有些连杆轴承盖上有定位销，在组合连杆总成时作定位用。

连杆螺栓用来将连杆体与连杆盖紧固在一起，必须按标准力矩拧紧。

（四）曲轴飞轮组的组成和结构特点

1 曲轴飞轮组的组成

曲轴飞轮组主要由皮带轮、扭转减振器、正时齿轮、曲轴、飞轮、油封等零件组成，如图 4-19所示。

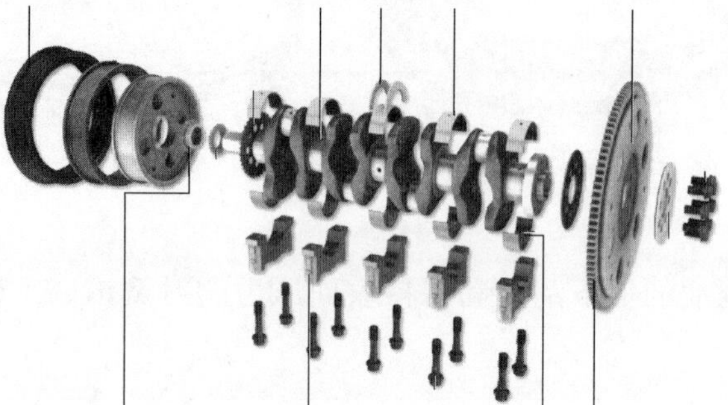

图 4-19　曲轴飞轮组的组成

② 曲轴的结构

曲轴的作用是接受活塞连杆组传来的气体燃烧产生的压力，通过飞轮输出，同时将活塞的往复运动转变为旋转运动。

曲轴一般由主轴颈、连杆轴颈、曲柄、平衡重、前端轴和后端凸缘等组成，如图 4-20 所示。

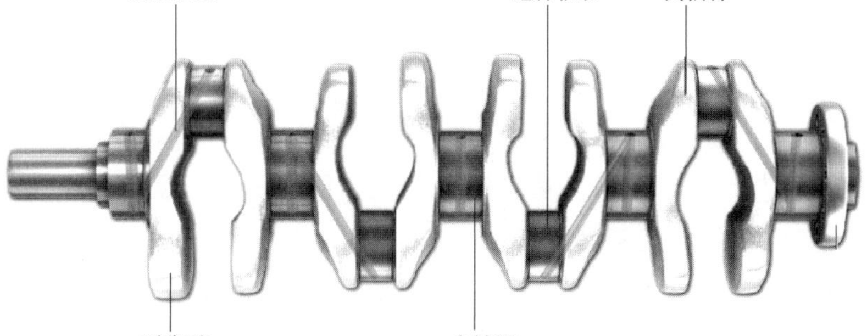

图 4-20　曲轴的结构

曲轴的前端是第一道主轴颈之前的部分，安装有驱动配气机构的曲轴正时齿轮、驱动水泵和交流发电机等部件的曲轴皮带轮及扭转减振器等。曲轴的后端是最后一道主轴颈之后的部分，后端带有安装飞轮的凸缘盘，在后端部还安装了变速器第一轴的导向轴承。

曲轴主轴颈通过主轴承支撑在曲轴箱上，连杆轴颈与连杆大头相连。平衡重可以消除旋转部分质量的不平衡。曲轴主轴颈和连杆轴颈间有润滑油道，用于将曲轴主轴颈的一部分润滑油供应给连杆轴颈和连杆轴承润滑。

一个连杆轴颈和它两侧的主轴颈组成一个曲拐。曲拐的数量取决于发动机的汽缸数及其排列方式，直列发动机的曲拐数等于汽缸数，而 V 形排列和对置式发动机的曲拐数为汽缸数的一半。曲拐的相对位置取决于汽缸数、汽缸排列形式和发动机的工作顺序，在四冲程发动机中曲轴转动两圈 720°每个汽缸都完成进气、压缩、做功、排气一个工作循环，曲轴每转动 180°完成一个行程。四冲程直列四缸发动机曲轴曲拐的布置，如图 4-21 所示，汽缸从前到后的编号为：1 号缸、2 号缸、3 号缸、4 号缸，点火顺序是 1→3→4→2 或 1→2→4→3。

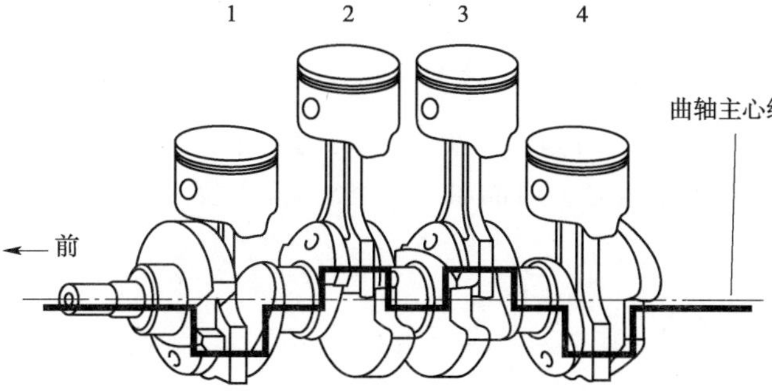

图 4-21　四冲程直列四缸发动机曲轴曲拐的布置

图 4-22 飞轮的构造

3 飞轮的结构

飞轮是一个转动惯量很大的圆盘,如图 4-22 所示。其主要作用是储存做功行程的部分能量,以克服辅助行程的阻力,使发动机转速均匀和提高短时超载的能力。同时,飞轮还有将曲轴的动力传递给离合器的作用。

为了使飞轮旋转时的转动惯量要大,而自身的质量要轻,呈中心部分的壁薄、外圆部分壁厚的铸铁或钢制成的圆盘状,其外缘上镶有齿圈,用于发动机起动时与起动机的小齿轮啮合,把起动机的旋转力传递给飞轮,飞轮的后端用于安装离合器。有些厂家在飞轮上还刻有第一缸上止点记号。

4 连杆轴承和曲轴主轴承的结构

连杆轴承和曲轴主轴承通过连杆轴承盖和曲轴主轴承盖安装在连杆大头与连杆轴颈间和曲轴主轴颈和曲轴支撑间,这些轴承通常大多采用滑动轴承(平面轴承)。

一般连杆轴承和曲轴主轴承都是精密加工镶入式平面轴承,以软钢为背,内衬为轴承合金。

曲轴主轴承上有使润滑油流向连杆轴颈的油孔和油槽,连杆轴承上设有通向连杆润滑油喷射孔的油孔。在分开嵌入式轴承上还设置有定位舌,用于承轴轴向定位,如图 4-23 所示。

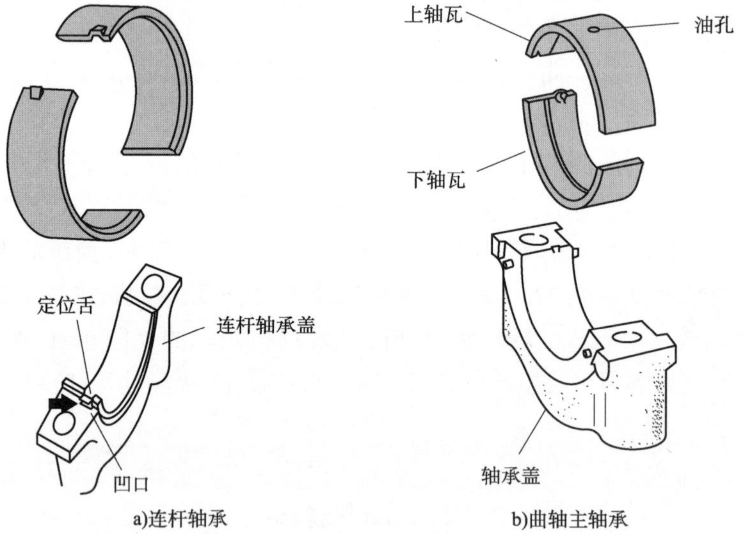

图 4-23 连杆轴承和曲轴主轴承

为防止曲轴轴向窜动,其中一道曲轴主轴承的两侧装有止推片或翻边主轴承进行轴向定位,如图 4-24 所示。

(五)四冲程发动机的基本术语

1 工作循环

活塞在汽缸内往复运动时,完成了进气、压缩、做功和排气 4 个工作过程,如图 4-25

所示，周而复始地进行这些过程，内燃机才能持续地运转对外输出功率，每完成一次上述4个过程称为一个工作循环。

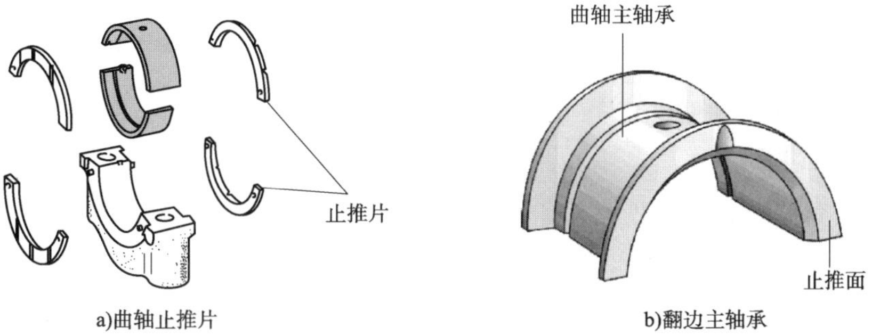

图4-24　曲轴轴向定位片

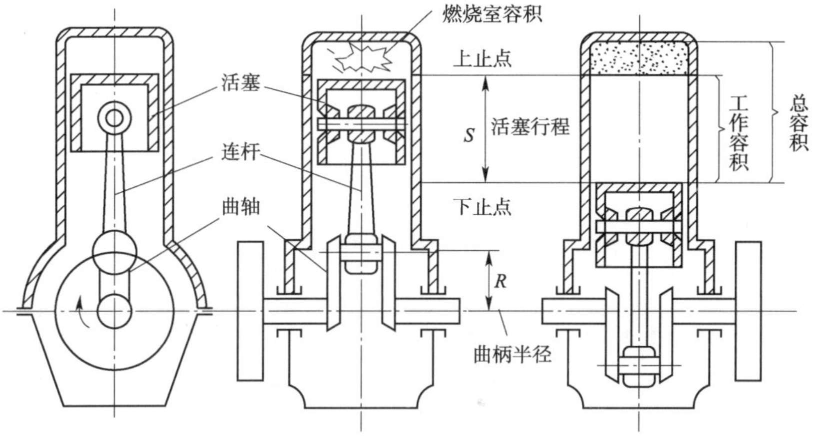

图4-25　发动机基本术语示意图

② 上止点

上止点是指活塞离曲轴回转中心最远处，通常指活塞的最高位置。

③ 下止点

下止点是指活塞离曲轴回转中心最近处，通常指活塞的最低位置。

④ 活塞行程(S)

活塞行程是指上、下两止点间的距离，单位：毫米(mm)。活塞由一个止点移到另一个止点，运动一次的过程称行程。

⑤ 曲柄半径(R)

曲柄半径是指与连杆大端相连接的曲柄销的中心线到曲轴回转中心线的距离(mm)。显然，曲轴每转一周，活塞移动两个行程，即 $S=2R$。

⑥ 汽缸工作容积(V_h)

汽缸工作容积是指活塞从上止点到下止点所让出空间的容积。

其计算公式为

$$V_h = \frac{\pi D^2}{4 \times 10^6} S$$

式中：V_h——汽缸工作容积，L；

D——汽缸直径，mm；

S——活塞行程，mm。

7 发动机排量（V_L）

发动机排量是指发动机所有汽缸工作容积的总和，也称发动机的工作容积。若发动机的汽缸数为 i，则

$$V_L = V_h \times i$$

式中：V_L——发动机排量，L。

8 燃烧室容积（V_c）

燃烧室容积是指活塞在上止点时，活塞顶上面空间的容积，单位：升(L)。

9 汽缸总容积（V_a）

汽缸总容积是指活塞在下止点时，活塞顶上面空间的容积(L)。它等于汽缸工作容积与燃烧室容积之和，即

$$V_a = V_c + V_h$$

10 压缩比（ε）

压缩比是指汽缸总容积与燃烧室容积的比值。

（六）多缸四冲程发动机的工作原理

由于单缸四冲程发动机每个工作循环所经历的 4 个活塞行程中，只有做功行程为有效行程，其他 3 个行程为消耗机械功的辅助行程。这样，发动机曲轴在做功行程中的转速快，在其他行程中转速慢。所以，一个工作循环中曲轴的转速是不均匀的。为了保证发动机运转平稳，现代汽车发动机都采用多缸四冲程发动机，应用最多的是四缸、六缸和八缸发动机。

多缸四冲程发动机每个汽缸所经历的工作循环与单缸四冲程发动机相同，但各缸的做功行程并非同时进行，而是按一定顺序进行。因此，对多缸四冲程发动机来说，曲轴每转两周，各缸分别做功一次，且各缸做功间隔角（以曲轴转角表示）保持一致。对于缸数为 i 的四冲程直列式发动机而言，做功间隔角为 $720°/i$，表 4-1 和表 4-2 为直列四缸和六缸发动机做功循环表。汽缸数越多，发动机工作越平稳，但结构也越复杂。

直列四缸发动机工作循环表（发火顺序 1→2→4→3）　　表 4-1

曲轴转角(°)	第 1 缸	第 2 缸	第 3 缸	第 4 缸
0～180	做功	压缩	排气	进气
180～360	排气	做功	进气	压缩
360～540	进气	排气	压缩	做功
540～720	压缩	进气	做功	排气

直列六缸发动机工作循环表(发火顺序 1→5→3→6→2→4)　　　　表 4-2

<table>
<tr><th>曲轴转角(°)</th><th>第 1 缸</th><th>第 2 缸</th><th>第 3 缸</th><th>第 4 缸</th><th>第 5 缸</th><th>第 6 缸</th></tr>
<tr><td>0 ~ 60</td><td rowspan="3">做功</td><td rowspan="2">排气</td><td>排气</td><td>做功</td><td rowspan="2">压缩</td><td rowspan="3">排气</td></tr>
<tr><td>60 ~ 120</td><td rowspan="3">压缩</td><td rowspan="3">排气</td></tr>
<tr><td>120 ~ 180</td><td rowspan="3">进气</td><td rowspan="3">做功</td></tr>
<tr><td>180 ~ 240</td><td rowspan="3">排气</td><td rowspan="3">压缩</td></tr>
<tr><td>240 ~ 300</td><td rowspan="3">做功</td><td rowspan="3">进气</td></tr>
<tr><td>300 ~ 360</td><td rowspan="3">压缩</td><td rowspan="3">排气</td></tr>
<tr><td>360 ~ 420</td><td rowspan="3">进气</td><td rowspan="3">做功</td></tr>
<tr><td>420 ~ 480</td><td rowspan="3">排气</td><td rowspan="3">压缩</td></tr>
<tr><td>480 ~ 540</td><td rowspan="3">做功</td><td rowspan="3">进气</td></tr>
<tr><td>540 ~ 600</td><td rowspan="3">压缩</td><td rowspan="3">排气</td></tr>
<tr><td>600 ~ 660</td><td rowspan="2">进气</td><td rowspan="2">做功</td></tr>
<tr><td>660 ~ 720</td><td>排气</td><td>压缩</td></tr>
</table>

二　任务实施

(一)汽缸盖的拆装

1 准备工作

(1)科鲁兹发动机。

(2)维修手册。

(3)常用拆装工具。

(4)指针式扭力扳手、吸棒、缠胶带的一字螺丝刀、橡胶锤、铲刀、抹布、吹枪、扭力扳手。

2 操作步骤与技术规范(表 4-3)

操作步骤与技术规范　　　　表 4-3

操作步骤	过　程	技术规范与操作要领
拆卸汽缸盖及汽缸垫	拆卸汽缸盖螺栓	技术规范: (1)因拆卸汽缸盖螺栓的力矩较大,拆卸螺栓时必须采用指针式扭力扳手; (2)为防止螺栓拆卸不当造成缸盖变形,需按要求的循序及拆卸步骤进行操作 操作要领: (1)按顺序将 10 个螺栓松开 90°; (2)再按同样顺序将 10 个螺栓松开 180°

续上表

操作步骤	过　程	技术规范与操作要领
拆卸汽缸盖及汽缸垫	拆卸汽缸盖螺栓	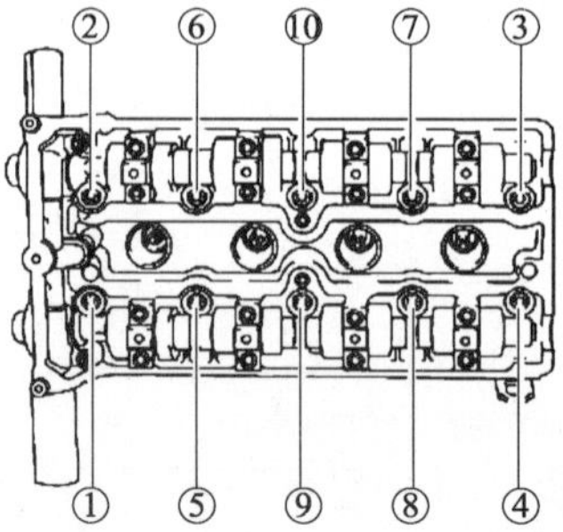
	取下汽缸盖螺栓及其垫片	操作要领： 拆卸后的螺栓及其垫片需按顺序整齐摆放
	取下汽缸盖和汽缸垫	技术规范： (1)根据维修手册要求，每次拆卸汽缸盖螺栓后需进行更换； (2)根据维修手册要求，每次拆卸汽缸垫后需更换 操作要领： (1)撬动汽缸盖并向上敲击汽缸盖使其松动； (2)取下的汽缸盖按照安装平面朝上放置在木块上
清洁汽缸盖、汽缸体及螺栓孔、水道孔	清洁汽缸盖、汽缸体及螺栓孔、水道孔	技术规范： (1)利用铲刀、抹布或吹枪对汽缸盖和汽缸体进行清理清洁时，需由里向外操作，防止异物进入发动机缸体内； (2)如果需要对汽缸盖和汽缸体进行检查测量，还需要对其进行清洗 操作要领： (1)清理汽缸盖与缸体、汽缸盖与进排气歧管安装部位； (2)清洁汽缸盖、汽缸体及螺栓孔、水道孔
安装汽缸垫	更换新汽缸垫并安装	操作要领： 更换新汽缸垫需检查型号是否一致，安装时标有型号的一面朝上
安装汽缸盖	更换新汽缸盖螺栓及其垫片	技术规范： (1)汽缸盖螺栓力矩：25N · m + 90° + 90° + 90° + 45° (2)汽缸盖螺栓安装时一定要按规定顺序及要求力矩紧固，防止安装不到位造成汽缸盖变形 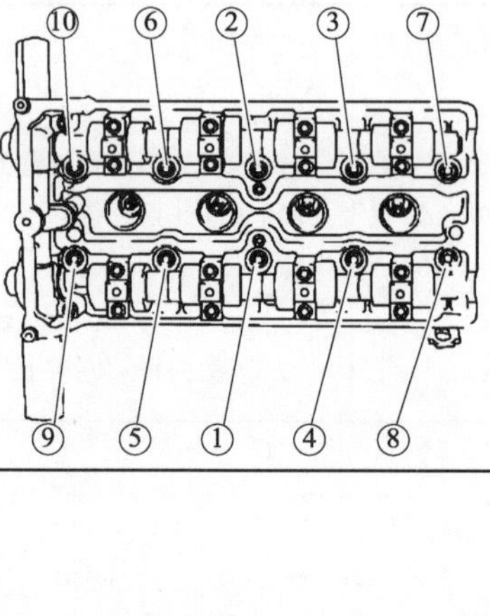

续上表

操作步骤	过　程	技术规范与操作要领
安装汽缸盖	更换新汽缸盖螺栓及其垫片	操作要领： (1)更换新汽缸盖螺栓及其垫片，并用手旋入2～3圈； (2)预紧螺栓； (3)利用扭力扳手上紧螺栓至规定力矩25N·m； (4)利用指针式扭力扳手进行3次90°和一次45°紧固

(二)汽缸盖的检测

❶ 准备工作。

(1)科鲁兹发动机。

(2)维修手册。

(3)常用拆装工具。

(4)铲刀、抹布、油盆、毛刷、吹枪、刀口尺、塞尺。

❷ 操作步骤与技术规范(表4-4)

操作步骤与技术规范　　表4-4

操作步骤	过　程	技术规范与操作要领
清洁汽缸盖	清洁汽缸盖	技术规范： (1)利用铲刀、抹布或吹枪对汽缸盖和汽缸体进行清理清洁时，需由里向外操作，防止异物进入发动机缸体内； (2)汽缸盖先吹燃烧室，再吹螺栓孔和油孔，最后吹整个平面，由中间向两边吹； (3)汽缸体上平面先吹螺栓孔，再由中间向两边吹 操作要领： (1)清洁汽缸盖下平面及其进排气管安装平面； (2)将汽缸盖放入油盆中用毛刷清洗安装平面； (3)用压缩空气对汽缸盖安装平面进行清洁
汽缸盖的检查	汽缸盖外观检查	操作要领： 检查汽缸盖有无裂纹、腐蚀、积炭、脏堵、砂眼和窜气孔
	汽缸盖平面度检查	技术规范： 如果任一方向的平面度不符合标准数值，则更换汽缸盖，不要加工汽缸盖。 标准数值：纵向平面度为0.05mm；横向平面度为0.03mm。 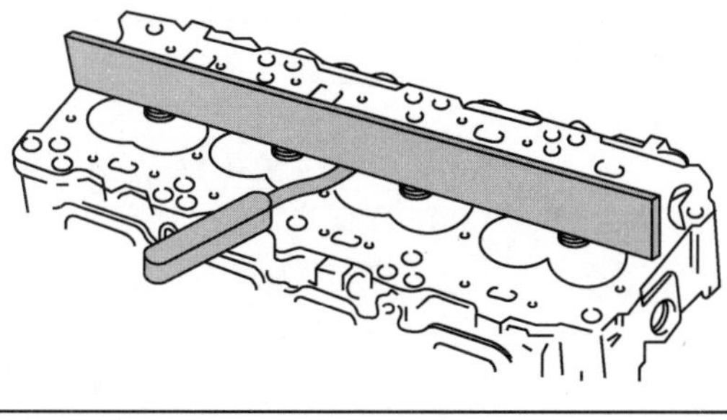

续上表

操作步骤	过　程	技术规范与操作要领					
汽缸盖的检查	汽缸盖平面度检查	操作要领： 用塞尺和刀口尺在缸盖下平面上依次测量横向、纵向及交叉共6个位置，每个位置5个点 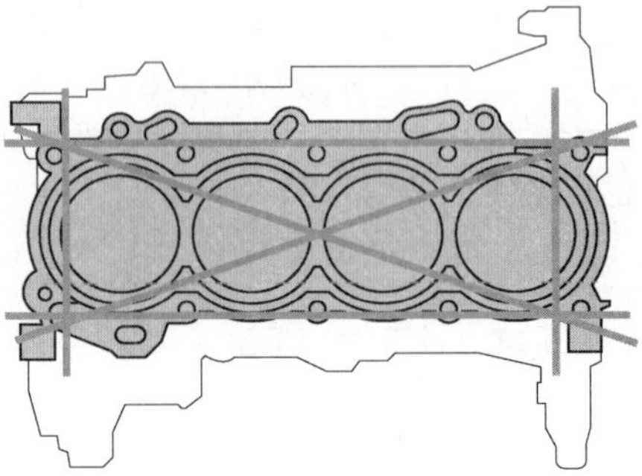					
记录结果	外观检查结果						
	汽缸盖平面度	纵1					
		纵2					
		横1					
		横2					
		对角1					
		对角2					
	检验结论						

(三)汽缸的检测

1 准备工作

(1)科鲁兹发动机。

(2)维修手册。

(3)常用拆装工具。

(4)量具：千分尺、量缸表。

2 操作步骤与技术规范(表4-5)

操作步骤与技术规范　　表4-5

操作步骤	过　程	技术规范与操作要领
清洁并检查汽缸壁	清洁并检查汽缸壁	技术规范： 如发现汽缸壁有烧蚀、拉缸等损坏，则需进行维修或更换 操作要领： (1)擦拭汽缸壁； (2)检查汽缸壁有无损坏； (3)检查汽缸体上的定位销有误缺失或损坏

续上表

<table>
<tr><th>操作步骤</th><th>过　程</th><th>技术规范与操作要领</th></tr>
<tr><td rowspan="2">组装量缸表并校零</td><td>组装量缸表</td><td>操作要领：
(1)检查量缸表表头的活动情况，转动表盘无卡滞，捏住量缸表上部的拉手部位轻轻向上提无卡滞；
(2)检查表杆是否弯曲；
(3)检查量缸表导向端的活动情况；
(4)检查调整垫片是否有锈蚀或脏物，清洁并测量调整垫片；
(5)组装量缸表，并留 1 ~ 2mm 的预压缩量</td></tr>
<tr><td>量缸表校零</td><td>技术规范：
缸体的修理尺寸：<table><tr><th>修理级别</th><th>汽缸直径(mm)</th></tr><tr><td>公称尺寸</td><td>79</td></tr></table>操作要领：
(1)清洁、校零千分尺并将千分尺调整到标准缸径 79mm；
(2)根据汽缸直径选择合适的接杆和调整垫片，将量缸表调零，并用扳手拧紧接杆
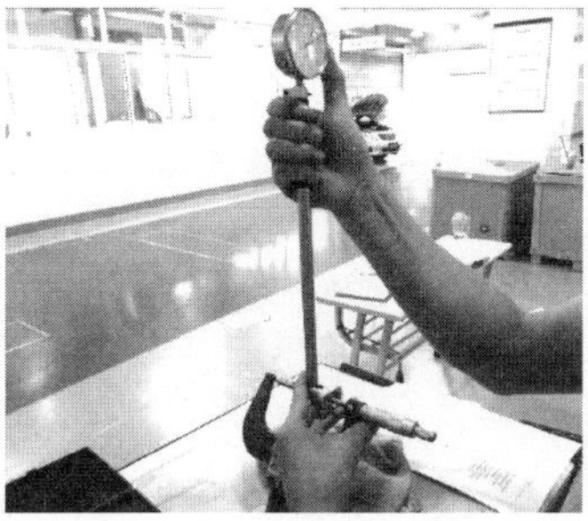</td></tr>
<tr><td>测量并计算汽缸直径</td><td>测量</td><td>技术规范：
(1)横向和纵向三个截面测量点位置：
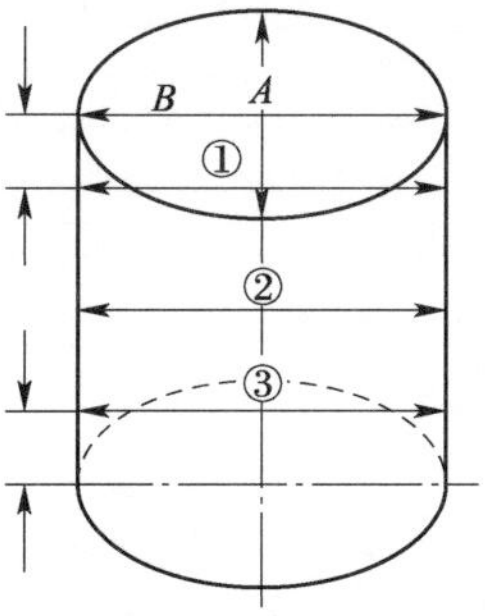
(2)测量值与标准尺寸的最大偏差为 0.08mm，汽缸标准尺寸为：<table><tr><th>修理级别</th><th>汽缸直径(mm)</th></tr><tr><td>公称尺寸</td><td>79</td></tr></table></td></tr>
</table>

续上表

<table>
<tr><th>操作步骤</th><th>过　程</th><th colspan="3">技术规范与操作要领</th></tr>
<tr><td rowspan="2">测量并计算汽缸直径</td><td>测量</td><td colspan="3">操作要领：
(1)测量汽缸直径时，要先将导向轮放入汽缸并贴着缸壁直至表头达到待测位置，切勿磨损表头；
(2)测量汽缸直径时，要前后摆动量缸表，当指针出现最大的偏转时的计数即为该位置汽缸的直径
</td></tr>
<tr><td>计算圆度、圆柱度</td><td colspan="3">技术规范：
圆度误差≤0.05mm，圆柱度误差≤0.20mm
操作要领：
(1)计算各缸的圆度误差：同一平面位置两直径之差再除以2；
(2)计算各缸的圆柱度误差：最大直径与最小直径之差再除以2；
(3)判断数据，得出结论</td></tr>
<tr><td rowspan="7">记录结果</td><td>汽缸壁外观检查结果</td><td colspan="3"></td></tr>
<tr><td></td><td>上　部</td><td>中　部</td><td>下　部</td></tr>
<tr><td>汽缸轴向</td><td></td><td></td><td></td></tr>
<tr><td>汽缸纵向</td><td></td><td></td><td></td></tr>
<tr><td>圆度误差</td><td></td><td></td><td></td></tr>
<tr><td>圆柱度误差</td><td colspan="3"></td></tr>
<tr><td>检验结论</td><td colspan="3"></td></tr>
</table>

(四)活塞连杆组拆装

1 准备工作

(1)科鲁兹发动机。

(2)维修手册。

(3)常用拆装工具。

(4)指针式扭力扳手、锤子、活塞环扩张器、铲刀、活塞环压缩器、机油。

❷ 操作步骤与技术规范(表4-6)

操作步骤与技术规范　　表4-6

<table>
<tr><th>操作步骤</th><th>过　程</th><th>技术规范与操作要领</th></tr>
<tr><td rowspan="2">旋转曲轴</td><td>汽缸盖及油底壳拆卸后,转动发动机翻转架使发动机倒置</td><td rowspan="2">操作要领:
假如需要拆卸二、三缸活塞时,需顺时针转动曲轴180°,使二、三缸处于活塞下止点位置</td></tr>
<tr><td>将需要拆卸活塞的汽缸转动至下止点位置</td></tr>
<tr><td rowspan="2">拆卸连杆轴承盖</td><td>拆卸连杆轴承盖螺栓</td><td rowspan="2">操作要领:
(1)拆卸连杆轴承盖螺栓时需多次均匀拧松,螺栓首次拧松需采用指针式扭力扳手;
(2)当轴承盖不易取下时,可用橡皮锤轻敲连杆螺栓然后取下,注意防止活塞连杆掉落(或将已经拆卸的螺栓放在螺栓孔内,扭动取出轴承盖);
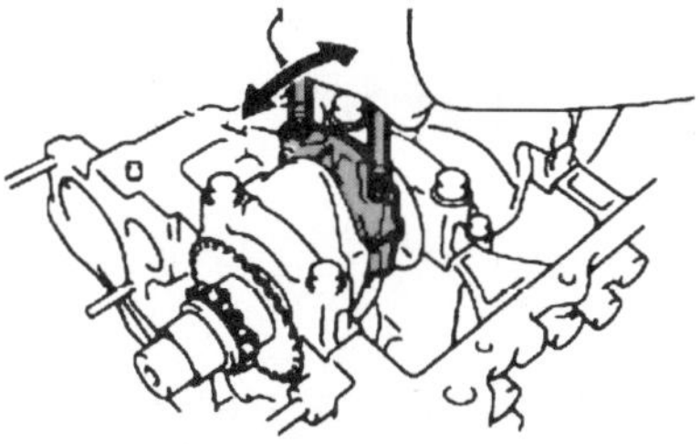
(3)拆卸的轴承盖及轴承需要一一对应摆放整齐,防止安装时与其他汽缸零件错位安装;
(4)轴承盖螺栓在拆卸后需更换</td></tr>
<tr><td>取下连杆轴承盖及连杆轴承</td></tr>
<tr><td>拆卸活塞连杆组</td><td>用锤子的木柄在合适的位置向下推出连杆活塞组</td><td>操作要领:
(1)最好选用橡胶材料的锤子柄推动活塞;
(2)拆卸的活塞连杆、连杆轴承及轴承盖需在对应位置摆放整齐或做好标记,防止出现与其他汽缸错位安装
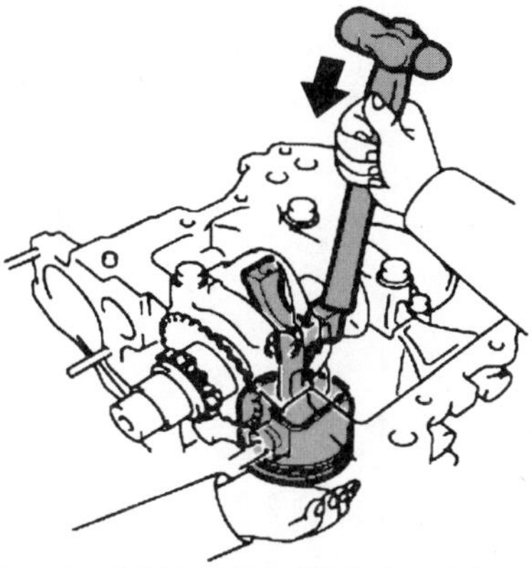</td></tr>
</table>

续上表

<table>
<tr><th>操作步骤</th><th>过　程</th><th>技术规范与操作要领</th></tr>
<tr><td rowspan="3">拆卸活塞环</td><td>使用活塞环扩张器拆下两道气环</td><td rowspan="3">操作要领：
为防止拆卸活塞环时出现断裂或变形情况，在拆卸过程中应避免扭动或弯曲气环和油环
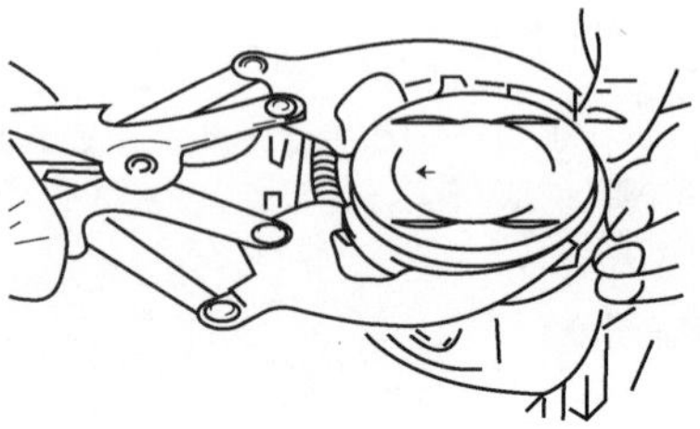</td></tr>
<tr><td>用手拆下组合油环</td></tr>
<tr><td>清理活塞顶面、活塞环和活塞环槽的积炭</td></tr>
<tr><td rowspan="2">安装活塞环</td><td>用手安装组合油环</td><td rowspan="2">技术规范：
（1）活塞环上“TOP”标记必须朝向活塞顶部；
（2）活塞环安装位置：
第一道活塞环开口在位置 1 中；
第二道活塞环开口在位置 2 中；
油刮片的过渡环在位置 3 中，油环刮片的钢片在位置 4 和 5 中。
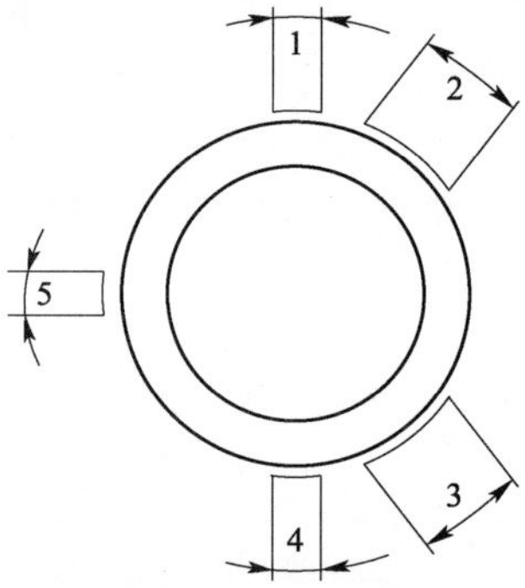

操作要领：
活塞环安装顺序：油环→第二道气环→第一道气环</td></tr>
<tr><td>使用活塞环扩充器安装气环</td></tr>
<tr><td>安装活塞连杆组</td><td>安装连杆轴承并在表面涂抹机油</td><td>操作要领：
（1）在连杆轴承表面涂抹机油，不要在轴承背面涂抹机油，否则轴承的散热效能会严重下降；
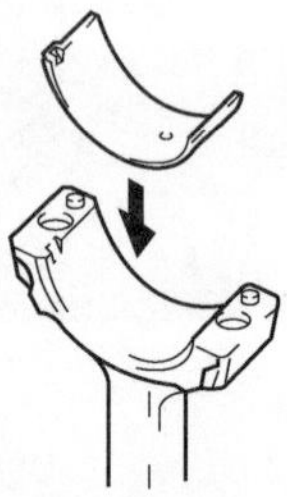 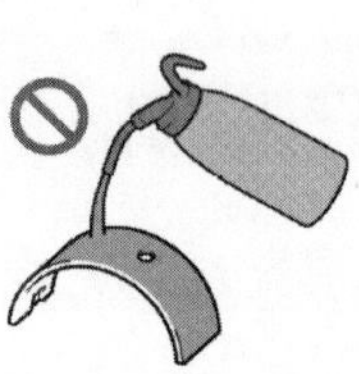</td></tr>
</table>

续上表

操作步骤	过　程	技术规范与操作要领
安装活塞连杆组	按照装配记号放入活塞，用橡胶锤轻轻推入	(2)安装连杆轴承时注意定位标记； (3)活塞裙部的箭头朝前； (4)转动发动机翻转架至汽缸朝上位置，放入活塞安装工具，调整安装工具，按照装配记号放入活塞，用橡胶锤轻轻推入(推入深度与缸体平面平齐)，取下活塞安装工具，再次用橡胶锤将活塞推入到位 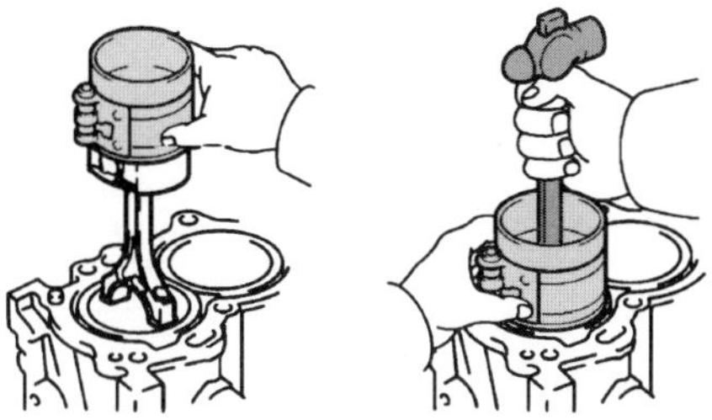
安装连杆轴承盖	安装连杆轴承盖	技术规范： (1)连杆螺栓拧紧力矩为35N·m+45°+15°； (2)连杆螺栓在拆卸后更换； (3)安装螺栓时润滑螺纹和接触表面 操作要领： 当一、四缸处于下止点时安装一、四缸活塞连杆组，再转动曲轴180°安装二、三缸活塞

(五)活塞及活塞环检测

❶ 准备工作

(1)科鲁兹发动机。

(2)维修手册。

(3)常用拆装工具。

(4)铲刀、毛刷、吹枪、塞尺。

❷ 操作步骤与技术规范(表4-7)

操作步骤与技术规范　　表4-7

操作步骤	过　程	技术规范与操作要领
清洗活塞及活塞环	清洗活塞及活塞环	技术规范： 用铲刀清理活塞环槽内积炭时，要做到细心耐心，操之过急会损坏活塞 操作要领： (1)清除活塞环槽内的积炭； (2)将活塞及活塞环置于油盆内清洗，最后用吹枪吹洗干净以待测量

续上表

<table>
<tr><th>操作步骤</th><th>过　程</th><th>技术规范与操作要领</th></tr>
<tr><td rowspan="2">测量活塞环间隙</td><td>测量活塞环开口间隙</td><td>技术规范：
（1）活塞环压入汽缸距离汽缸底部边沿约为15mm；
（2）活塞环开口间隙规范值：矩形压缩环1为0.20～0.40mm；锥形压缩环2为0.40～0.60mm；刮油环3为0.25～0.75mm

操作要领：
（1）压入汽缸的活塞要求开口两端对齐，活塞环平面与汽缸壁垂直，建议利用倒置的活塞将活塞环压入汽缸内；
（2）用塞尺测量开口端隙时，所选塞尺的厚度在间隙中运动能够感到明显摩擦力的，即为测量值
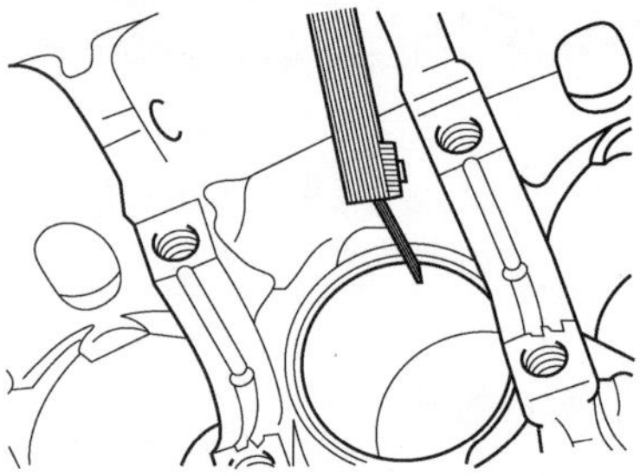</td></tr>
<tr><td>测量活塞环槽侧隙</td><td>技术规范：
活塞环环槽间隙规范值：矩形压缩环1为0.04～0.08mm；锥形压缩环2为0.03～0.07mm；刮油环3为0.03～0.13mm

操作要领：
（1）边滚动活塞环边测量3点位置；
（2）用塞尺测量环槽间隙时，所选塞尺的厚度在间隙中运动能够感到明显摩擦力的，即为测量值</td></tr>
</table>

续上表

操作步骤	过　程	技术规范与操作要领
测量活塞环间隙	测量活塞环槽侧隙	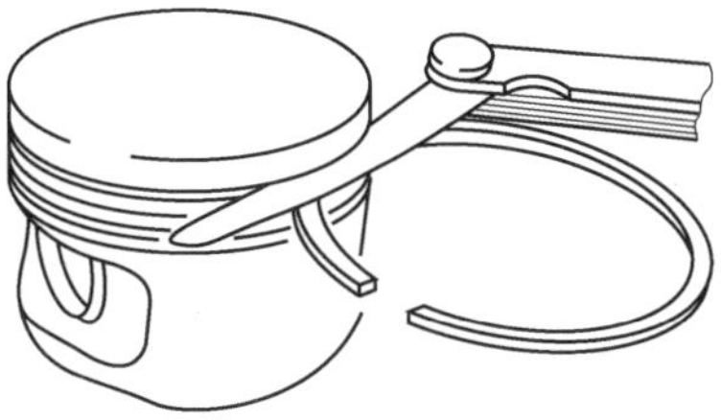
记录结果	外观检查	
	活塞间隙	
	检测结论	

(六)曲轴的拆装

1 准备工作

(1)科鲁兹发动机。

(2)维修手册。

(3)常用拆装工具。

(4)指针式扭力扳手、抹布、吹枪。

2 操作步骤与技术规范(表4-8)

操作步骤与技术规范　　表4-8

操作步骤	过　程	技术规范与操作要领
拆卸曲轴主轴承盖	拆卸曲轴主轴承盖螺栓	技术规范： (1)检查主轴承盖对前记号； (2)检查轴承和轴承盖标记 操作要领： (1)使用指针式扭力扳手和套筒由外向内拆卸主轴承盖螺栓； (2)分几次均匀松开主轴承盖螺栓； (3)使用拆下的主轴承盖的螺栓，前后撬动并拆下主轴承盖和下止推片 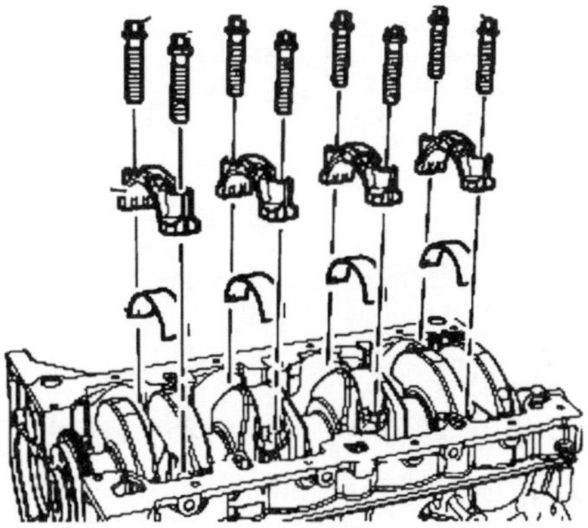
	取下主轴承盖	

续上表

操作步骤	过　程	技术规范与操作要领
拆卸曲轴	取下曲轴和止推垫片	操作要领： (1)抬出曲轴，平行放在V形块上； (2)把下轴承和主轴承盖放在一起，并按顺序摆放； (3)检查下轴承标记
清洁、检查曲轴及相关零件	清洁曲轴轴颈、轴承和轴承盖	技术规范： 每个主轴颈、连杆轴颈和轴承应无麻点和划痕，否则更换曲轴或视情修理
安装曲轴	安装曲轴	操作要领： (1)对准轴承凸起和缸体的凹槽； (2)润滑轴承内面、止推垫片及轴颈
安装曲轴轴承盖	安装曲轴主轴承盖	技术规范： (1)主轴承盖螺栓规定力矩：50N·m+45°+15°； (2)轴承盖标记向前，按顺序摆放，相互位置不得更换； (3)检查曲轴转动，应能灵活转动 操作要领： (1)对准轴承凸起和主轴承盖的凹槽； (2)润滑轴承内面； (3)主轴承盖螺栓的螺纹和螺栓头下面涂一薄层机油； (4)按顺序几次均匀拧紧10个主轴承螺栓
	紧固曲轴轴承盖螺栓	 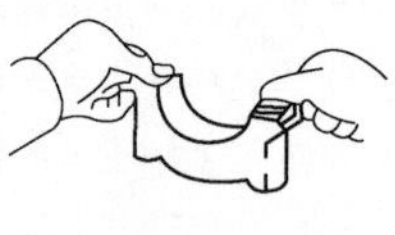 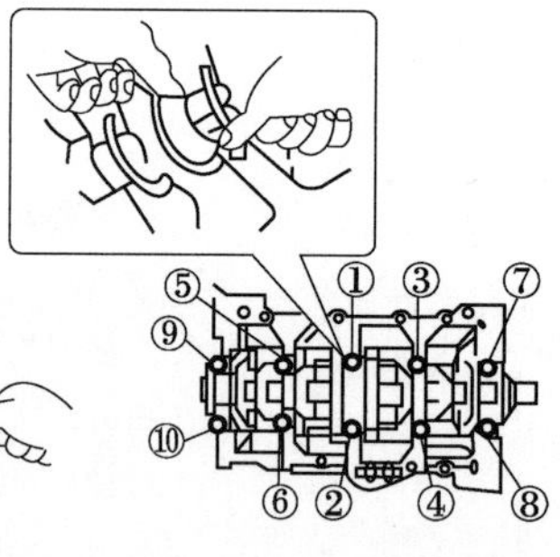

（七）曲轴的检测

1 准备工作

(1)科鲁兹发动机。

(2)维修手册。

(3)常用拆装工具。

(4)量具：百分表、磁性表座、塑料线间隙规、千分尺、游标卡尺；

(5)抹布、吹枪、扭力扳手。

2 操作步骤与技术规范(表4-9)

操作步骤与技术规范　　表4-9

操作步骤	过　程	技术规范与操作要领
清洁、检查曲轴外观	清洁、检查曲轴外观	技术规范： 每个主轴颈、连杆轴颈和轴承应无麻点和划痕，否则更换曲轴或视情修理 操作要领： (1)清洁曲轴轴颈、轴承和轴承盖； (2)检查主轴颈、连杆轴颈和轴承有无麻点和划痕
检查曲轴轴向间隙	检查曲轴轴向间隙	技术规范： (1)允许的曲轴轴向间隙：0.100～0.202mm； (2)测量位置：如下图所示 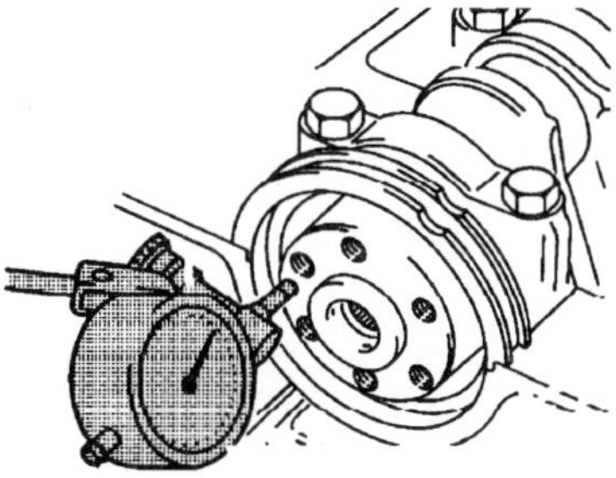 操作要领： (1)检查百分表及支架并组装，百分表的调整螺母必须锁紧，否则会因为百分表松动影响到测量结果； (2)调整百分表，使百分表头贴近被测表面，并对百分表预压1mm；若不进行百分表预压，也会引起测量结果失准； (3)转动百分表刻度盘，使其大指针对准"0"刻度； (4)测量曲轴轴向间隙时曲轴安装在发动机机体上进行测量，无活塞连杆组； (5)转动曲轴时，百分表指针左右晃动的最大间隔距离既为测量值
检查曲轴圆度	拆卸曲轴主轴承盖和下曲轴轴承	技术规范： (1)允许最大的旋转间隙：0.03mm； (2)测量位置：第三道主轴承 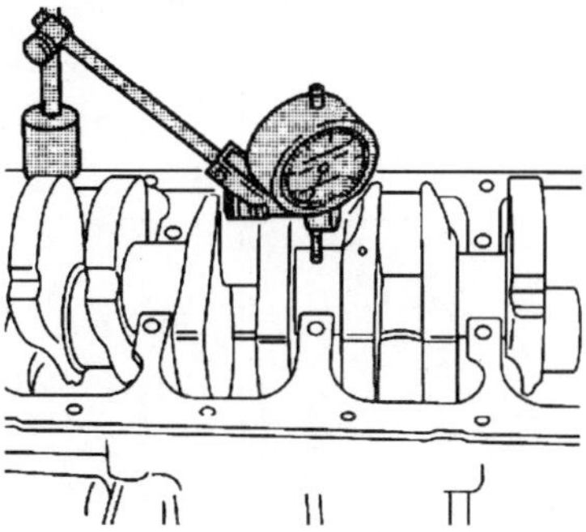
	将曲轴放置在发动机汽缸体中	
	将百分表安装在发动机汽缸体的托架上，并靠近第三道曲轴主轴颈处	

续上表

<table>
<tr><th>操作步骤</th><th>过　程</th><th>技术规范与操作要领</th></tr>
<tr><td rowspan="2">检查曲轴圆度</td><td>调整百分表测量表头与第三道曲轴主轴颈测量表面的垂直位置和测量点</td><td rowspan="2">操作要领：
(1)百分表测量表头须避开主轴颈处的油孔；
(2)检查百分表及支架并组装，百分表的调整螺母必须锁紧，否则会因为百分表松动影响到测量结果；
(3)调整百分表，使百分表头贴近被测表面，并对百分表预压1mm；若不进行百分表预压，也会引起测量结果失准；
(4)转动百分表刻度盘，使其大指针对准“0”刻度；
(5)转动曲轴时，百分表指针左右晃动的最大间隔距离既为测量值</td></tr>
<tr><td>平稳转动曲轴检查曲轴的旋转间隙</td></tr>
<tr><td rowspan="4">检查曲轴轴承间隙</td><td>在拆卸曲轴主轴承盖及其下轴承的前提下，沿曲轴轴线方向放置合适长度的塑料线间隙规</td><td rowspan="4">技术规范：
(1)允许的曲轴轴承间隙：0.005～0.059mm；
(2)塑料线间隙规放置位置：如下图所示；
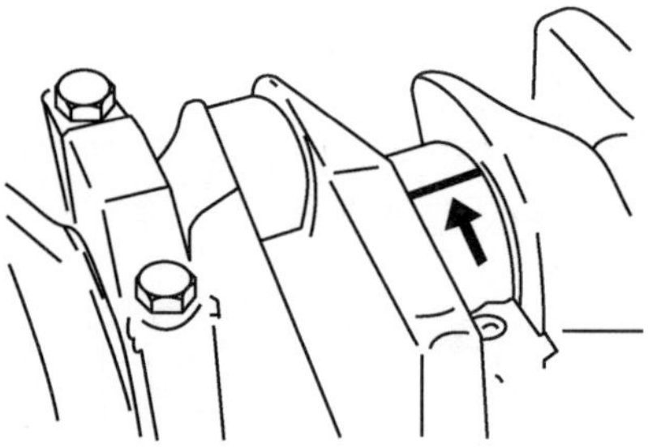
(3)测量曲轴轴承间隙方法：如下图所示；
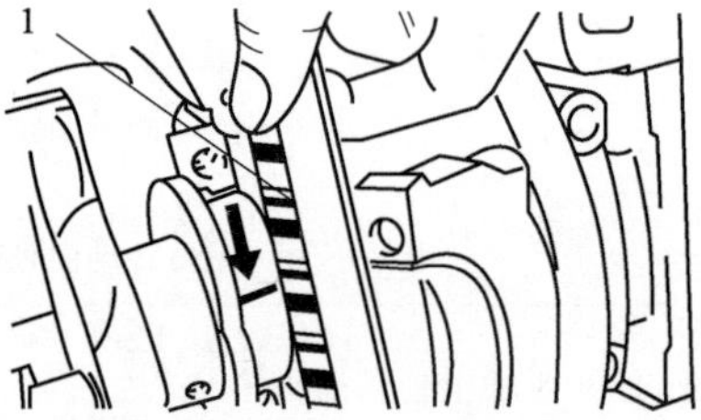

(4)主轴承盖螺栓规定力矩：50N·m＋45°＋15°
操作要领：
(1)放置塑料线间隙规后不得转动曲轴；
(2)注意正确的主轴承盖螺栓拆装顺序和力矩角度紧固要求</td></tr>
<tr><td>按技术规范安装下轴承和主轴承盖</td></tr>
<tr><td>按技术规范拆卸主轴承盖及其轴承</td></tr>
<tr><td>将变平的塑料线（箭头所指）的宽度与量尺对比，读取曲轴轴承间隙</td></tr>
<tr><td rowspan="2">检查曲轴主轴颈及轴承宽度、厚度</td><td>清洁、校零千分尺</td><td rowspan="2">技术规范：
(1)曲轴主轴颈直径标准：54.980～54.997mm；
(2)第三道曲轴主轴承宽度：25.85～25.90mm；</td></tr>
<tr><td>测量第三道轴承宽度</td></tr>
</table>

续上表

<table>
<tr><th>操作步骤</th><th>过　程</th><th colspan="2">技术规范与操作要领</th></tr>
<tr><td rowspan="2">检查曲轴主轴颈及轴承宽度、厚度</td><td>测量1～5道轴承厚度</td><td colspan="2" rowspan="2">(3)曲轴主轴承1～5道厚度：1.987～1.993mm(棕色)；1.993～1.999mm(绿色)；
(4)每个主轴颈的测量方向及位置：如下图所示
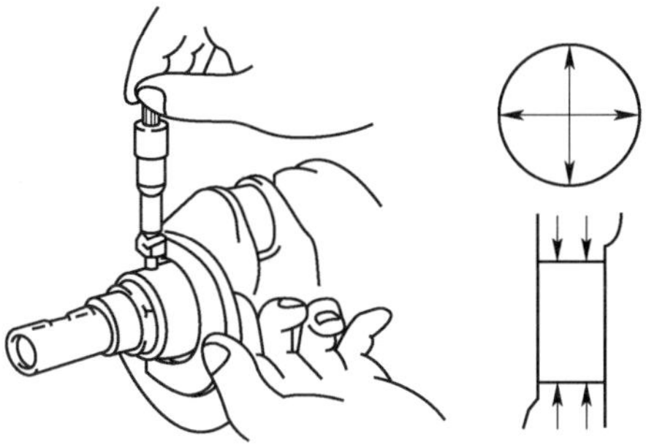
操作要领：
(1)千分尺的正确使用；
(2)确认曲轴主轴颈最大直径位置的技术要领；
(3)根据轴承宽度和厚度的精度要求，亦可采用游标卡尺进行测量</td></tr>
<tr><td>测量曲轴主轴颈直径</td></tr>
<tr><td rowspan="8">数据记录</td><td>项　目</td><td>测　量　值</td><td>判　断</td></tr>
<tr><td>外观检查</td><td></td><td>□正常　□异常</td></tr>
<tr><td>曲轴轴向间隙</td><td></td><td>□正常　□异常</td></tr>
<tr><td>曲轴圆度</td><td></td><td>□正常　□异常</td></tr>
<tr><td>曲轴主轴承间隙</td><td></td><td>□正常　□异常</td></tr>
<tr><td>曲轴主轴颈直径</td><td></td><td>□正常　□异常</td></tr>
<tr><td>第三道轴承宽度</td><td></td><td>□正常　□异常</td></tr>
<tr><td>第二道轴承厚度</td><td></td><td>□正常　□异常</td></tr>
</table>

(八)汽缸压力检测

1 准备工作

(1)将实训车辆停放在带举升机的工位内。

(2)检查实训室通风系统设备工作是否正常。

(3)准备车辆挡块、翼子板布、前格栅布、转向盘护套、变速杆手柄套、脚垫和座椅套等教学用具。

(4)常用拆装工具。

(5)维修手册。

(6)火花塞专用套筒、汽缸压力表。

2 操作步骤与技术规范(表4-10)

操作步骤与技术规范　　表4-10

操作步骤	过　程	技术规范与操作要领
车内外防护	安装挡块	操作要领： 有效防护不仅可以保护车辆利于工作，还是保证顾客满意度的必要措施 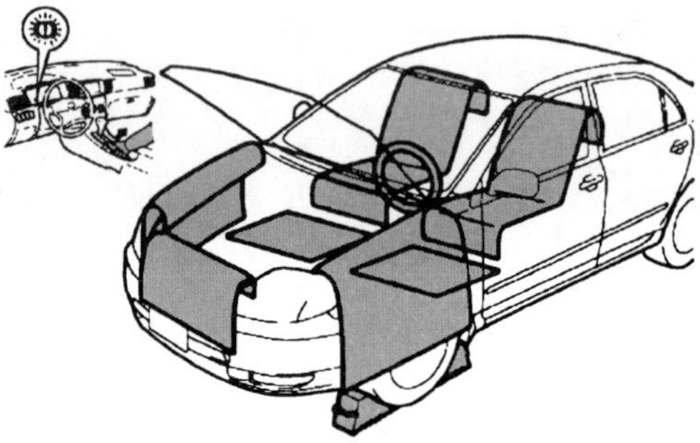
	安放前格栅布、翼子板布	
	安放转向盘护套、变速杆手柄套、座椅套、脚垫	
	车辆停放安全，拉起驻车制动器操纵杆，变速器置于空挡	
	安装尾气排放管	
发动机预热	发动机预热	操作要领： (1)确认驻车和空挡位置； (2)打开点火开关，起动发动机并保持怠速运转3～5min； (3)注意观察冷却液温度表指示数值的变化，当冷却液温度达到90℃左右时，关闭点火开关，停止发动机运转
拆卸火花塞	断开点火线圈总插头T8，拆下点火线圈总成	操作要领： (1)断开各缸火花塞连接器时，不得拉曳线束； (2)使用火花塞专用套筒及棘轮扳手拆卸火花塞； (3)拆卸火花塞后防止异物进入发动机燃烧室
	使用火花塞专用套筒及棘轮扳手拆卸四个缸的火花塞	
安装汽缸压力表	汽缸压力表归零	操作要领： (1)观察表头指针是否处于零位，如果不是则按下归零按钮； (2)将汽缸压力表螺纹管接头或橡胶接头与火花塞安装孔连接； (3)当使用橡胶接头测量汽缸压力时，为了保证测量数据可靠，必须防止在发动机起动运转时出现漏气
	安装压力表	
读取并计算压力值	读取汽缸压力值	技术规范： 汽缸压力值：①新的：1～1.5MPa，极限：700kPa；②所有汽缸间允许相差：300kPa。 操作要领： (1)踩下加速踏板，使节气门处于最大开度位置； (2)起动发动机，使起动机带动发动机运转3～5s，直至不再显示压力上升，读取压缩压力值； (3)重复读取汽缸压力2～3次，并计算平均值

续上表

操作步骤	过 程	技术规范与操作要领		
读取并计算压力值	读取汽缸压力值	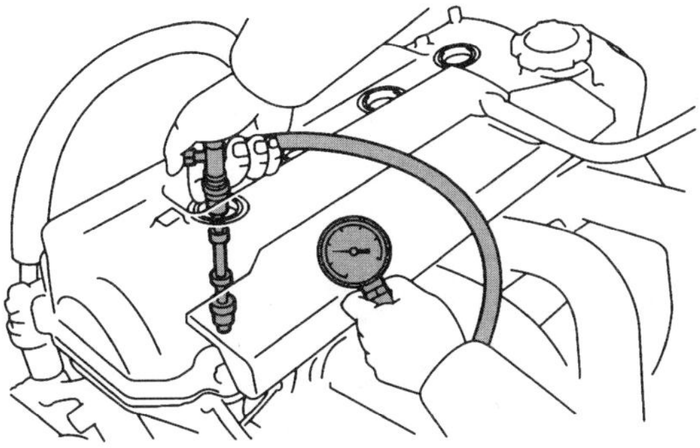		
记录结果	压力值记录	第一次测量	第二次测量	第三次测量
		平均值		
	检验结论			

三 学习拓展

1 汽缸压力不足

汽缸压力是指活塞到达压缩上止点时，汽缸内压力的大小。汽缸压力不足，就意味着汽缸密封性降低，将会使发动机功率下降，起动困难，若个别汽缸压力不足会使发动机运转不稳定。

(1)故障原因。

①活塞环的侧隙、开口端隙过大，或气环开口的迷宫路线变短，或活塞环的第一密封面磨损后，其密封性变差。

②活塞与汽缸磨损过大使汽缸间隙增大，活塞在汽缸内运动摇摆，影响活塞环与汽缸的良好贴合密封。

③因活塞环结胶、积炭而卡在活塞环槽内，使环的自身弹性不能发挥，失去了气环与汽缸壁的第一密封面。

④汽缸拉伤。当汽缸拉伤之后，使活塞环与汽缸的密封被破坏，造成汽缸压力低。

⑤装用了不匹配的活塞。如有的发动机它所选用的活塞顶部凹坑深度不一，用错后将影响汽缸压力。

⑥汽缸垫冲坏，气门座圈松动，气门弹簧折断或弹力不足，气门与气门导管因积炭或间隙过小，使气门上下运动受阻等，导致气门密封不严。

⑦正时齿轮安装错误，齿轮键槽不正确，正时齿轮损坏或磨损过甚，凸轮轴正时齿轮上的轮毂与轮松动等，导致配气相位不正确。

⑧使用了不匹配的汽缸盖，如有的汽缸盖燃烧室容积可能不同，若装错会影响汽缸压力。

⑨进排气门间隙调整不当，或与气门座密封不严，或测试汽缸压力时操作不当。

⑩装有减压装置的发动机，其减压装置的间隙调整不当，使气门关不严。

(2)故障检修。

当前用汽缸压力表检测汽缸压力的方法较多，可用测起动机电流和起动机电压检测汽缸压力；另外，也可用胶管和压缩空气逐缸测量的方法。用汽缸压力表检测汽缸压力时，应使发动机处在正常热态下冷却液在 85 ~ 95℃，润滑油温度在 70 ~ 90℃时进行。同时，拔掉发动机转速传感器。

2 连杆弯曲、扭曲和双重弯曲

连杆的弯曲、扭曲和双重弯曲变形将使活塞在汽缸中歪斜，造成活塞与汽缸、连杆轴承与连杆轴颈的偏磨。

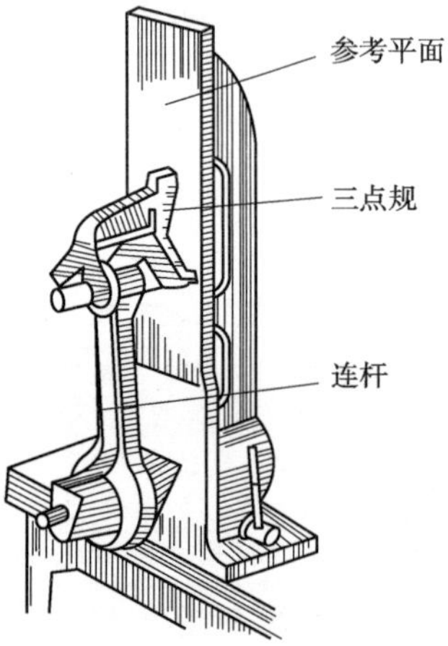

图 4-26 连杆变形的检测

(1)故障原因。

发动机工作时，汽缸内的气体压力始终作用在活塞顶上。由于气体压力的作用，使活塞与活塞销、活塞销与连杆小头衬套压紧，并通过连杆，使连杆轴承与连杆轴颈、主轴承与主轴颈相互压紧，由于上述各传力机件都具有一定的质量，具有保持原有运动状态的趋势，即惯性力的作用，再加上发动机超负荷和爆震等原因，使连杆弯曲、扭曲或双重弯曲。

(2)故障检修。

连杆弯曲扭曲变形的检验可在连杆检验器上进行，如图 4-26 所示。

检验时，如果三点规的三个测点都与检验平板接触，说明连杆不弯也不扭曲。如果上测点与平板接触，下面两测点与平板不接触，且与平板的间隙相等，或下面的两测点与平板接触，而上测点与平板不接触，则表明连杆纯弯曲；如果一个下测点与平板接触，上测点与平板间的间隙等于另一个下测点与平板间隙的一半，说明连杆是纯扭曲；否则是弯扭并存。连杆的弯曲、扭曲变形，通常用连杆校正器的附设工具进行校正。当连杆弯扭并存时，一般先校正扭曲后校正弯曲。连杆经过弯、扭校正后，两端座孔轴心线的距离变化应不大于 0.15mm，否则会影响汽缸的压缩比。

3 曲轴弯曲和扭转

(1)故障原因。

①曲轴在修磨加工时，装卡定位不当，磨床本身精度不高。

②发动机超负荷运转，连续“爆震”，工作不平稳使各轴颈受力不均匀。

③曲轴轴承和连杆轴承间隙过大，松紧不一，造成主轴颈中心不重合，运转时受冲击。

④发动机发生轴承烧坏和抱住曲轴时，曲轴将出现弯曲和扭转。

⑤曲轴轴向窜动过大或活塞连杆组质量不一，相差过大。

⑥点火时间过早，或经常有 1 ~ 2 个火花塞工作不良，使发动机运转不平衡，曲轴受力不均匀。

⑦曲轴的平衡被破坏,或曲轴连杆组以及飞轮的平衡被破坏;曲轴过多磨损和超细,强度、刚度不足,或由于装配不当而产生弯、扭变形。

⑧曲轴材质不佳,或曲轴长期不合理的放置造成变形。

⑨汽车起步行驶时,放松离合器踏板动作过快,接合时不柔和。或用冲力起动发动机,使曲轴受到突然扭转。

⑩行车中使用紧急制动或在发动机动力不足的情况下,用高挡低速勉强行驶。

(2)故障检修。

曲轴弯曲变形后,其主轴颈的同轴度偏差增大。检验时,一般将曲轴的第一道和最后一道主轴颈搁置在检验平板的 V 形块上,将百分表头垂直地触及在中间一道主轴颈上(通常此道变形量最大),慢慢转动曲轴一圈,此时百分表指针所示的最大摆差,即为该轴颈对前后两主轴颈轴线的同轴度偏差,其偏差一般应不大于0.15mm,否则应予校正,低于此限可结合磨削轴颈予以修正。

曲轴弯曲的校正通常采用冷压法和表面敲击法。

曲轴扭曲的检验时,可将曲轴置于检验平板的 V 形块上,然后将第一、六缸连杆轴颈转到水平位置,用百分表分别测量第一缸连杆轴颈和第六缸连杆轴颈至平板的距离,求得这同一方位上两个连杆轴颈的高度差。

曲轴轻微的扭转变形,可在曲轴磨床上磨削校正,大的扭转变形可用液压扳杆校正。

4 活塞裙部烧蚀

(1)故障原因。

①冷却液不足或其他原因引起的发动机过热 造成活塞过膨胀,缩小了汽缸间隙。

②活塞与汽缸的装配间隙过小,使油膜不能保存,结果出现干摩擦生热而烧蚀。

③润滑油牌号不符或润滑油被汽油稀释,使汽缸壁形成不了油膜,出现干或半干摩擦而生热,造成裙部烧蚀。

④活塞质量不佳。裙部无椭圆或椭圆过小,致使活塞受热后,因活塞销座膨胀量大,出现反椭圆(活塞销轴方向加长),使活塞销轴线方向与汽缸无间隙,或因加工、安装不当,使活塞与汽缸的装配间隙过小。

(2)故障预防和检修。

汽车不能在缺冷却液、高温、大负荷下长期运行。出车前应检查润滑油数量和质量。

维修时应保证活塞与汽缸的配缸间隙,选好活塞,活塞的圆度要符合规定。对全浮式活塞销座孔的加工,不能使其与销轴配合过紧。

5 活塞环槽磨损

(1)故障原因。

①活塞环槽磨损比较严重的是第一、二道气环槽。因为活塞头部的热量是由活塞环传给汽缸壁的,所以第一道气环受热最严重,若第一环槽得不到良好的散热,将使其裙部加速磨损。

②在活塞工作时,环槽的上下侧面与活塞环产生冲击磨损,使配合间隙加大,密封性能变坏。环槽的磨损主要是下平面磨损。

③汽缸内壁在磨损成椭圆和锥形或因其他原因变形后，活塞环作往复运动时，形成时胀时缩的现象，加速了环槽的磨损。侧压力使活塞左右摆动，活塞环在槽内产生左右摩擦。

④可燃混合气和点火提前角调整不当，均导致燃烧不正常使发动机受热时间长，温度增高，降低了活塞环岸的机械强度。

⑤维修时清洁不够，安装活塞环的工具制作或使用不当，汽缸口台阶未进行修理，活塞顶和环槽内积炭等物未彻底清除等。

⑥外界温差变化幅度大而发动机未采取相应的保温或降温措施；在尘土和风沙大的地区对进气系统防尘工作不重视，即对空气滤清器的维护不及时。

⑦不遵守发动机使用操作规程，起动后急于提高发动机转速，或起步后温度过高时又强制降温等。

⑧活塞质量低劣，环槽及环岸都加工粗糙，金相组织不佳。

(2)故障预防和检修。

①提高设计制造质量，增加一些特殊结构，如在活塞头部位设环槽护圈。

②提高维修质量，在选择活塞环的边隙和背隙时，严格按规定选取装配间隙；在专用的发动机装配房间内进行装配工作。

③提高驾驶操作技术，按操作规程操作，避免发动机的长时间高速运转，保持发动机的正常温度。

⑤加强燃料系和点火系的调整和维护。

6 曲轴主轴承响

(1)故障现象。

①发动机转速突然变化时，发出低沉连续“镗镗”金属敲击声，严重时发动机产生振动。

②响声随发动机转速提高而增大，随负荷的增大而增大，产生响声的部位在汽缸的下部。

③单杠“断火”时，响声无明显变化，相邻两缸“断火”时，响声会明显减弱。

④观察机油压力表，机油压力明显降低。

(2)故障原因。

①轴承与轴颈磨损而导致配合间隙过大。

②主轴承盖螺栓松动。

③主轴承与座孔配合松动。

④轴承润滑不良，使轴承合金层烧蚀脱落。

7 连杆轴承响

(1)故障现象。

①在突然加速时，有明显连续“铛铛”敲击声。

②响声在怠速时较小，中速时较为明显，发动机温度升高后，响声无变化。

③单缸“断火”后，响声明显减弱或消失。

(2)故障原因。

①连杆轴承盖螺栓松动。

②连杆轴承与轴颈过量,致使径向间隙过大。

③轴承润滑不良,造成轴承合金层烧毁、脱落。

④连杆轴承与座孔配合松动。

8 活塞敲缸响

(1)故障现象。

①发动机怠速时,在汽缸的上部发出清晰的“嗒嗒”敲击声。

②冷车时响声明显,热车时响声减弱或消失。

③该缸“断火”后,响声减弱或消失。

(2)故障原因。

①活塞与汽缸壁的间隙过大,活塞在汽缸内摆动,导致撞击汽缸壁而发出响声。

②活塞销与连杆衬套装配过紧。

③活塞顶碰到汽缸衬垫。

④连杆变形。

9 活塞销响

(1)故障现象。

①怠速和中速时响声比较明显、清脆,为有节奏的“嗒、嗒”声。

②发动机转速变化时,响声的周期也随着变化。

③发动机温度升高后,响声不减弱。

④该缸“断火”后,响声减弱或消失,恢复该缸工作的瞬间,会出现明显的响声或连续两个响声。

(2)故障原因。

①活塞销与连杆小端衬套配合松旷。

②活塞销与活塞销座孔配合松旷。

四 评价与反馈

1 自我评价

(1)通过本学习任务的学习你是否已经知道以下问题:

①曲柄连杆机构的作用是什么?请简述其基本组成?

____

____。

②四冲程发动机的基本术语有哪些?各有何含义?

____

____。

(2)曲柄连杆机构的检查项目有哪些?用到了哪些工具?

____

____。

(3)实训过程完成情况如何?

____

____。

(4)通过本学习任务的学习,你认为自己的知识和技能还有哪些欠缺?

____

____。

签名:____________ ________年____月____日

2 小组评价(表4-11)

小组评价表 表4-11

序号	评价项目	评价情况
1	着装是否符合要求	
2	是否能合理规范地使用仪器和设备	
3	是否按照安全和规范的流程操作	
4	是否遵守学习、实训场地的规章制度	
5	是否能保持学习、实训场地整洁	
6	团结协作情况	

参与评价的同学签名:____________________ ________年____月____日

3 教师评价

____

____。

教师签名:____________ ________年____月____日

五 技能考核标准

1 机体组的拆装技能考核标准(表4-12)

机体组的拆装技能考核标准表 表4-12

序号	项目	操作内容	规定分	评分标准	得分
1	拆卸汽缸盖	拆卸汽缸盖	30分	(1)汽缸盖螺栓拆除顺序不正确扣10分; (2)汽缸盖螺栓未分2~3次拧松扣10分; (3)垫圈拆卸顺序及方法错误扣5分(采用磁棒吸取); (4)拆下后放置在木块上未垫布扣5分	
		取下汽缸垫	10分	未取下汽缸垫扣10分	

续上表

序号	项目	操作内容	规定分	评分标准	得分
2	安装汽缸盖	清洁	10分	未清洁缸盖平面及缸体平面扣10分	
		安装新的汽缸垫	10分	缸垫未正确定位扣10分	
		安装汽缸盖	30分	(1)未在螺栓的螺纹和与垫圈相接触的螺栓头下的部位涂抹一薄层发动机机油扣5分； (2)未用手旋入每个缸盖螺栓1～2个螺纹扣5分； (3)汽缸盖螺栓安装方法不正确，螺栓上紧顺序不符合技术要求扣10分； (4)未按工艺上紧扣10分	
3	安全文明生产	(1)安全放置、固定被检配件； (2)检测工具、设备使用方法、步骤符合安全要求； (3)操作过程必备安全防护用品佩戴齐全； (4)现场整洁	10分	(1)不安全放置的，扣2分； (2)工具、设备使用方法不安全的，扣3分； (3)防护用品佩戴不齐全的，扣3分； (4)现场不整洁，扣2分	
		安全用电，防火，无人身、设备故障		因违规操作发生重大人身和设备事故，此题按0分记	
总分			100分		

2 汽缸盖的检测技能考核标准(表4-13)

汽缸盖的检测技能考核标准表　　表4-13

序号	项目	操作内容	规定分	评分标准	得分
1	准备工作	(1)清洁零件； (2)量具的准备	15分	(1)清洁不到位扣5分； (2)量具未清洁扣5分； (3)量具未校零扣5分	
2	测量平面度	检查汽缸盖	45分	(1)未清洗汽缸盖和检查是否有裂纹、积炭扣10分； (2)未正确测量缸盖平面度扣15分； (3)未正确测量进气歧管平面平面度扣5分； (4)未正确测量排气歧管平面平面度扣5分； (5)未正确填写数据、未准确判断是否正常各扣10分	
3	检查缸体	检查汽缸体	30分	(1)未清洁并检查是否有裂纹、积炭扣10分； (2)未按维修手册规定的测量方法进行平面度的测量扣10分； (3)未正确填写数据、未准确判断是否正常各扣10分	

续上表

序号	项目	操作内容	规定分	评分标准	得分
4	安全文明生产	(1)安全放置、固定被检配件； (2)检测工具、设备使用方法、步骤符合安全要求； (3)操作过程必备安全防护用品佩戴齐全； (4)现场整洁。	10分	(1)不安全放置的，扣2分； (2)工具、设备使用方法不安全的，扣3分； (3)防护用品佩戴不齐全的，扣3分； (4)现场不整洁，扣2分	
		安全用电，防火，无人身、设备故障		因违规操作发生重大人身和设备事故，此题按0分记	
总分			100分		

3 汽缸的检测技能考核标准(表4-14)

汽缸的检测技能考核标准表　　表4-14

序号	项目	操作内容	规定分	评分标准	得分
1	准备工作	(1)清洁汽缸内壁； (2)游标卡尺的准备； (3)千分尺的准备	15分	(1)零件清洁不到位扣5分； (2)游标卡尺未清洁、校零扣5分； (3)外径千分尺未清洁、校零扣5分	
2	装表与校表	测量基本缸径	15分	(1)测量位置不正确扣5分； (2)测量方法不正确扣5分； (3)测量结果不正确扣5分	
		装表	10分	量缸表组装方法不正确扣10分	
		校表	10分	校对方法不正确扣10分	
3	测量与判定	测量缸径	20分	(1)测量位置不正确扣5分； (2)测量方法不正确扣5分； (3)测量结果不正确扣10分	
		结论判定(包括计算)	20分	根据维修手册判断检查结果不正确20分	
4	安全文明生产	(1)安全放置、固定被检配件； (2)检测工具、设备使用方法、步骤符合安全要求； (3)操作过程必备安全防护用品佩戴齐全； (4)现场整洁	10分	(1)不安全放置的，扣2分； (2)工具、设备使用方法不安全的，扣3分； (3)防护用品佩戴不齐全的，扣3分； (4)现场不整洁，扣2分	
		安全用电，防火，无人身，设备故障		因违规操作发生重大人身和设备事故，此题按0分记	
总分			100分		

4 活塞连杆组的拆装技能考核标准(表4-15)

活塞连杆组的拆装技能考核标准表 表4-15

序号	项目	操作内容	规定分	评分标准	得分
1	活塞连杆组的拆卸	拆卸带连杆的活塞分总成	20分	(1)拆卸方法不正确扣5分; (2)未确认连杆和连杆盖上的装配标记和朝前标记扣5分; (3)未按正确的顺序摆放活塞和连杆总成扣5分; (4)未按正确的顺序摆放拆下的连杆轴承扣5分	
		拆卸活塞环组件	20分	(1)未按正确的顺序拆卸扣10分; (2)拆卸方法不正确扣10分	
2	活塞连杆组的安装	安装活塞环组件	20分	(1)安装方法不正确扣10分; (2)各活塞环开口未符合要求扣10分	
		安装带连杆的活塞分总成	30分	(1)未在缸壁、活塞、连杆轴承表面、螺栓涂抹机油扣5分; (2)安装时未检查朝前标记和装配标记扣5分; (3)安装方法不正确扣5分; (4)螺栓上紧不符合技术要求扣5分; (5)未检查并确认曲轴转动顺畅扣10分	
3	安全文明生产	(1)安全放置、固定被检配件; (2)检测工具、设备使用方法、步骤符合安全要求; (3)操作过程必备安全防护用品佩戴齐全; (4)现场整洁	10分	(1)不安全放置的,扣2分; (2)工具、设备使用方法不安全的,扣3分; (3)防护用品佩戴不齐全的,扣3分; (4)现场不整洁,扣2分	
		安全用电,防火,无人身、设备故障		因违规操作发生重大人身和设备事故,此题按0分记	
总分			100分		

5 活塞连杆组的检测技能考核标准(表4-16)

活塞连杆组的检测技能考核标准表 表4-16

序号	项目	操作内容	规定分	评分标准	得分
1	准备工作	(1)清洁零件; (2)量具准备	10分	(1)零件清洗不到位(活塞顶部、环槽及测量面),扣5分 (2)塞尺未清洁扣5分	

续上表

序号	项目	操作内容	规定分	评分标准	得分
2	测量活塞环侧隙和端隙	测量活塞环侧隙	30分	(1)测量位置不正确扣10分; (2)测量方法不正确扣10分; (3)测量结果不正确扣10分	
		测量活塞环端隙	30分	(1)测量位置不正确扣10分; (2)测量方法不正确扣10分; (3)测量结果不正确扣10分	
		结论判定	20分	根据维修手册判断测量结果不正确20分	
3	安全文明生产	(1)安全放置、固定被检配件; (2)检测工具、设备使用方法、步骤符合安全要求; (3)操作过程必备安全防护用品佩戴齐全; (4)现场整洁	10分	(1)不安全放置的,扣2分; (2)工具、设备使用方法不安全的,扣3分; (3)防护用品佩戴不齐全的,扣3分; (4)现场整洁,扣2分	
		安全用电,防火,无人身、设备故障		因违规操作发生重大人身和设备事故,此题按0分记	
总分			100分		

6 曲轴的拆装技能考核标准(表4-17)

曲轴的拆装技能考核标准表　　表4-17

序号	项目	操作内容	规定分	评分标准	得分
1	曲轴飞轮组的拆卸	拆卸飞轮	10分	拆卸方法不正确扣10分	
		拆卸主轴承盖	25分	(1)拆卸方法不正确扣15分; (2)未按正确的顺序摆放扣10分	
2	曲轴飞轮组的安装	安装曲轴	45分	(1)安装时未检查朝前标记和装配标记扣10分; (2)安装方法不正确扣15分; (3)未在轴颈、轴承表面、螺栓涂抹机油扣10分; (4)螺栓拧紧不符合技术要求扣10分	
		安装飞轮	10分	安装方法不正确扣10分	
3	安全文明生产	(1)安全放置、固定被检配件; (2)检测工具、设备使用方法、步骤符合安全要求; (3)操作过程必备安全防护用品佩戴齐全; (4)现场整洁 安全用电,防火,无人身、设备故障	10分	(1)不安全放置的,扣2分; (2)工具、设备使用方法不安全的,扣3分; (3)防护用品佩戴不齐全的,扣3分; (4)现场不整洁,扣2分 因违规操作发生重大人身和设备事故,此题按0分记	
总分			100分		

7 曲轴的检测技能考核标准(表4-18)

曲轴的检测技能考核标准表　　表4-18

序号	项目	操作内容	规定分	评分标准	得分
1	准备工作	(1)清洁零件; (2)量具准备	15分	(1)零件清洗不到位(活塞顶部、环槽及测量面),扣5分; (2)外径千分尺未清洁扣5分; (3)外径千分尺未校零扣5分	
2	检查曲轴轴向间隙	检查曲轴轴向间隙	10分	(1)测量方法不正确扣5分; (2)测量结果不正确扣5分	
		结论判定	5分	根据维修手册判断检查结果不正确扣5分	
3	检查曲轴圆度	检查曲轴圆度	15分	(1)测量位置正确扣5分; (2)测量方法不正确扣5分; (3)测量结果不正确扣5分	
		结论判定	5分	根据维修手册判断检查结果不正确扣5分	
4	检查曲轴轴承间隙	检查曲轴轴承间隙	10分	(1)测量方法不正确扣5分; (2)测量结果不正确扣5分	
		结论判定	5分	根据维修手册判断检查结果不正确扣5分	
5	检查曲轴主轴颈直径及轴承宽度、厚度	检查曲轴主轴颈直径	10分	(1)测量方法不正确扣5分; (2)测量结果不正确扣5分	
		检查轴承	10分	(1)测量方法不正确扣5分; (2)测量结果不正确扣5分	
		结论判定	5分	根据维修手册判断检查结果不正确扣5分	
6	安全文明生产	(1)安全放置、固定被检配件; (2)检测工具、设备使用方法、步骤符合安全要求; (3)操作过程必备安全防护用品佩戴齐全; (4)现场整洁 安全用电,防火,无人身、设备故障	10分	(1)不安全放置的,扣2分; (2)工具、设备使用方法不安全的,扣3分; (3)防护用品佩戴不齐全的,扣3分; (4)现场不整洁,扣2分 因违规操作发生重大人身和设备事故,此题按0分记	
总分			100分		

8 汽缸压力测试技能考核标准(表4-19)

汽缸压力测试技能考核标准表　　表4-19

序号	项目	操作内容	规定分	评分标准	得分
1	汽缸压力的检查	汽缸压力的检测方法	45分	(1)空滤不拆扣10分; (2)火花塞没有全部拆下扣15分; (3)节气门不全开扣10分; (4)每缸单测一次扣10分	
2	汽缸压力测量数值分析	(1)诊断参数和标准; (2)数据分析; (3)判断结果	45分	(1)不知道和记错扣10分; (2)分析方法不正确扣25分; (3)结果错误扣10分	
3	安全文明生产	(1)安全放置、固定被检配件; (2)检测工具、设备使用方法、步骤符合安全要求; (3)操作过程必备安全防护用品佩戴齐全; (4)现场整洁	10分	(1)不安全放置的,扣2分; (2)工具、设备使用方法不安全的,扣3分; (3)防护用品佩戴不齐全的,扣3分; (4)现场不整洁,扣2分	
		安全用电,防火,无人身、设备故障		因违规操作发生重大人身和设备事故,此题按0分记	
总分			100分		

学习任务五　冷却系统的检查与维修

学习目标

知识目标

1. 掌握冷却系统的结构组成及工作原理；
2. 掌握冷却液在车辆上的大小循环路线；
3. 掌握冷却液的类型与使用；
4. 掌握冷却系统主要部件的安装位置；
5. 了解冷却系统各类故障现象及成因。

技能目标

1. 能正确使用工具仪器完成冷却液冰点检测；
2. 能正确规范完成冷却液的更换；
3. 能正确规范完成冷却水泵的更换。

建议课时

12 课时。

任务描述

某客户反映其发动机有过热的现象。经检查，润滑系统、点火系统和燃油系统正常，燃烧室无积炭，初步判断是冷却系统故障所致，需要对冷却系统进行检查，确定故障部位并进行维修。

一　理论知识准备

（一）冷却系统的功用和组成

1 冷却系统的功用

发动机工作时，由于燃料的燃烧以及运动零件之间摩擦而产生大量的热。冷却系统的主要功用是通过水套的冷却液循环，把受热零件吸收的部分热量及时散发出去，保证发动机在各种工况下都能在最适宜的温度状态 80～90℃工作；使发动机起动后能迅速升温，短时间内达到正常的工作温度

2 冷却系统的组成

汽车发动机常见的冷却方式有两种，即水冷却和风冷却。目前大多数汽车发动机采用强制循环式水冷却系统。

水冷却系统，如图 5-1 所示，以冷却液为介质，热量由机体传给冷却液，靠冷却液的流动把热量带走，再散发到大气中去，使发动机的温度降低，散热后的冷却液再重新流回到受热机体处。适当地调节水路和冷却强度，就能保证发动机的正常工作温度。水冷却系统又分为强制循环式水冷却系统和自然循环式水冷却系统。自然循环式水冷却系统仅利用冷却液的自然对流来实现循环。强制循环式水冷却系统是利用水泵强制地使冷却液在冷却系统中进行循环流动。强制循环式水冷却系统冷却可靠，在汽车发动机上使用最为广泛。

风冷却系统，如图 5-2 所示，利用高速流动的空气直接吹过汽缸盖和汽缸体表面，把热量散发到大气中去，保证发动机在最有利的范围内工作。风冷却系统与水冷却系统比较，其结构简单，使用和维修方便，但风冷却系统存在冷却不够可靠、消耗功率大和噪声大等缺点。

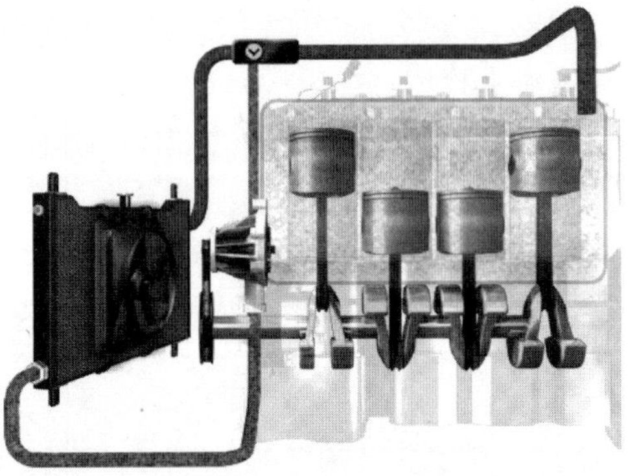

图 5-1　水冷却系统

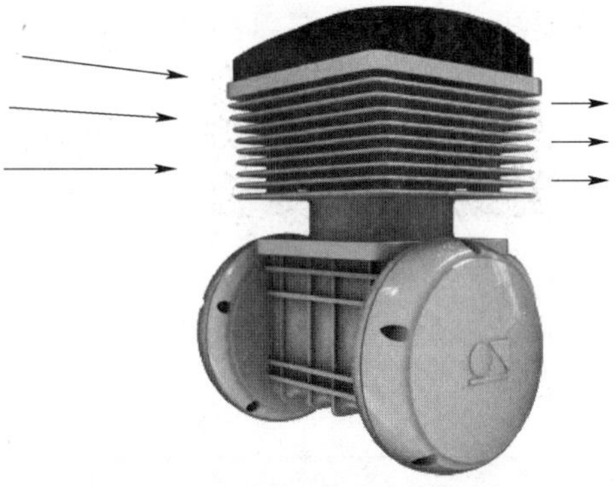

图 5-2　风冷却系统

水冷却系统主要由散热器、散热器盖、电动风扇、冷却液补偿装置、水泵、发动机水套、分水管、冷却强度调节装置、监控装置及冷却介质等组成，如图 5-3 所示。

散热器通常安装于汽车发动机前方的散热器框架上，通过橡胶水管同发动机缸盖上的水套出水口和缸体水泵的入水口相连。

电动风扇安装于散热器后方，风扇运转时气流从前往后流过散热器增强散热效果。

节温器安装在冷却水循环的通路中（一般安装在汽缸盖的出水口），根据发动机负荷的大小和冷却液温度的高低自动改变冷却液的循环流动路线，以达到调节冷却系统冷却强度的目的。

膨胀水箱多用半透明材料（如塑料）制成、透过箱体可直接方便地观察到液面高度，无需打开散热器盖，冷却液的液面高度应在 MAX 与 MIN 之间。

汽缸体、汽缸盖内铸有水套。缸体上平面及缸盖下平面铸有通水孔，使缸体与缸盖水

套相通。发动机工作时,冷却液就在水套内循环流动吸收热量。

水泵一般安装在发动机缸体前端面,由曲轴通过齿形带或链条带动旋转。

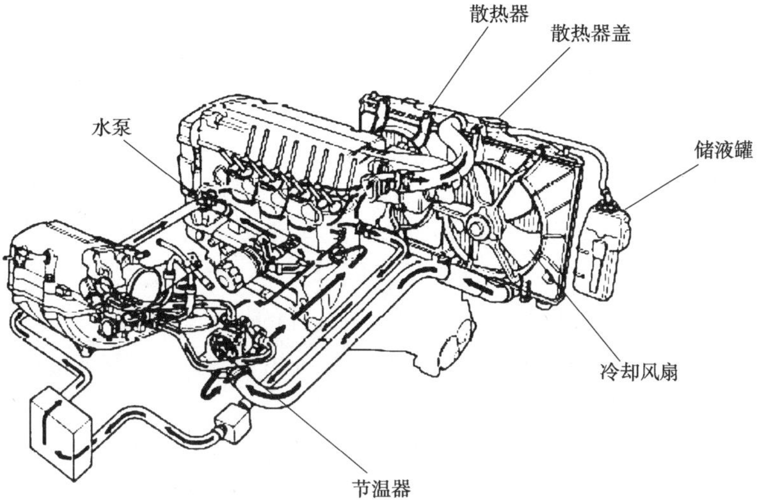

图 5-3　发动机水冷却系统

(二)冷却液的循环路线

发动机工作时,水泵将冷却液压入发动机汽缸体水套,然后流入汽缸盖水套吸收机体的热量。此后冷却液的循环路线随着发动机温度的变化而改变。节温器安装在缸盖出水口处,受冷却液温度控制决定冷却液的循环路线。当冷却液温度高于 80℃时,节温器关闭缸盖水套至水泵的小循环通路。冷却液经节温器全部进入散热器进行散热后回到水泵再次加压,此为大循环,如图 5-4a)所示。当发动机的冷却液温度低于 70℃时,节温器关闭通往散热器的通路,冷却液从缸盖水套流出直接进入水泵,再由水泵加压后送入缸体水套此为小循环,如图 5-4b)所示。

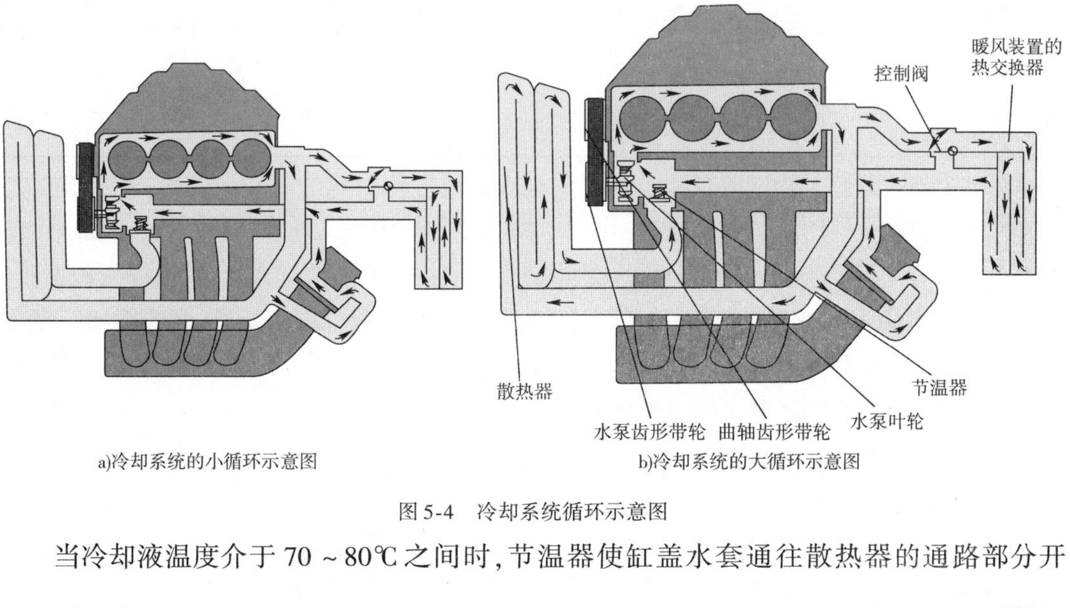

a)冷却系统的小循环示意图　　b)冷却系统的大循环示意图

图 5-4　冷却系统循环示意图

当冷却液温度介于 70 ~ 80℃之间时,节温器使缸盖水套通往散热器的通路部分开启。此时两种循环同时存在,有一部分冷却液流往散热器散热。

为了提高燃油雾化程度,利用冷却液的热量对进入进气歧管内的混合气进行预热,车上的暖风装置利用冷却液带出的热量来达到取暖目的。当需要取暖时,打开暖气控制阀,从汽缸体水套流出的部分冷却液可流入暖风热交换器供暖,随后流回水泵。

(三)冷却液的类型与使用

1 冷却液的类型

冷却液是发动机冷却系统中最重要的工作介质,它在发动机冷却系统中循环流动,将发动机工作中产生的多余热能带走,使发动机能以正常工作温度运转。当冷却液不足时,将会使发动机冷却液温度过高,而导致发动机零部件的损坏。所以一旦发现冷却液不足,应该及时添加。冷却液由水、防冻剂、添加剂3部分组成,按防冻剂成分的不同可分为酒精型、甘油型和乙二醇型等冷却液。

酒精型冷却液是用乙醇作防冻剂,价格便宜,流动性好,配制工艺简单,但沸点较低、易挥发损失、冰点易升高、易燃等,现已逐渐被淘汰;甘油型冷却液沸点高、挥发性小、不易着火、无毒、腐蚀性小,但降低冰点效果不佳、成本高、价格昂贵,用户难以接受,只有少数北欧国家仍在使用;乙二醇型冷却液是用乙二醇作防冻剂,并添加少量抗泡沫、防腐蚀等综合添加剂配制而成。

由于乙二醇易溶于水,可以任意配成各种冰点的冷却液,其最低冰点可达-68℃,这种冷却液具有沸点高、泡沫倾向低、黏温性能好、防腐和防垢等特点,是一种较为理想的冷却液,目前国内外发动机所使用的和市场上所出售的冷却液几乎都是乙二醇型冷却液。冷却液中水与乙二醇的比例不同,其冰点也不同(表5-1)。

冷却液的冰点与乙二醇质量分数的关系　　表5-1

冷却液冰点(℃)	乙二醇的质量分数(%)	水的质量分数(%)	冷却液冰点(℃)	乙二醇的质量分数(%)	水的质量分数(%)
-10	26.4	73.6	-40	52.3	47.7
-20	36.2	63.8	-50	58.0	42.0
-30	45.6	54.4	-60	63.1	36.9

在水中加入防冻剂除了降低冰点还有防止冷却液过早沸腾的作用。例如:含有50%乙二醇的冷却液在大气压力下的沸点是103℃。防冻冷却液中通常还加有添加剂,添加剂可防止冷却液腐蚀、沉积(水垢)、形成泡沫和过热。冷却液中一般还要加入着色剂,以便识别。

乙二醇型防冻冷却液有不同的牌号,应按汽车使用说明书的规定要求选用和定期更换防冻冷却液(表5-2)。

注意:不同牌号的防冻冷却液不可混用。

2 环保和安全注意事项

(1)环境保护。

①冷却液是一种对水有污染的液体,对水有轻微污染,因此不允许将冷却液排入地表

水域和下水道，作业时只能在防渗的地面上进行。

常见发动机冷却液更换周期　　表 5-2

发动机型号	冷却液牌号	容量(L)	更换周期
卡罗拉(1.6L)轿车发动机	Toyota Super Long Coolant (丰田高级长效冷却液)或类似的优质乙二醇型冷却液	5.6(手动变速器车型)或5.5(自动变速器车型)	第一次行驶16万km，然后每行驶8万km更换一次
桑塔纳2000GSi型轿车AJR发动机	NO52 774 BO或改进型冷却液NO52 774 CO	6.0	行驶6万km或两年
凯越(1.6L)轿车发动机	DEX－COOL	7.2	每24万km或5年

注：行驶里程和年数，以先达到者为准。

②废弃的冷却液必须单独盛装，并妥善保管和回收利用。

③沾上冷却液的抹布或物品，不得作为生活垃圾处理。

(2)安全措施。

①冷却液对人皮肤有损害，作业时应戴上个人防护装备。

②沾上冷却液的衣服或鞋子，必须立即脱下并更换。

③皮肤接触到冷却液，立即用水和肥皂清洗并彻底冲洗。

④眼睛接触到冷却液，应翻开眼皮并用流水冲洗眼睛几分钟。

⑤吸入冷却液，立即漱口并喝下大量的清水，然后尽快去医院治疗。

3 冷却液的使用

(1)要坚持常年使用冷却液。冷却液不但具有防冻功能，而且还具有防腐、防沸和防垢等作用，因此要坚持连续使用冷却液。

(2)正确选用冷却液。选用冷却液时，其冰点要低于环境最低温度10℃左右，要根据厂家的要求选择规定的冷却液。

(3)定期更换冷却液。冷却液在高温状态下长期使用后，必然会导致变质，从而使其性能下降。为此，应按规定的周期定期更换冷却液。

(4)防止冷却液中毒。冷却液多为工业乙二醇水基型，对人体有一定的毒副作用。禁止采用嘴吸操作法，一旦沾到手上或身上等处时，应及时用水清洗干净。另外，这种冷却液中的防腐添加剂具有致癌性，废液不要乱倒，以免污染环境。

(四)冷却系统的主要零部件

1 散热器

散热器又称水箱，它将从水套流出来的热冷却液自上而下或横向的分成许多小股并将其热量散给周围的空气，以增大散热面积，加速冷却液的冷却。

散热器由上水室、散热器芯和下水室等组成。其按照散热器芯的布置方向分为纵流式散热器(图5-5)和横流式散热器(图5-6)两种。纵流式散热器芯竖直布置，冷却液由上水室自上而下流过散热器芯，进入下水室；横流式散热器芯则横向布置，左右分别为进、出水室，冷却液由进水室到出水室横向流过散热器。大多数新型轿车采用横流式散热器，其优点是使发动机罩的外廓较低，利于改善车身前端的空气动力性和便于散热。

图 5-5　纵流式散热器

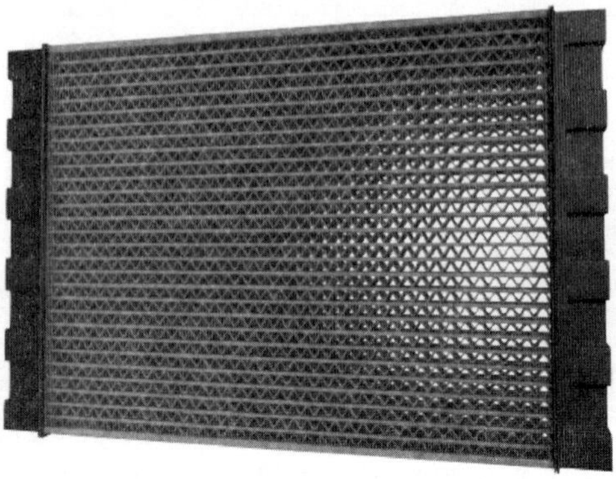

图 5-6　横流式散热器

散热器上水室顶部有加水口，冷却液由此注入整个冷却系统并用散热器盖盖住。在上水室和下水室分别装有进水管和出水管，进水管和出水管分别用橡胶软管和汽缸盖的出水管和水泵的进水管相连，这样，不但便于安装，而且当发动机和散热器之间产生少量位移时不会漏水。在散热器下面一般装有减振垫，防止散热器受振动损坏。在散热器下水室的出水管上还有放水开关，必要时可将散热器内的冷却液放掉。

对散热器的要求是必须有足够的散热面积，而且所有材料导热性能要好，因此，散热器一般用黄铜或铝制成。

2 散热器盖

散热器盖（俗称水箱盖），散热器盖具有较高的密封性。其作用是使冷却系统保持一定的压力，提高冷却液的沸点。散热器盖分为开式水冷却系统用和闭式水冷却系统用两种。

开式水冷却系统的蒸汽排出管与大气相通，容易造成冷却液溢失和蒸汽逸出。目前汽车发动机多采用闭式水冷却系统，其散热器盖具有蒸汽阀和空气阀两个自动阀门，这是两个在弹簧作用下保持常闭状态的止回阀，平时散热器内部与散热器口上跟大气相通的蒸汽排出管是隔开的，可以防止水蒸气逸出。当散热器压力升高到 126 ~ 137kPa 时，冷却液沸点可达 108℃，此时蒸汽阀开启使水蒸气顺管排出（图 5-7a）；而当冷却液温度下降时，散热器内冷却液和蒸汽冷却收缩，会产生一定真空度 10 ~ 20kPa，此时空气阀开启（图 5-7b），空气进入，防止散热器被大气压瘪。

注意：当发动机处于热态时，不能直接打开散热器盖，以防高温水蒸气喷出引起烫伤。必要时可用抹布盖住散热器盖缓慢旋开，使冷却系统内压力逐渐降低，以免被喷出的热水烫伤。

3 冷却液补偿装置

冷却液补偿装置的作用是为了防止防冻液损失，在散热器受热膨胀时，将多余防冻液进行回收，并当降温时重新将防冻液补偿回散热器，同时还能及时将冷却系统内的水、汽分离。膨胀水箱多用半透明材料(如塑料)制成。透过箱体可直接方便地观察到液面高度，无需打开散热器盖，如图5-8所示。

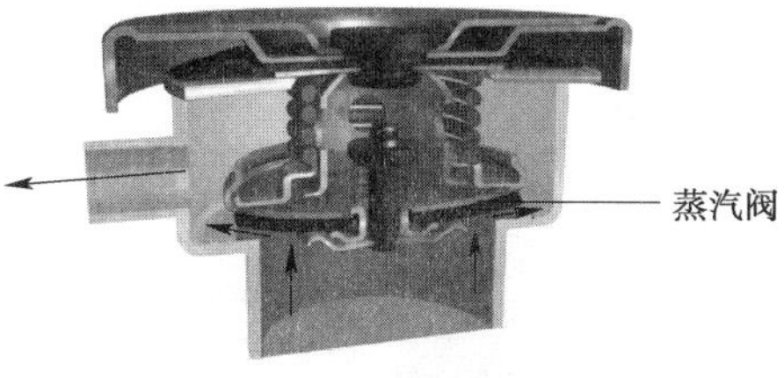

a)蒸汽阀打开

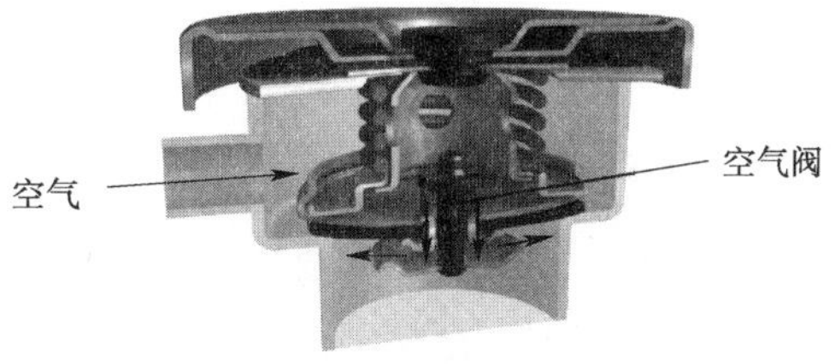

b)空气阀打开

图5-7 散热器盖结构

4 冷却风扇

冷却风扇的功用是提高流经散热器的空气流速和流量，以增强散热器的散热能力并冷却发动机附件。冷却风扇多装在发动机与散热器之间。这样，当风扇转动时，对空气产生轴向吸力，空气流从前到后通过散热器芯，从而使散热器芯中的冷却液加速冷却。

目前，在轿车上大多采用电动风扇，如图5-9所示。电动风扇系统一般由电动风扇温度感应器(冷却液温度开关)、风扇、电动机组成。根据冷却液温度变化，使风扇断续工作，能提高整车的经济性。另外，电动风扇省去了风扇V带轮和发电机轴的V带连接，风扇叶片尺寸和散热器等布置自由度大，具有能耗低，噪声小等优点。

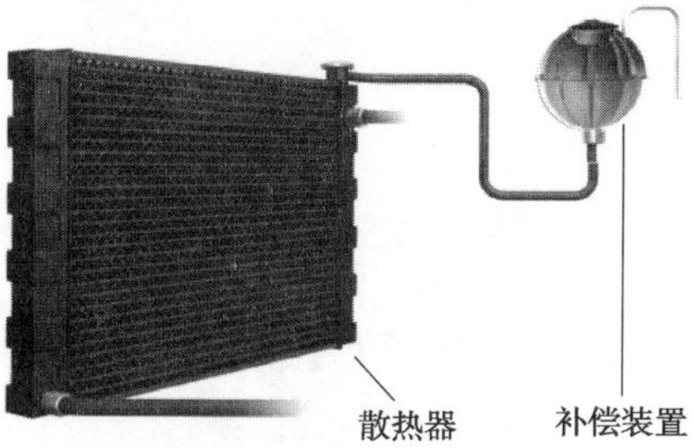

图5-8 冷却液补偿装置

图5-9 电动风扇

5 水泵

水泵的作用是对冷却液加压，使之在冷却系统中加速循环流动，保证冷却可靠的功用。水泵主要由泵体、叶轮和水泵轴组成，叶轮一般是径向或向后弯曲的，其数目一般为6~10片，固定在水泵轴上，水泵壳装在发动机缸体上，如图5-10所示。

传统皮带驱动的风扇必须保证皮带松紧合适，若过松，则会造成皮带打滑，风扇与水泵的转速下降，扇风量和泵水量减小，使发动机过热；若皮带过紧，将增加轴承和皮带的磨损，功率损耗增加。所以一般将发电机的支架做成可移动式的，以便于调节皮带的松紧度。

现代轿车发动机大多采用温控电动风扇，风扇用电动机驱动，电动机开关则由散热器的冷却液温度开关控制。温控开关有高低速两个挡位，低速挡在沸点内(95℃)使用，风扇电动机以低速转动;高速挡在沸点外(105℃)使用,风扇电动机以高速转动。这样,在一般行驶条件下,电动风扇不转,功率消耗减少,油耗率降低,而在低速大负荷时又能得到充分的冷却。

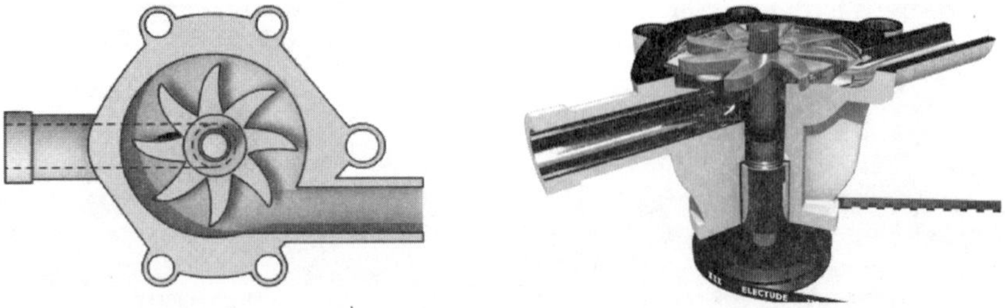

图 5-10 水泵结构

6 节温器

节温器是控制发动机冷却液流动路径的阀门,缩短发动机的暖机时间。节温器一般装在汽缸盖的出水口。

当发动机冷却液温度较低时,节温器阀体关闭,冷却液处于小循环状态,如图 5-11a)所示。当发动机冷却液温度为 76℃时,主阀门开始打开。冷却液温度超过 86℃时,主阀门全开,而副阀门正好完全关闭了小循环通路,这时来自汽缸盖出水口的冷却液沿出水管全部进入散热器冷却,成为大循环,如图 5-11b)所示。

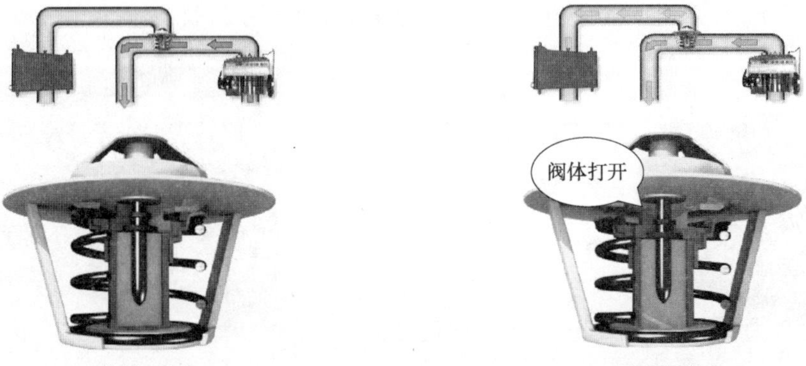

a)小循环状态　　b)大循环状态

图 5-11 节温器阀体状态

7 冷却液监控装置

冷却液监控装置,主要由冷却液温度传感器、冷却液液位传感器和冷却液指示报警装置等组成。冷却液温度传感器和冷却液液位传感器将发动机冷却液的温度和液位转变为电信号,通过指示报警装置来指示冷却液温度或液面情况。对于电控汽油机冷却液温度信号还是确定燃油喷射量和点火时刻的重要参数之一。

冷却液温度传感器,如图 5-12 所示,安装在发动机缸体或缸盖的水套上,直接与冷却液接触,用来检测发动机的冷却液温度。冷却液温度传感器的内部是一个具有负温度电阻系数的半导体热敏电阻。冷却液温度越低,电阻越大;反之,冷却液温度越高,电阻越小。

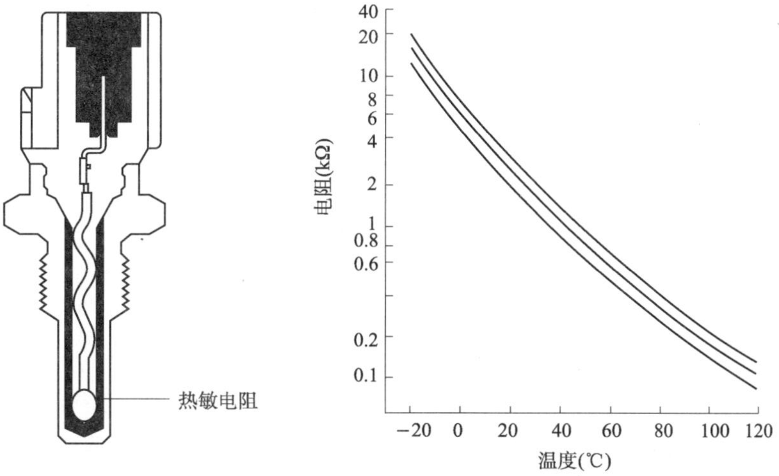

图 5-12　冷却液温度传感器

当汽车因负载过大、缺水、点火时间不对、风扇不转等故障，造成冷却液温度过高，驾驶人可以通过冷却液温度表和冷却液温度报警灯及时直观地看到发动机冷却液的情况，如图 5-13 所示，并根据情况及时作出相应的处理。

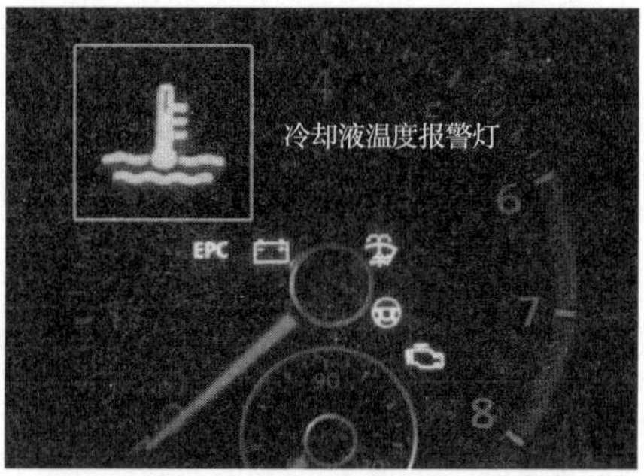

图 5-13　冷却液温度指示及报警

(五)冷却系统常见故障原因分析

1 冷却系温度过高

发动机冷却系统的技术状况，对其动力性、经济型及可靠性的影响很大。实验资料表明：当冷却液温度从 90℃降到 40℃时，燃料消耗量约增加 30%，功率降低 10% 左右；当冷却液温度从 90℃升到 120℃时，耗油量增加，功率却降低 5% 左右。发动机的冷却液保持在 80～90℃的温度最适宜。冷却系统常见故障有冷却系统温度过高、冷却系统温度过低、冷却液消耗异常等。

汽车在运行中冷却系统若温度过高会出现冷却液温度表指针指向红线，冷却液温度警示灯闪亮，甚至沸腾(俗称“开锅”)；发动机在加速时伴随有明显的金属敲击声，同时动力不足，冷却液温度警示灯闪烁、难以熄火等现象。

造成冷却系统温度过高的原因主要有：冷却液温度表或报警灯损坏；冷却系统水道中有水垢或其他杂物堵塞；水泵损坏；节温器失灵；风扇皮带打滑或断裂；风扇电动机或风扇离合器损坏；百叶窗关闭或开度不足；散热器损坏或堵塞；汽缸垫冲坏或缸体、缸盖出现裂纹，高温气体进入冷却系统；点火时间过迟或配气相位不对；发动机燃烧室积炭过多；空调冷凝器的冷却风扇不转，低挡跑高速等导致发动机长时间大负荷工作；冷却液严重不足；温控开关高速挡或全部失灵；机油油量不足或黏度太大；混合气太浓或过稀等。

对冷却系统温度过高的故障应按照由外至内，由简单到复杂逐步查找。

(1)检查百叶窗是否关闭或开度不足(有百叶窗的车型)。

(2)检查散热器，正常散热器在汽车行驶时应该温度一致，如果出现温度不一致的情况，就可以断定散热器内部有堵塞情况。可接上200kPa左右压力的水管进行逆向冲洗并注意观察有无渗漏。

若散热器清洁不当，或冷却液选用不当会产生大量的水垢，影响散热作用。去除水垢通常有以下几种办法：

①人工清理：需把汽车散热器拆卸下来，用人工锤、刮、铲等清除水垢；除垢效率低、劳动强度大，不易清除干净，易造成散热器二次损害。

②普通水垢清洗剂：需拆卸散热器，清除不彻底、异味大、腐蚀性强，易造成散热器老化，缩短其使用寿命。

③专业汽车散热器除垢剂：不需拆卸即可清洗，还可在不停车的条件下清洗。可直接将专用的水垢清洗剂倒入汽车水循环系统中，让其浸泡、怠速循环或行驶20~30min后，将散热器及系统内部的除垢剂排放掉，加水反复冲洗干净既可有效清除发动机水循环系统中的水垢、锈、泥及各种有害物质。

此外，要避免水垢的产生，就要注意散热器冷却液的选用。许多驾驶人不重视冷却液的使用及优劣，通常加入散热器的只是普通的水。水中的钙、镁离子很容易在冷却系统中形成无机盐水垢。当这些水垢形成在缸体衬里及缸盖水道时，会影响传热效率，出现局部高温区，恶化润滑条件，加速发动机系统的磨损。优质的发动机冷却液由涤纶级乙二醇、蒸馏水、阻垢剂等原料组成，有效防止水垢形成，并能部分去除原有水垢，提高冷却系统效率。

(3)检查水泵(风扇)皮带是否过松、打滑或断裂。使用硅油离合器的风扇，热机后将发动机熄火，用手转动风扇叶片，若无阻力或阻力很小，说明硅油离合器有故障，应进行检修或更换。装用电动风扇的发动机，发动机冷却液温度高于规定数值时电动风扇不转，应检查熔断丝是否良好。若熔断丝正常，拔下热敏开关插头，将两插片直接接通，若电动风扇仍不转，表明电动风扇损坏或者电动风扇到温控开关的电路有故障。若电动电扇转动，表明温控开关有故障。

(4)若发动机冷却液温度过高，应打开散热器盖检查冷却液量。若不足，往冷却系统中加入少许水溶性荧光检漏剂。起动发动机怠速运转几分钟，带上配套UV眼镜，用荧光检漏仪或检漏灯照射，检查冷却系统有无泄漏或渗漏现象，在泄漏处将呈现出明亮的黄色荧光，若有泄漏应进行维修。

(5)由怠速开始加速，同时用手握住水管，感觉水管中水的流动速度是否能随转速的提高而迅速加快。若不是，说明冷却系统有堵塞或水垢过多影响流速，应对冷却液道进行除垢。

(6)拆下节温器，将节温器浸入水中加热，检查节温器阀门开启温度，如图5-14所示。当水温达到规定数值时，节温器应开始打开，水沸腾时节温器阀门升程应达到要求的高度(各车型有所不同)。若不正常，应更换新件。

(7)拆下散热器盖并加满水，让发动机运行几分钟后，观察散热器盖处是否有很多水泡冒出甚至喷水。若有，说明发动机汽缸垫已被冲坏。

2 冷却系统温度过低

故障现象：发动机运转过程中温升低于正常温升速度；冷却液温度表指示值低于正常

工作温度；发动机乏力，排气管时有放炮声。

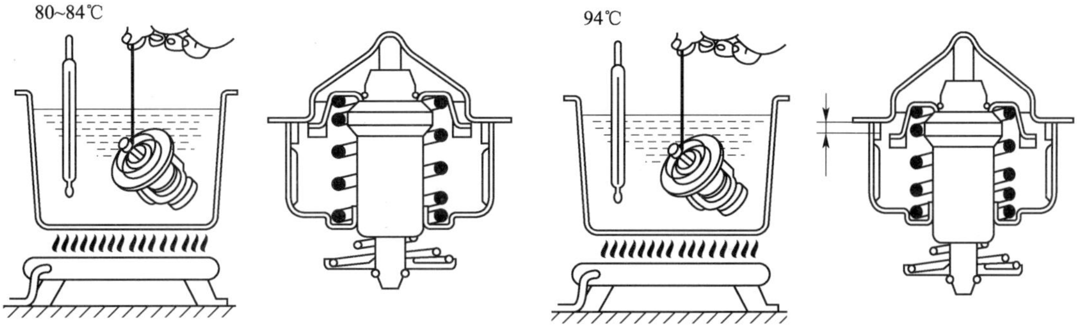

图 5-14　节温器检查

造成冷却系温度过低的原因主要有：冷却液温度表及线路故障；冷却液温度传感器损坏；节温器阀门常开；百叶窗不能关闭温控开关、风扇电动机线路故障导致风扇常开或装有硅油离合器风扇的车辆硅油离合器故障。

对冷却系统温度过低的故障可按照以下步骤查找：

(1)在环境温度较低时，检查百叶窗是否关闭自如或未装保温罩。

(2)冷车起动后打开散热器盖，使发动机加速，观察水流速度及流量。若水流速度很快、流量大，说明节温器常开或未装节温器，应更换或加装节温器。

(3)若冷却液温度表指示温度偏低，而用手触试散热器时感觉很烫，用温度计测量冷却液温度却正常，说明冷却液温度传感器或冷却液温度表有故障。

(4)冷车起动发动机。此时电动风扇不应运转(装用电动风扇的车辆)。若此时电动风扇运转，说明温控开关失灵，应予以更换。

(5)冷车起动发动机。硅油离合器风扇应低速运转(装用硅油离合器的发动机)。若硅油离合器风扇在冷车时高速旋转，说明硅油离合器有故障，应予以更换。

3 冷却系统消耗异常

故障现象：冷却液消耗过快，需经常补充。

造成冷却液消耗过快的原因主要有：水管破裂或接头密封不良；水泵水封磨损过甚或损坏而漏水；汽缸垫渗漏；汽缸体或汽缸盖有裂纹；散热器损坏泄漏；散热器盖进、排气阀失灵使冷却液泄漏；膨胀水箱盖泄漏等。

二 任务实施

(一)冷却液冰点检测

1 准备工作

(1)将实训车辆停放在带举升机的工位内。

(2)检查实训室通风系统设备工作是否正常。

(3)准备车辆挡块、翼子板布、前格栅布、转向盘护套、变速杆手柄套、脚垫和座椅套等教学用具。

(4)常用拆装工具。

(5)维修手册。

(6)量具:冰点检测仪。

2 操作步骤与技术规范(表5-3)

操作步骤与技术规范　　表5-3

操作步骤	过　程	技术规范与操作要领
清洗量具	清洁并校准冰点检测仪	操作要领: (1)吸管及冰点检测仪需用蒸馏水清洗; (2)仪器在测量前需要校正零点,取蒸馏水数滴,放在检测棱镜上,拧动零位调节螺钉,使分界线调至刻度0%位置。然后擦净检测棱镜,进行检测; (3)冰点计为精密仪器,使用时应轻拿轻放 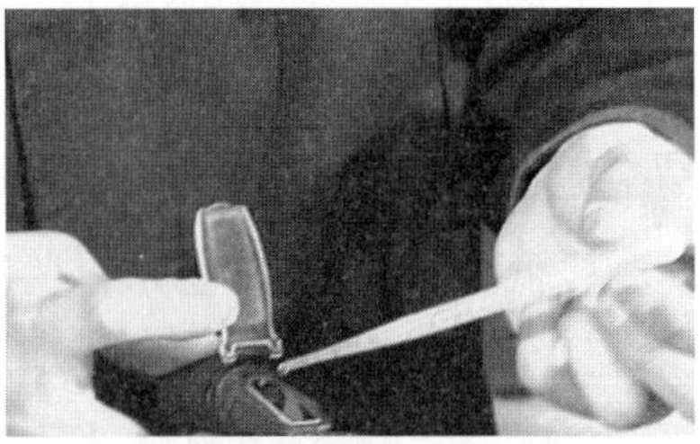
测量冷却液冰点	察看冷却液冰点	操作要领: (1)用吸管从储液罐中吸出少量冷却液; (2)将冷却液滴在冰点计的测试板上,盖上盖板; 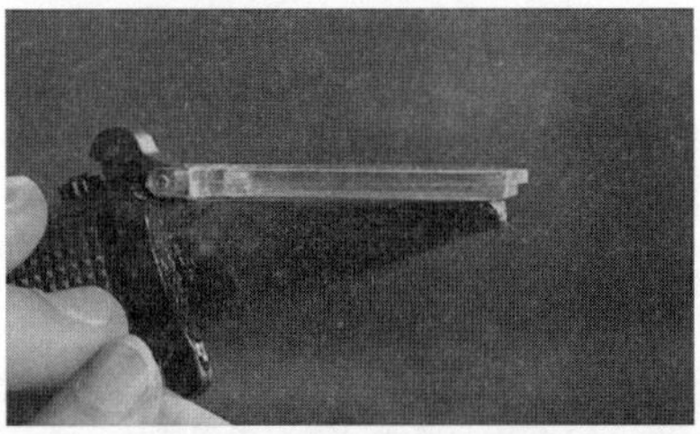 (3)双手将冰点计端平,对着光线良好的地方,眼睛通过目镜观察视场,转动目镜调节手轮,使视场的蓝白分界线清晰,读取冰点,分界线的刻度值即为溶液的冰点; (4)用吸管吸蒸馏水对冰点计进行清洁 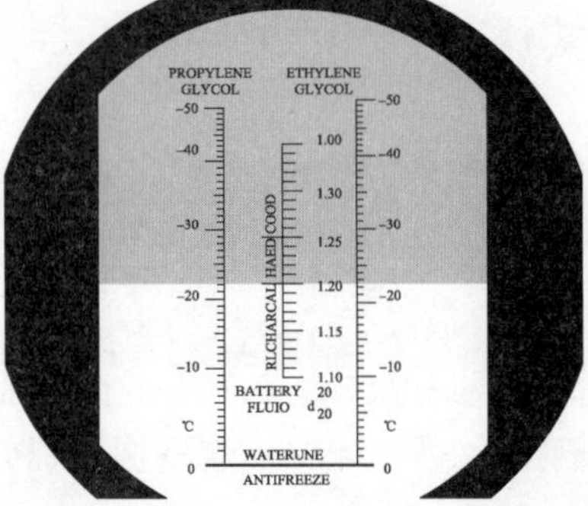

续上表

操作步骤	过　程	技术规范与操作要领
数据记录	冰点	
	密度	

(二)更换冷却液

1 准备工作

(1)将实训车辆停放在带举升机的工位内。

(2)检查实训室通风系统设备工作是否正常。

(3)准备车辆挡块、翼子板布、前格栅布、转向盘护套、变速杆手柄套、脚垫和座椅套等教学用具。

(4)常用拆装工具。

(5)维修手册。

(6)量具:冰点检测仪。

(7)冷却液。

2 操作步骤与技术规范(表5-4)

操作步骤与技术规范　　表5-4

操作步骤	过　程	技术规范与操作要领
车内外防护	安装挡块	操作要领: 有效防护不仅可以保护车辆利于工作,还是保证顾客满意度的必要措施 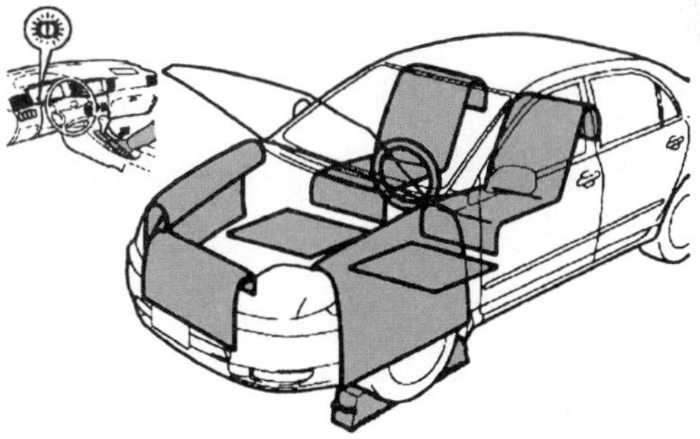
	安放前格栅布、翼子板布	
	安放转向盘护套、变速杆手柄套、座椅套、脚垫	
	车辆停放安全,拉起驻车制动器操纵杆,变速器置于空挡	
	安装尾气排放管	
冷却系统排放和加注的注意事项	(1)在有压力的冷却系统中,散热器内的冷却液温度比大气压力下冷却液的沸点高很多。当冷却系统未冷却且处在高压时,拆卸储液罐盖将导致溶液瞬间沸腾,并产生爆炸性力量。这将导致溶液喷射到发动机、翼子板和拆卸盖子的人员身上。可能导致严重的人身伤害。 (2)仅使用GM发布的防冻混合液并确保防冻剂和清洁水的浓度比为1:1。防冻剂不仅防止冷却系统冻结,而且保护所有与冷却液接触的部件免于锈蚀或产生水垢沉淀物。因此,即使在热带国家或地区,也务必添加防冻剂。 (3)除了防冻混合液外,水的质量也非常重要。一般应采用饮用自来水。再生海水的质量不适于使用。如果使用未经授权的防冻剂,会损坏发动机。如果散热器、汽缸盖或汽缸盖密封件已被更换,则不得重复使用用过的冷却液	

续上表

操作步骤	过　程	技术规范与操作要领
排放冷却液	打开冷却液膨胀水箱盖	操作要领： 打开冷却液膨胀水箱盖时需防止冷却液喷溅，需用抹布包裹膨胀水箱盖旋开一定角度，待卸除压力后再操作
	举升车辆	操作要领： 将车辆举升至头顶高度，可靠停驻，并确认车下作业安全
	放置接水容器	操作要领： 将接水容器放置散热器下方，正对于下水管与散热器出水接口处
	排放冷却液	操作要领： (1)旋下冷却液放水螺塞1，排放冷却液； (2)待冷却液不再流出，旋紧放水螺塞1 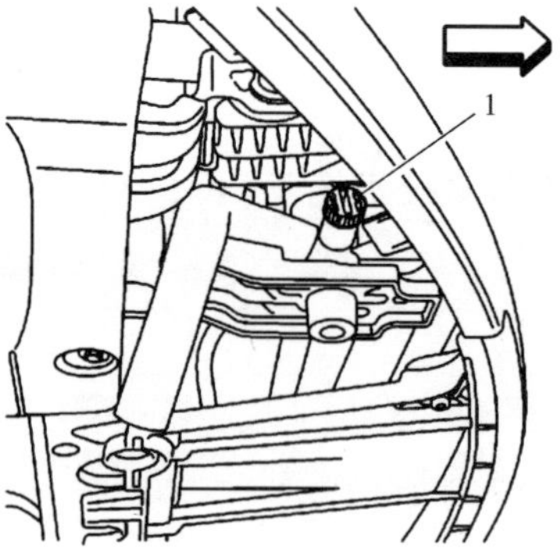
加注冷却液	加注冷却液	技术规范： (1)装备空调的车辆，关闭空调； (2)排空系统后，关闭散热器放水螺塞； (3)拆下散热器上的通气螺塞1后再旋进一扣螺纹 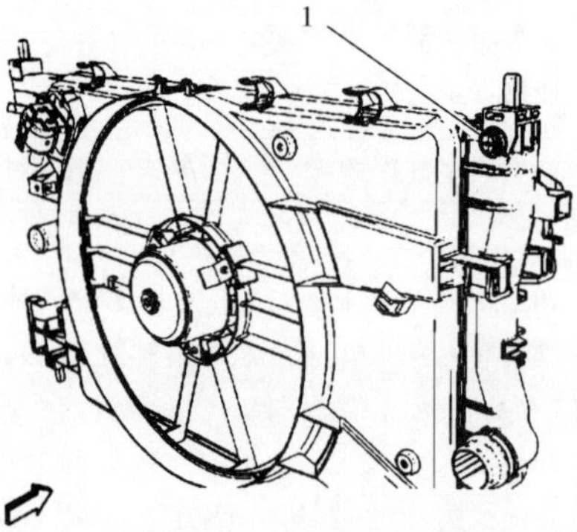 操作要领： (1)从冷却液储液罐口加注冷却液，注意当冷却液流出被松开的通气螺塞时，关闭通气螺塞孔；

续上表

操作步骤	过　程	技术规范与操作要领
加注冷却液	加注冷却液	（2）注入冷却液使液位至冷却液储液罐 1 上的排气嘴底线。当冷却液已停止下滴时，注入冷却液直至液位至下管孔底线（黑色箭头） 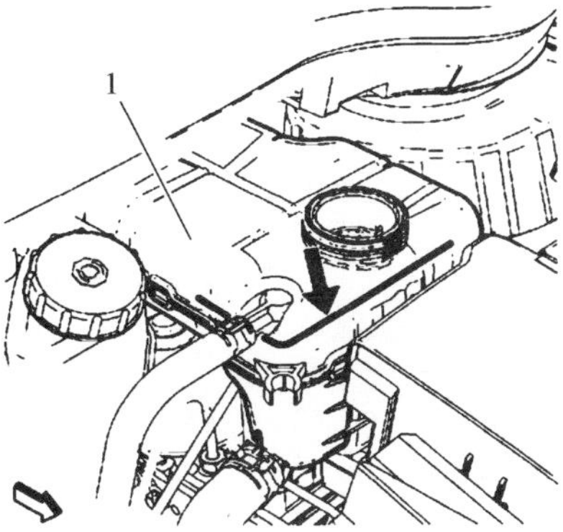
检查冷却液	暖机并检查冷却液	操作要领： （1）起动发动机； （2）使发动机预热，怠速转速最高为 2500r/min 时预热发动机，直到散热器风扇设置开关接通。 （3）关闭发动机并使之冷却； （4）检查冷却液液位，如果需要，根据焊接区 1 校正冷却液液位； 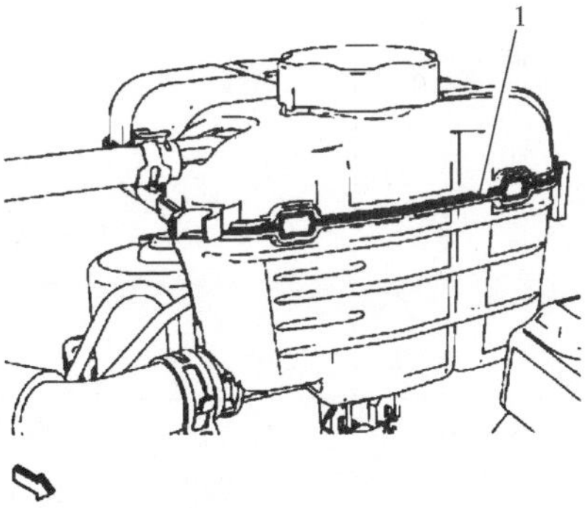 （5）试车后，使发动机冷却，再次检查冷却液液位。如果需要，根据焊接区 1 调节冷却液液位

（三）更换水泵

1 准备工作

（1）科鲁兹发动机。

（2）维修手册。

（3）常用拆装工具。

（4）专用工具：EN－6349 锁销。

2 操作步骤与技术规范(表5-5)

操作步骤与技术规范　　表5-5

操作步骤	过　程	技术规范与操作要领
拆卸水泵	拆卸传动带	技术规范： 可参照学习任务一(发动机传动带的检查与更换)进行操作
	拆卸水泵皮带轮	操作要领： (1)拆下水泵皮带轮的3个螺栓1； (2)将水泵皮带轮2从水泵3上拆下 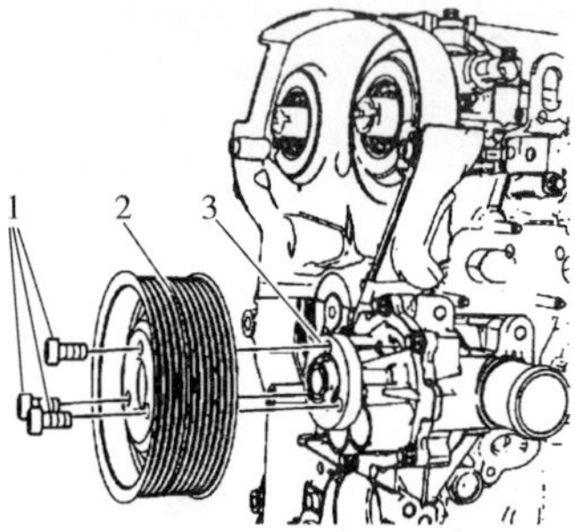
拆卸水泵	拆卸水泵	操作要领： (1)拆下5个水泵螺栓2； (2)拆下水泵1； (3)拆下水泵密封件 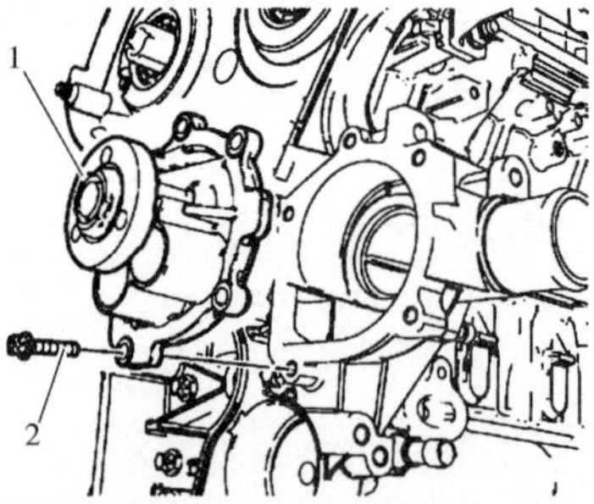
安装水泵	安装水泵	技术规范： 水泵螺栓规定力矩：8N·m 操作要领： (1)清洁密封面和3个水泵螺纹； 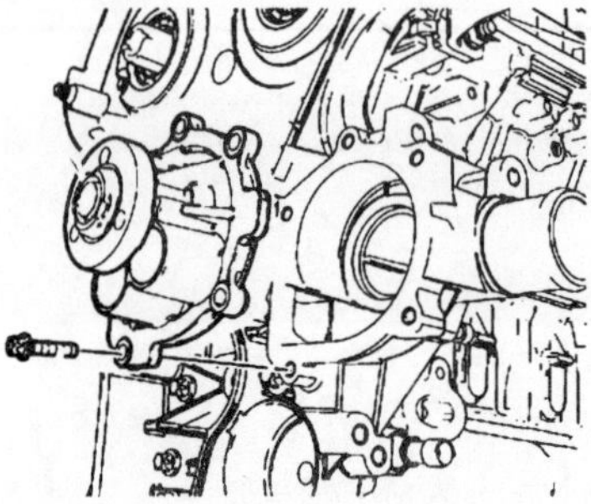

续上表

操作步骤	过　程	技术规范与操作要领
安装水泵	安装水泵	(2)安装新的衬垫； (3)安装水泵1和5个新的螺栓2； (4)将螺栓紧固至规定力矩
	安装水泵皮带轮	技术规范： 水泵皮带轮螺栓规定力矩:20N·m 操作要领： (1)将水泵皮带轮2安装至水泵3； (2)安装3个水泵皮带轮螺栓1 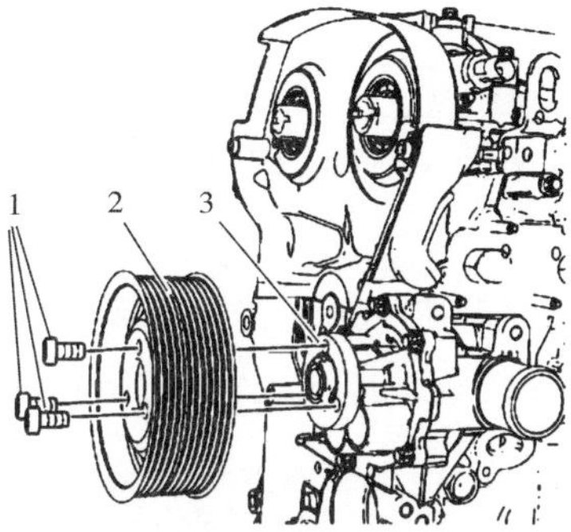
	安装传动带	技术规范： 可参照学习任务一(发动机传动带的检查与更换)进行操作

三　学习拓展

1 冷却液的品质的检查方法

(1)检查发动机冷却液品质。拆下散热器盖分总成,检查散热器盖分总成和散热器注水口周围是否有过多积锈或水垢,发动机冷却液中应没有机油。如果过脏,则更换发动机冷却液。优质冷却液颜色醒目、清亮透明且无异味。

(2)检查冷却液冰点。冷却液变质或失效会导致其冰点降低,在寒冷的冬天会造成冷却液结冰,发生冻裂散热器、甚至冻坏发动机汽缸体等严重事故。可通过冷却液冰点仪测量冷却液的冰点,来进一步判断冷却液的品质。

2 清洗冷却系统

如果排放出的冷却液比较脏或伴有杂物,应对冷却系统进行清洗后再添加新的冷却液,具体操作方法如下：

(1)起动发动机,使发动机达到正常工作温度并怠速运转20～30min,然后关闭发动机,排掉清洗液。

(2)用清洁的水将散热器注满,起动发动机运转10min后排放即可。如果排出的液体较脏,应继续用清水反复清洗直到排出清水为止。

3 冷却液泄漏检查

在检查冷却液液面时,如果发现液面过低,一定要查明液面过低的原因,检查是否冷却系统存在泄漏,导致冷却液缺失。

首先,可通过目视检查管路接头处和散热器盖处是否有明显的漏痕,如果没有,可通过检测仪向冷却系统加压的方法来进一步检查冷却液是否泄漏,具体方法如下:

(1)向散热器总成中注满发动机冷却液,然后连接散热器检测仪,如图 5-15 所示。

(2)通过检测仪的加压泵加压至 108kPa,保持 5 min,然后检查并确认压力是否降低。

如果压力下降,则说明冷却系统存在泄漏。应检查软管、散热器总成和水泵总成是否泄漏。如果发动机外部没有冷却液泄漏痕迹,则检查加热器芯、汽缸体和汽缸盖是否有泄漏。

注意:为避免烫伤,不要在发动机和散热器总成仍然很烫时拆下散热器盖分总成。热膨胀会导致热的发动机冷却液和蒸汽从散热器总成中溢出。

4 膨胀水箱盖检查

膨胀水箱盖能够保持合适的冷却系统压力,提高冷却液的沸点,通过打开压力阀,避免冷却系统压力过高;通过打开真空阀,防止冷却液软管因真空而塌陷。膨胀水箱盖的检查方法如下:

(1)冲洗膨胀水箱盖和膨胀水箱盖真空阀阀座中的尘渣。

(2)检查膨胀水箱盖真空压力阀是否损坏或变形。如果损坏或变形,更换膨胀水箱盖。

(3)检查并确认 O 形密封圈没有变形、开裂或膨胀。如果发现变形或损坏,更换 O 形密封圈。

(4)在 O 形密封圈和橡胶密封件上涂抹发动机冷却液。

(5)如图 5-16 所示,将冷却系统压力检测器连接到膨胀水箱盖上。

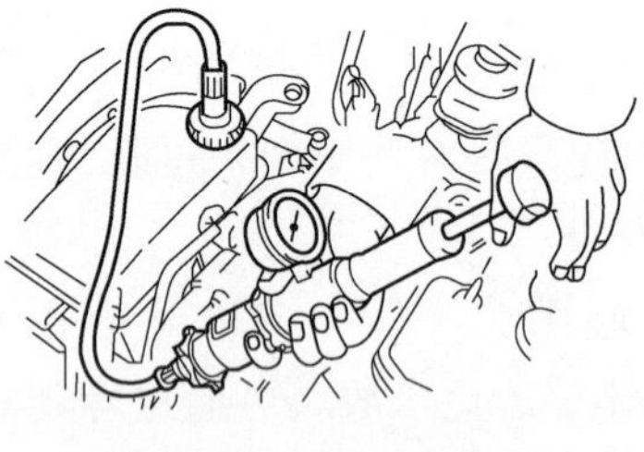

图 5-15 冷却液泄漏检查

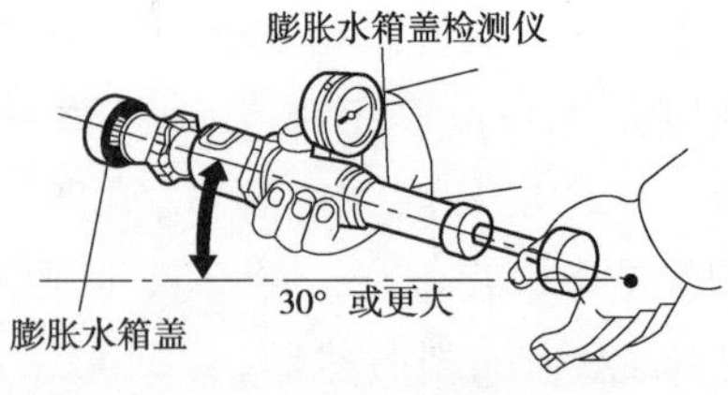

图 5-16 膨胀水箱盖测试

(6)给膨胀水箱盖加压,检查膨胀水箱盖的最大开启压力。标准压力值:90.3 ~ 122.7kPa;最小压力值:78.8kPa。如果膨胀水箱盖的最大开启压力小于最小值,更换膨胀水箱盖。

四 评价与反馈

1 自我评价

(1)通过本学习任务的学习你是否已经知道以下问题:

①冷却系统的作用是什么？请简述其基本组成？

____

____。

②请简述冷却系统的工作原理？

____

____。

③请简述冷却液的类型与使用注意事项？

____

____。

(2)冷却系统的检查项目有哪些？用到了哪些工具？

____

____。

(3)实训过程完成情况如何？

____

____。

(4)通过本学习任务的学习，你认为自己的知识和技能还有哪些欠缺？

____

____。

签名：____________　________年____月____日

2 小组评价(表 5-6)

小 组 评 价 表　　表 5-6

序号	评 价 项 目	评 价 情 况
1	着装是否符合要求	
2	是否能合理规范地使用仪器和设备	
3	是否按照安全和规范的流程操作	
4	是否遵守学习、实训场地的规章制度	
5	是否能保持学习、实训场地整洁	
6	团结协作情况	

参与评价的同学签名：____________________　________年____月____日

3 教师评价

____

____。

教师签名：____________　________年____月____日

五 技能考核标准

1 冷却液冰点检测技能考核标准(表 5-7)

冷却液冰点检测技能考核标准表 表 5-7

序号	项目	操作内容	规定分	评分标准	得分
1	清洗量具	清洁并校准冰点检测仪	30 分	(1)未用清水清洗,扣 10 分; (2)未用标准液校准,扣 10 分; (3)打开散热器盖时,卸压方法不正确,扣 10 分	
2	测量冷却液冰点	察看冷却液冰点	60 分	(1)没有将冰点计端平,对着光线良好的地方,扣 10 分; (2)未边观察边转动目镜调节手轮,扣 10 分; (3)读数不准确,扣 20 分; (4)查阅密度值错误,扣 10 分; (5)使用后未清洁,扣 10 分	
3	安全文明生产	(1)安全放置、固定被检配件; (2)检测工具、设备使用方法、步骤符合安全要求; (3)操作过程必备安全防护用品佩戴齐全; (4)现场整洁	10 分	(1)不安全放置的,扣 2 分; (2)工具、设备使用方法不安全的,扣 3 分; (3)防护用品佩戴不齐全的,扣 3 分; (4)现场不整洁,扣 2 分	
		安全用电,防火,无人身,设备故障		因违规操作发生重大人身和设备事故,此题按 0 分记	
总分			100 分		

2 更换冷却液技能考核标准(表 5-8)

更换冷却液技能考核标准表 表 5-8

序号	项目	操作内容	规定分	评分标准	得分
1	车内外防护	车内防护;	5 分	有漏项扣 5 分;	
		车外防护	5 分	有漏项扣 5 分,若采取安全防护即时提醒	
2	排放冷却液	打开冷却液膨胀水箱盖;	15 分	方法不正确扣 15 分,若采取安全防护即时提醒;	
		举升车辆;	10 分	方法不正确扣 10 分,若采取安全防护即时提醒;	
		排放冷却液	15 分	方法不正确扣 15 分,若采取安全防护即时提醒	
3	加注冷却液	加注冷却液;	15 分	方法不正确扣 15 分;	
		检查冷却液液位	25 分	(1)未暖车扣 10 分; (2)检查方法不正确扣 15 分	

续上表

序号	项目	操作内容	规定分	评分标准	得分
4	安全文明生产	(1)安全放置、固定被检配件； (2)检测工具、设备使用方法、步骤符合安全要求； (3)操作过程必备安全防护用品佩戴齐全； (4)现场整洁	10分	(1)不安全放置的，扣2分； (2)工具、设备使用方法不安全的，扣3分； (3)防护用品佩戴不齐全的，扣3分； (4)现场不整洁，扣2分	
		安全用电，防火，无人身，设备故障		因违规操作发生重大人身和设备事故，此题按0分记	
总分			100分		

3 更换冷却水泵技能考核标准(表5-9)

更换冷却水泵技能考核标准表　　表5-9

序号	项目	操作内容	规定分	评分标准	得分
1	拆下水泵皮带轮；	拆下传动带；	10分	方法不正确，扣10分；	
		拆下水泵皮带轮	10分	方法不正确，扣10分	
2	拆下水泵	拆下水泵	10分	方法不正确，扣10分	
3	安装水泵	安装水泵	20分	(1)方法不正确，扣10分； (2)水泵固定螺栓未紧固至规定力矩，扣5分； (3)未清洁密封圈，扣5分	
4	安装传动带	安装水泵皮带轮	15分	(1)方法不正确，扣10分； (2)水泵皮带轮固定螺栓未紧固至规定力矩，扣5分；	
		安装传动带	25分	(1)方法不正确，扣10分； (2)安装不正确，扣5分； (3)未检查安装位置，扣5分； (4)未检查安装状况，扣5分	
5	安全文明生产	(1)安全放置、固定被检配件； (2)检测工具、设备使用方法、步骤符合安全要求； (3)操作过程必备安全防护用品佩戴齐全； (4)现场整洁	10分	(1)不安全放置的，扣2分； (2)工具、设备使用方法不安全的，扣3分； (3)防护用品佩戴不齐全的，扣3分； (4)现场整洁，扣2分	
		安全用电，防火，无人身，设备故障		因违规操作发生重大人身和设备事故，此题按0分记	
总分			100分		

学习任务六　润滑系统的检查与维修

学习目标

知识目标

1. 掌握发动机润滑系统的结构组成及工作原理；
2. 掌握机油的流动路线及机油的分类、选用及环保、安全措施；
3. 了解机油滤清器、机油泵的作用和基本工作原理。

技能目标

1. 能正确规范的完成带机油泵的发动机前盖的更换；
2. 能对机油压力开关进行拆装与检测，完成润滑系统常见故障的诊断与排除；
3. 能正确规范完成冷却水泵的更换。

建议课时

12 课时。

任务描述

车主反映："机油压力警告灯亮"，经检查机油压力始终低于规定值，需要对润滑系统进行检查，确定故障部位并进行维修。

一　理论知识准备

（一）润滑系统的功用及分类

1 发动机润滑系统的功用

发动机润滑系统是发动机正常运行的一个重要保障系统，其主要起润滑、清洁、密封、防锈、冷却、液压的作用。

(1)润滑作用:在摩擦副表面形成油膜,减少机件间的磨损。

(2)清洁作用:润滑油在循环工作时带走金属磨粒、杂质等。

(3)密封作用:利用油膜可以增强活塞环与汽缸壁之间的密封性。

(4)防锈作用:在金属表面形成油膜可以防止零件生锈。

(5)冷却作用:润滑油在循环工作时可以吸收并带走零件的热量。

(6)液压作用:发动机润滑油能兼做液压油,起传力作用,如液压挺柱。

2 润滑剂的分类

汽车发动机润滑系统所用的润滑剂有润滑油(机油)和润滑脂(黄油)两种。

(1)润滑油。润滑油是由石油提炼而成的,一般通过热蒸馏得到,加热的温度范围为350~500℃,此时的石油流出物称为润滑油。润滑油的主要性能指标有:

①黏度。机油的黏度指机油在外力作用下流动时,分子间的内聚力阻碍分子间的相对运动,产生一种内摩擦力,所表现出来的性质。它是评价机油品质的主要指标,通常用运动黏度来表示。在未加任何功能添加剂的前提下,黏度越大,油膜强度越高,流动性越差。

②温度—黏度特性。温度—黏度特性是指机油的黏度随温度变化而变化的性质。机油温度高则黏度小,因而夏季可能因机油过稀而不能使发动机得到可靠的润滑;机油温度低则黏度大,因而冬季可能机油黏度大,流动性差而不能将机油输送到零件摩擦表面的间隙中。

③低温性。低温性是指机油在低温下的流动性。机油的低温性能好,发动机在低温下容易起动,可有效地润滑机件。

④安定性。安定性是指机油在一般情况下抵抗氧化性质的性能。机油的安定性好,说明机油不容易氧化变质,存放的时间可以长一些。

⑤腐蚀性。机油的腐蚀性指机油对金属及其他物质产生腐蚀作用的性质。通常要求机油的腐蚀性小,这对润滑系统的零部件与发动机的腐蚀性就小。

(2)润滑脂。润滑脂的主要性能指标有:

①锥入度。锥入度是指润滑反映的软硬、稠密程度和流动性。锥入度越小,则润滑反应越硬、越稠,不易进入和充满摩擦表面,而且摩擦阻力大。润滑脂的锥入度也随温度的升高而增大。当温度过高,润滑脂肢体分解,丧失稠度,润滑脂即失效。

②滴点。滴点是指润滑脂在规定条件下加热熔化,开始滴下第一滴时的温度。它表示润滑脂的耐热能力。

③耐水性。耐水性是指润滑脂与水接触时保持其他性能稳定的程度。

(3)常见机油的分类,如图6-1所示。

(二)润滑系统的组成

发动机的润滑系统由油底壳、集滤器、机油泵、机油滤清器、油道等组成,如图6-2所示。

- 国外机油分类
  - API质量分类
    - 汽油机油为S系列：SA、SB、SC、SD、SE、SF、SG、SH、SJ、SL
    - 柴油机油为C系列：CA、CB、CC、CD、CE、CF、CF–4、CG-4、CH-4
  - SAE黏度分类法
    - 单级机油
      - 冬用机油：0W、5W、10W、15W、20W、25W
      - 非冬用机油：20、30、40、50
    - 多级机油：例如10W-30、15W-40、20W-50等

图 6-1　国外机油的分类

图 6-2　润滑系统组成

❶ 油底壳

油底壳用来储存发动机润滑油，并封闭曲轴箱，通常设有隔板，以保证供油，如图 6-3 所示。

❷ 机油集滤器

机油集滤器的作用是在机油泵之前，滤去机油内的大颗粒杂质，如图 6-4 所示。

图 6-3　油底壳

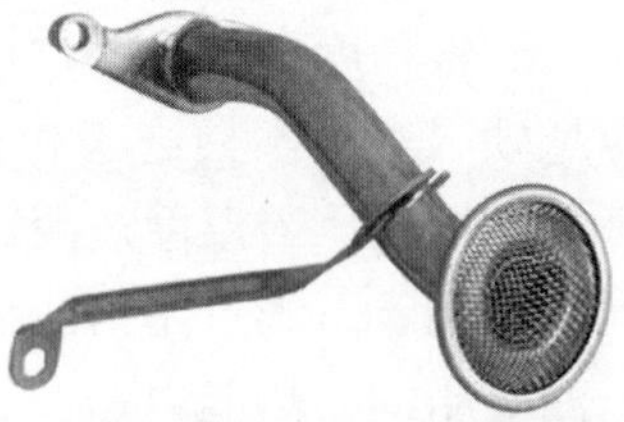

图 6-4　机油集滤器

❸ 机油泵

机油泵的作用是将油底壳的油泵到发动机各个部分，也是机油循环的动力源，常可分为：外啮合齿轮式机油泵（图 6-5）、内啮合齿轮式机油泵（图 6-6）和转子式机油泵（图 6-7）三种类型。

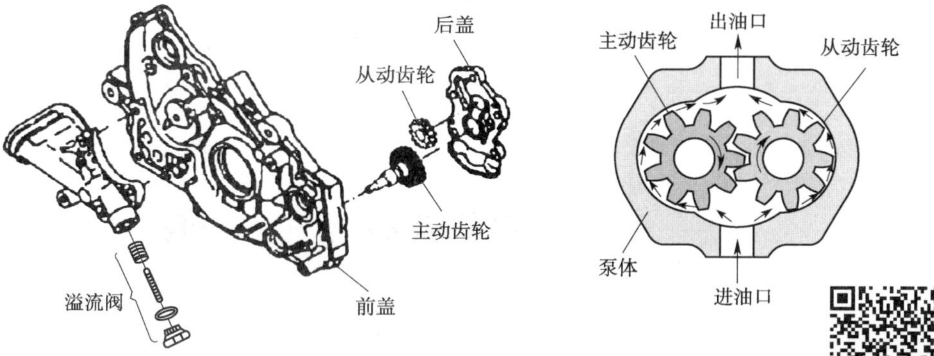

图 6-5 外啮合齿轮式机油泵

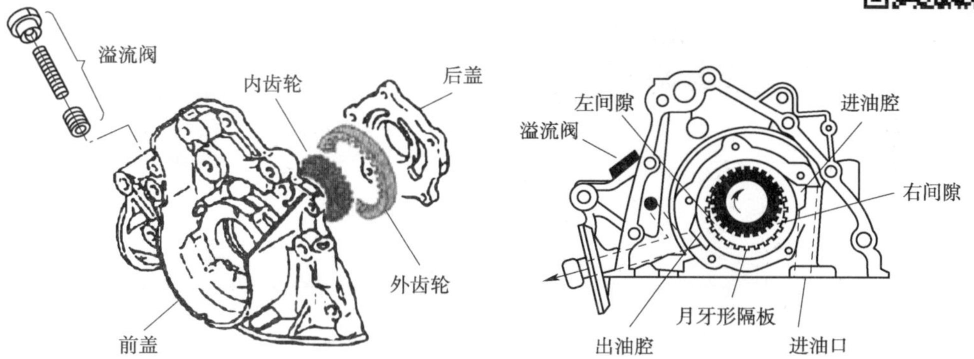

图 6-6 内啮合齿轮式机油泵

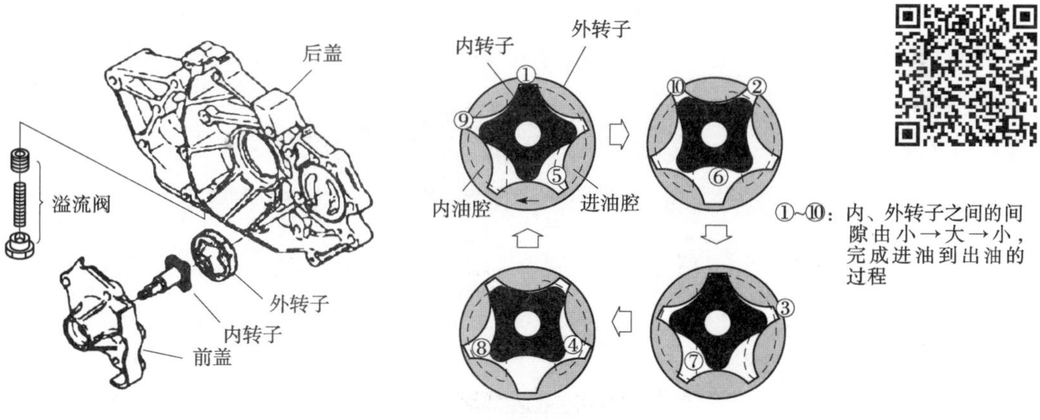

图 6-7 转子式机油泵

4 机油滤清器

机油滤清器的作用是清除机油中的污染物，例如细小金属颗粒等，保持机油洁净，如图 6-8 所示。它有一个止回阀，当发动机停机时使油保持在滤清器中，保证在起动时滤清器总有油。它还有一个释放阀，当滤清器堵塞时保证有油输送到发动机。

5 机油压力传感器及警告灯

机油压力警告灯安装在仪表板上，当安装在润滑系统油道上的机油压力传感器检测到润滑系统中的机油压力低于规定值时，仪表板上的机油压力警告灯就会点亮，向驾驶人报警，如图 6-9 所示。

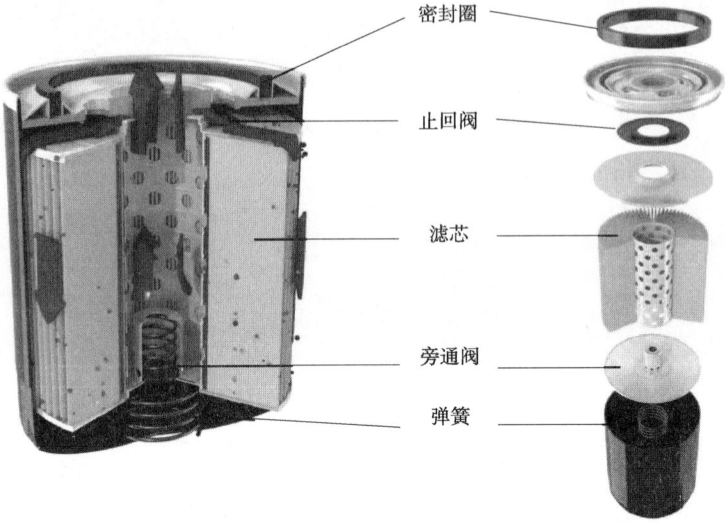

图 6-8 机油滤清器

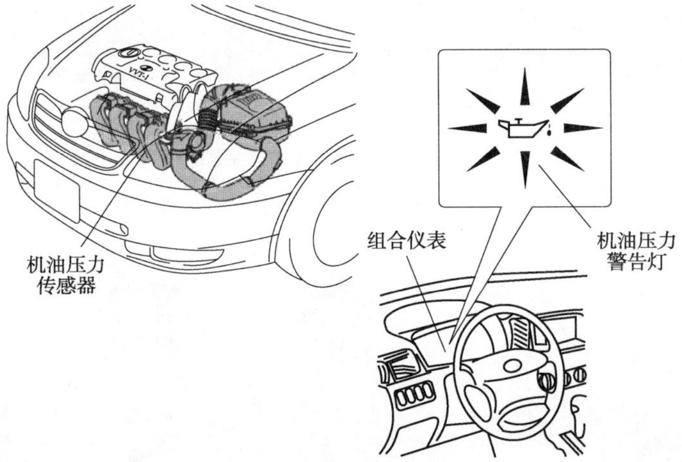

图 6-9 机油压力警告灯

(三)机油的流动路线

润滑系统的油路如图 6-10 和图 6-11 所示。

(四)机油的使用及注意事项

1 机油的分类

选择机油的牌号时，必须按车辆发动机的工作条件来选择相应质量等级的机油，如图 6-12 所示；必须按车辆使用环境温度来选择相应黏度等级的机油，如图 6-13 所示。

2 机油的更换周期

机油使用后会变脏、变黑，逐渐变质，机油的作用降低，必须定期更换。检查周期为每

2000km 或 3 个月；更换周期随着车辆型号、使用情况而有所不同，一般为 7500km 或 6 个月。此外，机油在正常情况下也会有轻微的损耗，主要由于活塞的刮油以及气门反复开合导致的滴漏，如图 6-14 所示，所以机油需定期检查、补给。

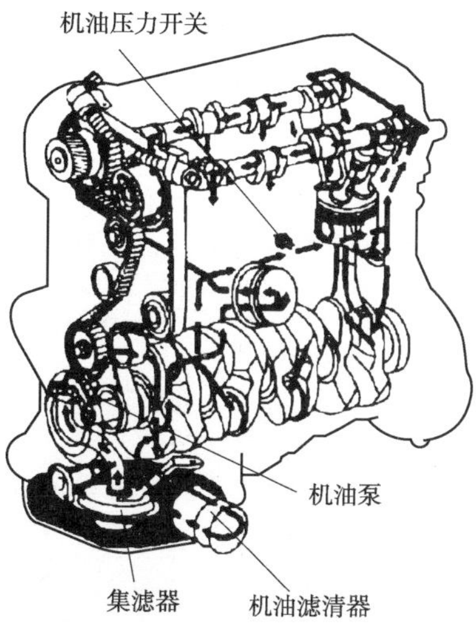

图 6-10　润滑系统循环线路

3 环境保护

（1）机油会对水形成污染，不允许排入地表水域和下水道，只能在防渗的地面上进行作业。

（2）机油是易燃品，存放和作业时必须远离火源。

（3）废弃的机油要单独盛装，并妥善保管和回收。

（4）上机油的抹布或物品，不得作为生活垃圾处理。

4 安全措施

（1）机油对人皮肤有损害，作业时应戴上防护手套和穿防护服。

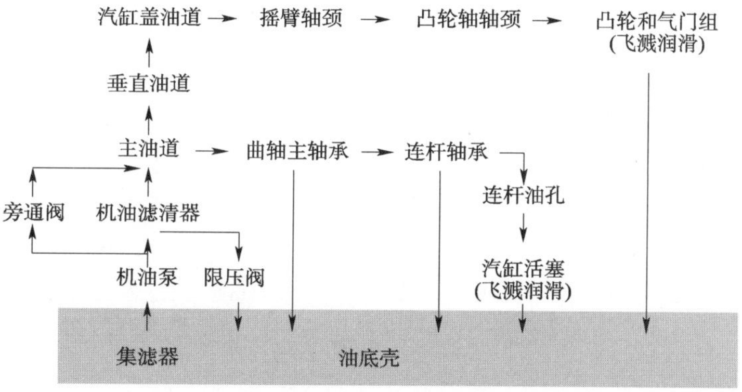

图 6-11　润滑系循环线路及润滑方式

汽油机

API	维修及机油说明	质量
SL SJ SH SG	适用于在各种条件下工作的发动机	高
SF	适用于在连续高速、高温并且反复停机—开机条件下工作的发动机	↑
SE	适用于在比SD分类更严酷的条件下工作的发动机	
SD SC SB SA		低

柴油机

API	维修及机油说明	质量
CF-4	提供比CF分类更好的特性和质量	高
CF	提供比CE分类更好的洗洁剂弥散和抗热性能	↑
CE	适用于在低速、高负载条件和高速高负载条件下工作的发动机	
CD	适用于在高速、高功率输出条件下工作的发动机	
CC	适用于在比CB分类更严酷的条件下工作的发动机	
CB CA		低

图 6-12　机油质量等级与发动机性能

(2)沾上机油的衣服或鞋,必须立即更换。

(3)皮肤上撒上机油,立即用水和肥皂清洗,勿用汽油或溶剂作为清洁品。

(4)眼睛接触到机油,用水认真冲洗,然后尽快去医院治疗。

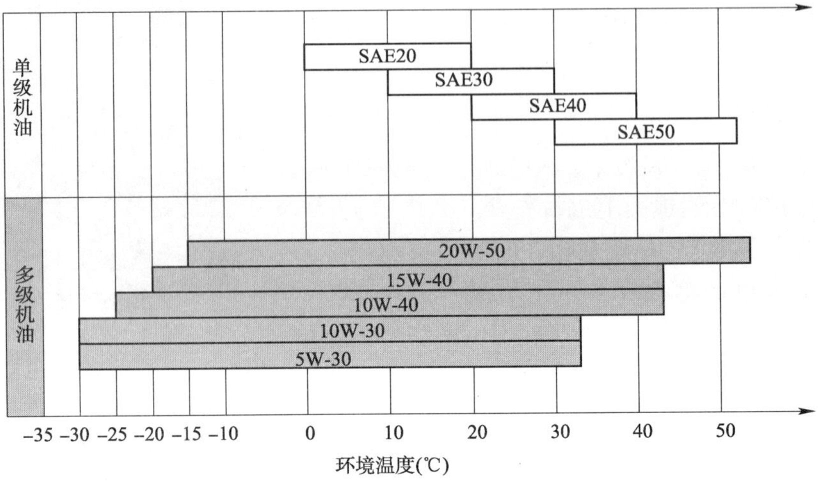

图 6-13 机油黏度等级与环境温度关系

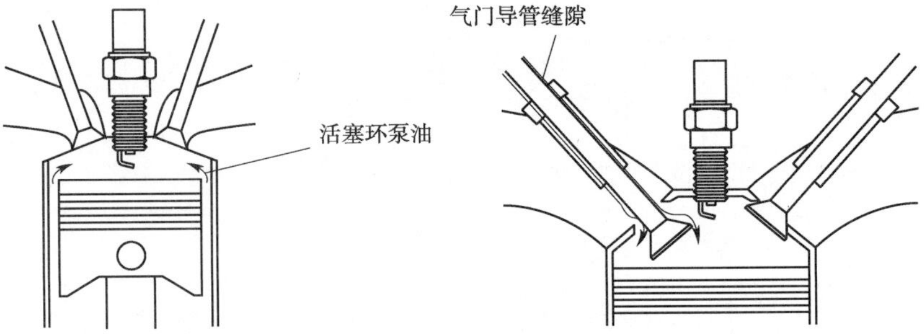

图 6-14 机油损耗示意图

(五)机油油量的检查与分析技巧

1 机油油量的检查方法

(1)将车停在平坦位置。

(2)起动发动机暖机至正常工作温度(冷却液温度不低于 60℃),熄火后 10min 左右,让发动机润滑油路中的机油全部流回到油底壳,拔出机油尺并将其擦净,如图 6-15 所示;

(3)重新将擦净的机油尺插回油尺管,再次拔出机油尺,左手在机油尺下端放一块干净的布,右手垂直提起机油尺至与视线水平位置察看油迹在机油尺上的位置,如图 6-16 所示,正确的油面高度应在机油尺的两条刻度线之间,上刻度线处标有 H、F 或 MAX,下刻度线处标有 L 或 MIN。

若油位低于或稍微高于低油位线时应及时添加同型号同品牌的机油。同时要注意机油不可添加过多,加入机油量过多,会造成发动机烧机油,机油消耗量明显增大,尾气排放时冒蓝烟,发动机内部积炭增多,严重的损害发动机;机油量过少,会造成机油散热困难,温度升高,油质变差,同时发动机的一些部件得不到足够的润滑,造成部件磨损。当油位达到正确范围后，要注意安装加油盖，并用手拧紧。

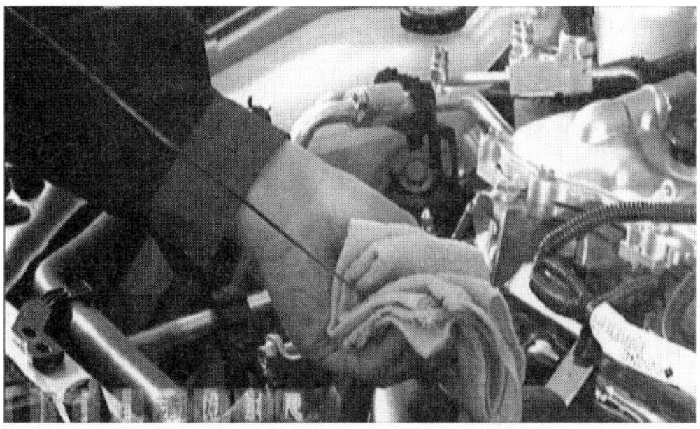

图 6-15　拔出机油尺并将其擦净

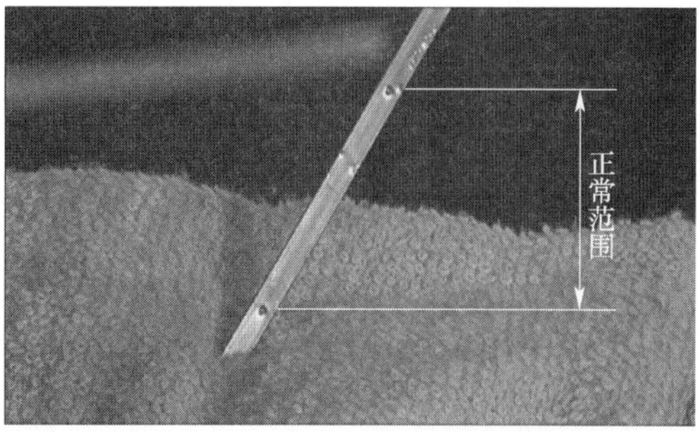

图 6-16　机油尺刻度

2 机油消耗过多的原因及故障排除

如果机油消耗量超过规定值称为机油消耗过多，机油消耗过多主要是由泄漏和烧机油造成的。原因主要有：

(1)活塞环方向装反，活塞环抱死，或其开口转到一起，活塞环磨损，活塞环端隙、边隙或背隙过大，其弹力不足。

(2)气门杆油封损坏(尤其是进气门杆油封)，进气门导管磨损。

(3)活塞与缸壁间隙过大等造成烧机油。

(4)曲轴箱通风不良导致油底壳或气门室盖漏油。

机油消耗过多应首先检查有无机油漏油部位，如无漏油部位，可进行发动机急加速试验，如急加速试验时排大量蓝烟，说明发动机烧机油严重，拆检发动机，检查气门油封、活塞、活塞环与汽缸密封情况，查找分析烧机油原因。

(六)机油质量的检查与分析技巧

1 机油质量的检查

变质的机油起不到润滑作用，反而致使运动件磨损加剧造成机件早期损坏，机油质量的鉴别是更换机油的依据。机油质量检查应在发动机停机后机油还未沉淀时进行，因为机油沉淀后，浮在上面的往往是好的机油，而变质机油或杂质存留在油底壳的底部，从而可能造成误检。常用的鉴别方法如下：

(1)外观及气味检查：观察机油的颜色，如果机油是乳白色，表明机油进水；如果机油呈灰色，表明机油被汽油污染；如果机油呈黑色，表明机油被不完全燃烧物氧化变质。闻机油的气味，如果机油有严重的刺激性气味，表明机油被高温氧化，说明发动机可能长期处于高温下运转；如果机油有很重的燃油味，表明机油被大量的燃油所稀释，可能是有个别汽缸不工作。

(2)搓捻鉴别：取出油底壳中的少许机油，放在手指上搓捻。搓捻时，如有黏稠感觉，并有拉丝现象，且没有细颗粒搓手的感觉，说明机油未变质且干净，仍可继续使用，否则应更换。

(3)机油尺鉴别：抽出机油尺对着光亮处观察刻度线是否清晰，当透过机油尺上的机油看不清刻线时，则说明机油过脏，需立即更换。

(4)倾倒鉴别:将机油滴在纸巾上观察斑点的变化情况。如果油滴迅速扩散,中间无沉积物,表明机油品质正常;如果油滴迅速扩散,中心有沉积物,但周围扩散的机油呈透明色,表明机油已变脏,但可以继续使用。如果油滴整体混有沉积物并呈深黑色,说明机油变质,应更换机油和机油滤清器。

2 机油质量恶化的原因

机油在使用过程中,质量不断变化,性能逐渐变坏。其原因有机油受热氧化,产生胶质和炭渣;发动机工作时,一部分机油燃烧生成的产物与汽缸内冷凝水结合而生成酸性物质混入润滑油内;空气中的灰沙、机件磨损下来的金属屑和燃烧后的炭渣等机械杂质混入润滑油内;由于燃油供给系统工作不良,燃油雾化性不好,混合气燃烧不完全,会使燃油或大量的过浓燃油混合气窜入曲轴箱与机油混合,将机油稀释。一些采用强制润滑的喷油泵或输油泵漏油也会使机油被燃油稀释;汽缸垫密封不良,冷却液流入到曲轴箱内与润滑油混合,致使机油的使用性能下降,在一定条件下会使机油中的部分添加剂使用性能降低甚至失效,破坏机油的黏度,使机油无法在运动配合摩擦副上形成良好的润滑油膜。

(七)机油压力的检查与分析技巧

机油压力常见的异常现象主要有机油压力过低或过高。机油压力过低会造成发动机润滑不足,加剧发动机零部件的磨损,影响发动机的寿命;机油压力过高会造成油封油管损坏,消耗过多的发动机动力,机油压力过高或过低往往是润滑系统的综合性故障。

1 发动机的润滑方式

发动机润滑系统一般采用复合润滑,即包括压力润滑、飞溅润滑和润滑脂润滑三种方式,发动机各零件的润滑方式取决于该零件的工作环境、相对运动速度和承受机械负荷、热负荷的大小。

(1)压力润滑,压力润滑方式就是在汽缸体或汽缸盖上设置专门的润滑油道,利用机油泵使润滑油建立一定的压力,通过润滑油道向零件的润滑面间输送润滑油,润滑油在进入主油道前,要先经过粗滤器过滤。

(2)飞溅润滑,飞溅润滑方式主要是利用发动机工作时某些运动零件(主要是曲轴和凸轮轴)旋转时搅起的油雾,或从连杆大头上专设的油孔喷出的油滴和油雾,对摩擦表面进行润滑,这种润滑方式适合于暴露的零件表面(如汽缸壁、凸轮等)、相对运动速度较低的零件(如活塞销等)、机械负荷较轻的零件(如挺柱等)的润滑。

(3)润滑脂润滑,润滑脂润滑方式主要是通过定期加注润滑脂来进行润滑,适合于发动机辅助系统(如发动机、分电器等)的润滑。

2 机油压力过低

机油压力过低会造成发动机润滑不足,加剧发动机零部件的磨损,影响发动机的寿命。可能的原因是:

(1)机油压力传感器效能不佳。

(2)机油过稀、机油黏度降低。

(3)机油泵供油能力不足。
(4)机油管路有泄漏。
(5)机油限压阀调整不当、关闭不严或其弹簧折断。
(6)机油集滤器滤网堵塞。
(7)曲轴主轴承、连杆轴承或凸轮轴轴承磨损、间隙过大或轴承盖松动。

3 机油压力过高

机油压力过高会造成油封、油管损坏,消耗过多的发动机动力。可能的原因是:
(1)机油黏度过大。
(2)机油限压阀弹簧过硬,弹簧压力调整过大,脏物使阀门不能打开。
(3)细滤器功能下降。
(4)曲轴主轴承、连杆轴承或凸轮轴轴承间隙过小。
(5)机油压力表或其传感器工作不良。

二 任务实施

(一)带机油泵的发动机前盖的更换

1 准备工作

(1)科鲁兹发动机。
(2)维修手册。
(3)常用拆装工具。
(4)抹布、机油等。

2 操作步骤与技术规范(表6-1)

操作步骤与技术规范　表6-1

操作步骤	过　程	技术规范与操作要领
拆卸带机油泵的发动机前盖	拆卸发动机前盖	操作要领: (1)拆下油底壳; (2)拆下8个发动机前盖螺栓2、3; (3)拆下发动机前盖4; (4)拆下发动机前盖密封件1 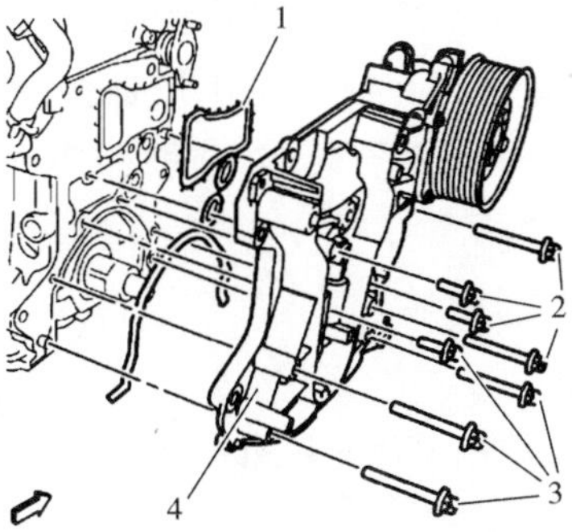

续上表

<table>
<tr><th>操作步骤</th><th>过　程</th><th>技术规范与操作要领</th></tr>
<tr><td>拆卸带机油泵的发动机前盖</td><td>拆卸发动机前盖</td><td>提示：
机油泵在发动机前盖中的安装位置如下图所示。
</td></tr>
<tr><td>安装带机油泵的发动机前盖</td><td>安装带机油泵的发动机前盖</td><td>技术规范：
发动机前盖螺栓规定力矩：20N · m
操作要领：
(1)清洁密封面；
(2)安装一个新的发动机前盖密封件 1；
(3)安装发动机前盖 4
(4)安装 8 个发动机前盖螺栓 2、3 并紧固至 20N · m；
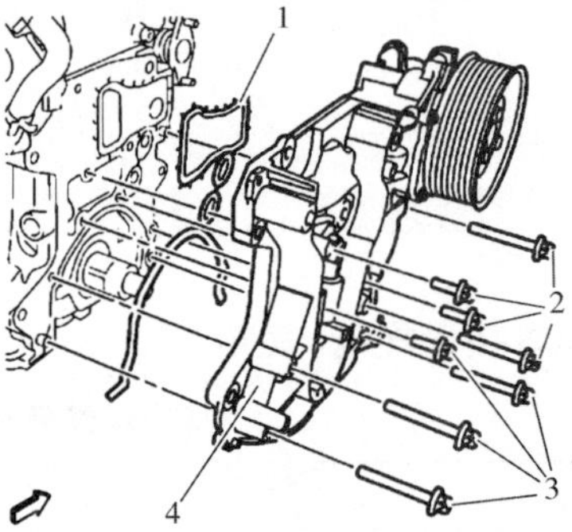

(5)安装发动机油底壳</td></tr>
</table>

(二)机油压力及开关检测

1 准备工作

(1)将实训车辆停放在带举升机的工位内。

(2)检查实训室通风系统设备工作是否正常。

(3)准备车辆挡块、翼子板布、前格栅布、转向盘护套、变速杆手柄套、脚垫和座椅套等教学用具。

(4)常用拆装工具。

(5)维修手册。

(6)专用工具：EN－498－B 机油压力表、EN－232 机油压力检查适配器。

(7)万用表。

❷ 操作步骤与技术规范(表6-2)

操作步骤与技术规范　　表6-2

<table>
<tr><th>操作步骤</th><th>过　程</th><th>技术规范与操作要领</th></tr>
<tr><td rowspan="3">检测机油压力开关</td><td>拆卸机油压力开关</td><td>操作要领：
拆下机油压力开关
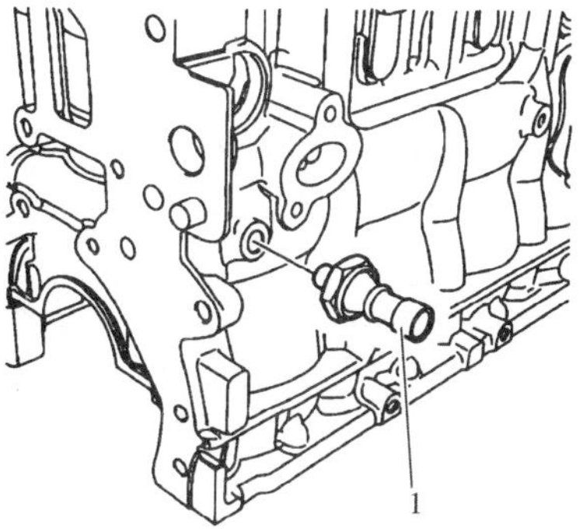
</td></tr>
<tr><td>检查机油压力开关</td><td>操作要领：
(1)使用万用表电阻挡测量机油压力开关针脚与金属壳体的导通情况,万用表应显示低阻导通状态;
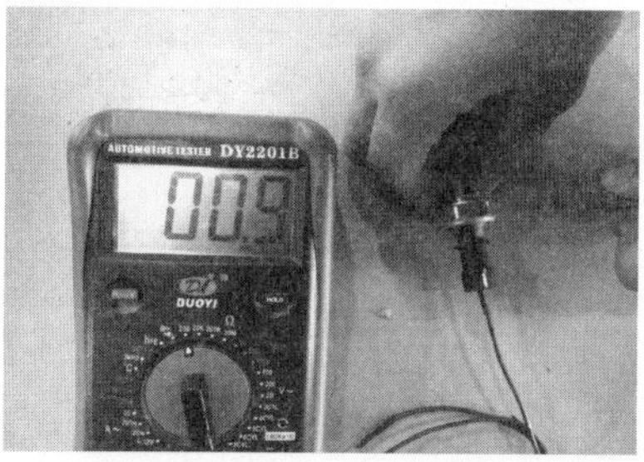

(2)向机油压力开关施加一定气压吹起,使开关断开,利用万用表测量针脚与金属壳体的状态,应处于断开状态
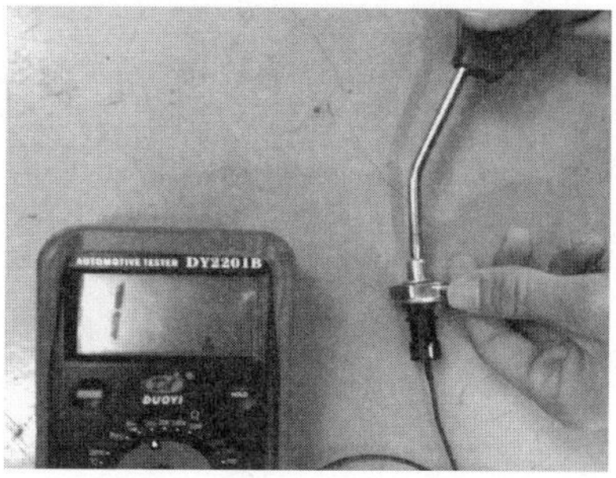
</td></tr>
<tr><td>安装机油压力开关</td><td>技术规范：
机油压力开关规定力矩:20N · m
操作要领：
安装机油压力开关并紧固至规定力矩</td></tr>
</table>

续上表

操作步骤	过　程	技术规范与操作要领
测试机油压力	安装机油压力表	操作要领： （1）必要时，拆下排气歧管隔热罩； （2）拆下封闭螺栓 1； （3）清洁螺纹； 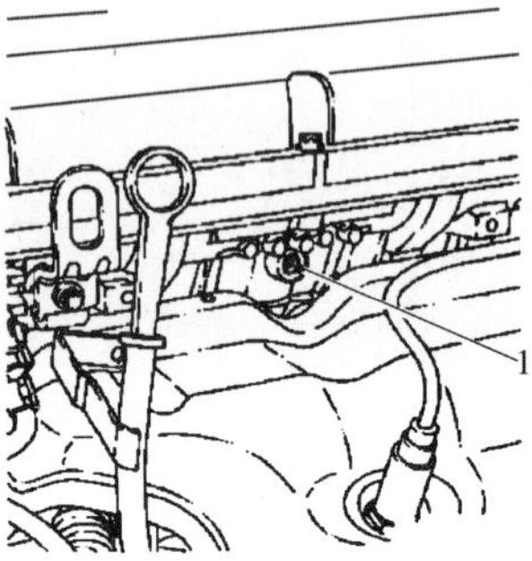 （4）安装 EN－498－B 机油压力表 2； （5）安装 EN－232 适配器 1 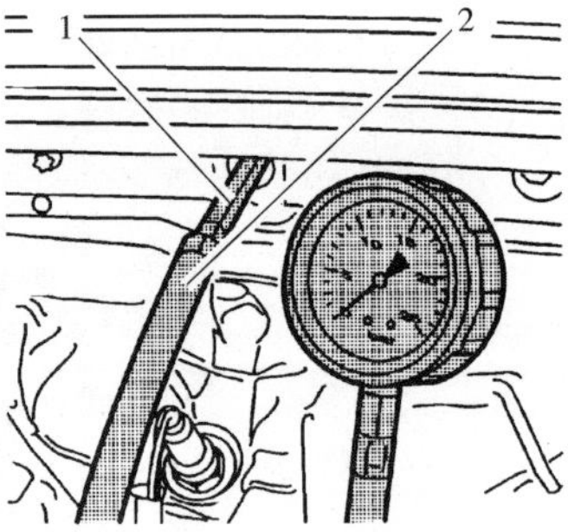
	检查机油压力	技术规范： 怠速时，机油压力必须为 130kPa，且机油温度必须为 80℃ 操作要领： （1）起动发动机； （2）怠速时，检查机油压力是否符合要求
	拆除机油压力表，装复封闭螺栓	技术规范： 封闭螺栓规定力矩：15N·m 操作要领： （1）关闭发动机，拆下 EN－232 适配器和 EN－498－B 机油压力表； （2）将新的封闭螺栓安装在汽缸盖中，并紧固至规定力矩； （3）检查发动机油液位
数据记录	机油压力开关检查	
	机油压力测试	
	检验结论	

三 学习拓展

1 更换机油、机油滤清器

(1)准备机油回收罐。机油回收罐移至油底壳下方,调至适当高度。

(2)拆卸机油排放塞,排放发动机机油,如图6-17所示。

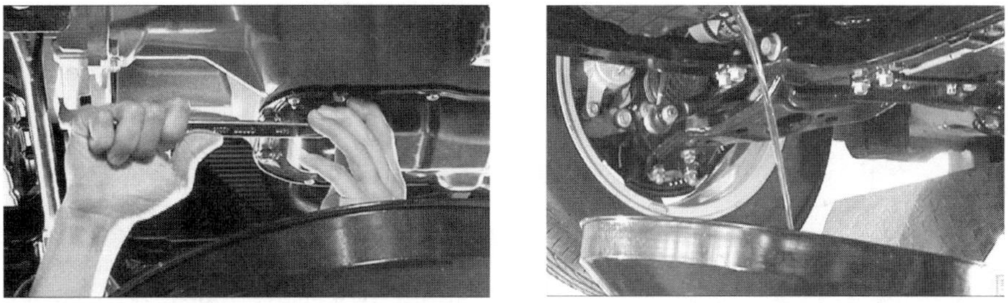

图6-17　排放发动机机油

(3)拆卸机油滤清器,如图6-18所示。

(4)清洁、检查机油滤清器安装底座,如图6-19所示。

图6-18　拆卸机油滤清器

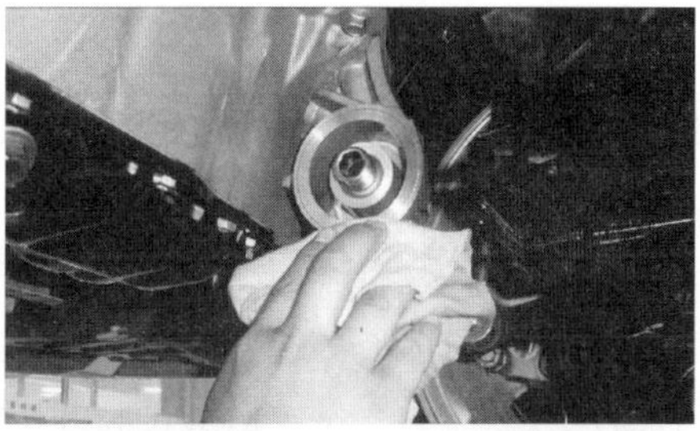

图6-19　清洁、检查机油滤清器安装底座

(5)在新机油滤清器密封垫圈上涂清洁的发动机机油,安装新机油滤清器。

(6)更换机油排放塞垫片,安装机油排放塞并紧固至固定力矩,如图6-20所示。

(7)加注新机油,检查机油液位。

(8)起动发动机暖机至正常工作温度(冷却液温度不低于60℃),熄火后10min左右,让发动机润滑油路中的机油全部流回到油底壳,复检机油液位及滤清器、排放塞处有无漏油。

图6-20　安装机油排放塞

2 润滑系统故障诊断流程

润滑系统故障诊断流程如图6-21所示。

四 评价与反馈

1 自我评价

(1)通过本学习任务的学习你是否已经知道以下问题:

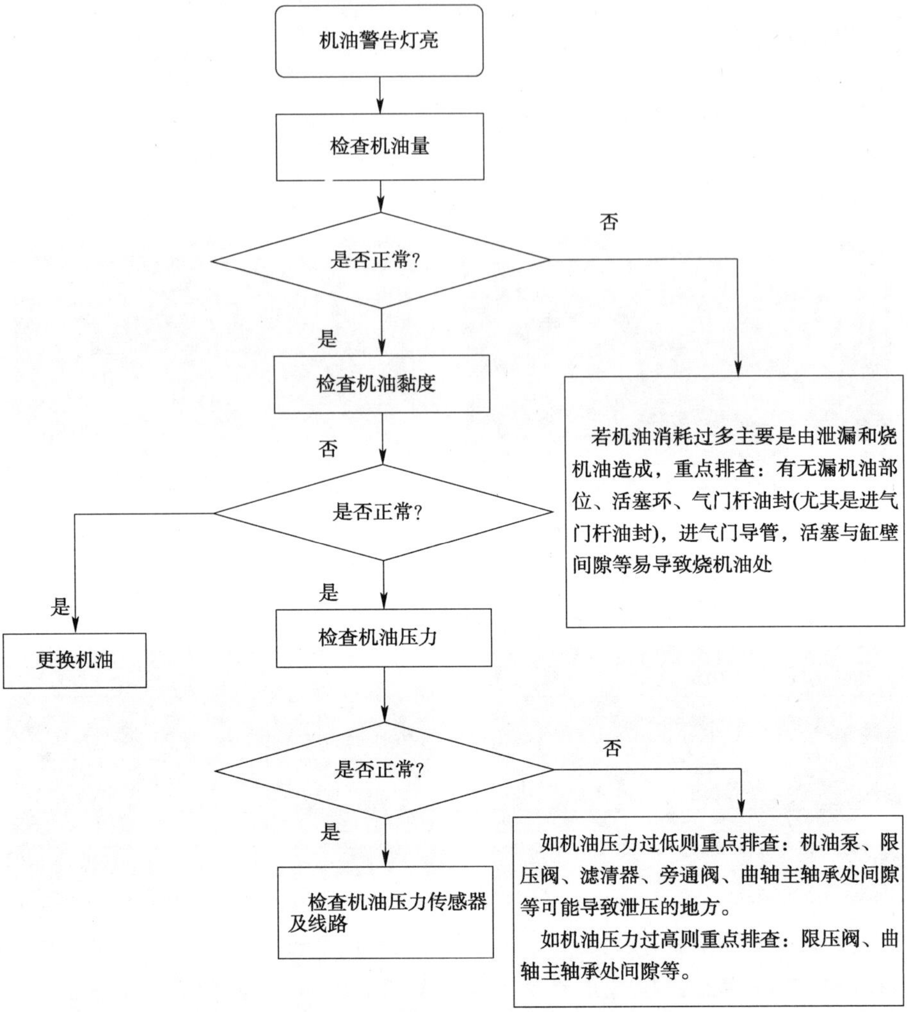

图 6-21　润滑系统故障诊断流程

①润滑系统的作用是什么？请简述其基本组成？

____

______________________________。

②请简述机油的流动路线？

____

______________________________。

③机油是如何分类的？选用及使用的注意事项有哪些？

____

______________________________。

(2)机油泵的拆装与机油压力开关的检测分别用到了哪些工具？

____

______________________________。

(3)实训过程完成情况如何?

____

____。

(4)通过本学习任务的学习,你认为自己的知识和技能还有哪些欠缺?

____

____。

签名:____________　　________年____月____日

2 小组评价(表6-3)

小组评价表　　表6-3

序号	评价项目	评价情况
1	着装是否符合要求	
2	是否能合理规范地使用仪器和设备	
3	是否按照安全和规范的流程操作	
4	是否遵守学习、实训场地的规章制度	
5	是否能保持学习、实训场地整洁	
6	团结协作情况	

参与评价的同学签名:____________________　　________年____月____日

3 教师评价

____

____。

教师签名:____________　　________年____月____日

五 技能考核标准

1 带机油泵的发动机前盖的更换技能考核标准(表6-4)

带机油泵的发动机前盖的更换技能考核标准表　　表6-4

序号	项目	操作内容	规定分	评分标准	得分
1	车内外防护	车内外防护	20分	(1)未安装挡块,扣5分; (2)未安插烟道,扣5分; (3)未正确安装座椅套、转向盘护套、脚垫,扣5分; (4)未正确安装前格栅布和翼子板布,扣5分	
2	拆卸带机油泵的发动机前盖	拆卸发动机前盖	30分	(1)拆油底壳方法不正确,扣10分; (2)拆下发动机前盖方法不正确,扣10分; (3)未拆下发动机前盖密封件,扣10分	

续上表

序号	项目	操 作 内 容	规定分	评 分 标 准	得分
3	安装带机油泵的发动机前盖	安装带机油泵的发动机前盖	40 分	(1)未清洁密封面,扣 10 分; (2)未安装一个新的发动机前盖密封件,扣 5 分; (3)安装发动机前盖,方法不正确,扣 5 分; (4)发动机前盖螺栓,未紧固至规定力矩,扣 10 分; (5)安装发动机油底壳,方法不正确,扣 10 分	
4	安全文明生产	(1)安全放置、固定被检配件; (2)检测工具、设备使用方法、步骤符合安全要求; (3)操作过程必备安全防护用品佩戴齐全; (4)现场整洁	10 分	(1)不安全放置的,扣 2 分; (2)工具、设备使用方法不安全的,扣 3 分; (3)防护用品佩戴不齐全的,扣 3 分; (4)现场不整洁,扣 2 分	
		安全用电,防火,无人身、设备故障		因违规操作发生重大人身和设备事故,此题按 0 分记	
总分			100 分		

2 机油压力及开关检测技能考核标准(表 6-5)

机油压力及开关检测技能考核标准表 表 6-5

序号	项目	操 作 内 容	规定分	评 分 标 准	得分
1	检测机油压力开关	拆卸机油压力开关	5 分	拆下机油压力开关,方法不正确,扣 5 分	
		检查机油压力开关	30 分	(1)万用表挡位选择错误,扣 10 分; (2)测量方法不正确,扣 10 分; (3)判断结果不正确,扣 10 分	
		安装机油压力开关	10 分	安装机油压力开关,未紧固至规定力矩,扣 10 分	
2	测试机油压力	安装机油压力表	15 分	(1)拆下封闭螺栓,未清洁螺纹,扣 5 分; (2)安装 EN－498－B 机油压力表及 EN－232 适配器,方法不正确,扣 10 分	
		检查机油压力	20 分	(1)检查机油压力,方法不正确,扣 10 分; (2)结论判断不正确,扣 10 分	
		拆除机油压力表,装复封闭螺栓	10 分	(1)将新的封闭螺栓安装在汽缸盖中,未紧固至规定力矩,扣 5 分; (2)未检查发动机机油液位,扣 5 分	

续上表

序号	项目	操作内容	规定分	评分标准	得分
3	安全文明生产	(1)安全放置、固定被检配件; (2)检测工具、设备使用方法、步骤符合安全要求; (3)操作过程必备安全防护用品佩戴齐全; (4)现场整洁	10分	(1)不安全放置的,扣2分; (2)工具、设备使用方法不安全的,扣3分; (3)防护用品佩戴不齐全的,扣3分; (4)现场不整洁,扣2分	
		安全用电,防火,无人身、设备故障		因违规操作发生重大人身和设备事故,此题按0分记	
总分			100分		

学习任务七　汽油供给系统的检查与维修

学习目标

知识目标

1. 掌握汽油供给系统的功用与组成；
2. 掌握空气供给装置的功用与组成；
3. 掌握空气供给装置的检查与维护；
4. 掌握燃油供给装置的功用与组成；
5. 了解汽油的分类及注意事项；
6. 了解废气排出装置的功用与组成。

技能目标

1. 能按照操作标准释放燃油系统压力；
2. 能按照操作标准完成燃油压力测试。

建议课时

6课时。

任务描述

某车无法起动，但起动机运转正常。经检查初步判断是燃油系统故障所致，需要对燃油供给装置进行检查，确定故障部位并进行维修。

一　理论知识准备

（一）汽油供给系统的功用与组成

汽油机所用的燃料是汽油和空气形成的可燃混合气。可燃混合气进入汽缸内被压缩,在接近压缩终了时点火燃烧而膨胀做功,做功后将废气排出。

因此汽油供给系统的任务是根据发动机的不同情况的要求,提供一定数量和浓度的可燃混合气,最后还要把燃烧后的废气排出汽缸,所以它包括三部分:

(1)空气供给装置:空气滤清器、节气门体、进气管路。

(2)燃油供给装置:汽油油箱、汽油泵、汽油滤清器、油管。

(3)废气排出装置:排气管道、排气消声器,三元催化转换器。

(二)空气供给装置的功用与组成

空气供给装置的功用是向发动机提供燃烧所需要的清洁空气,主要由空气滤清器、节气门体、进气管路构成,如图7-1所示。

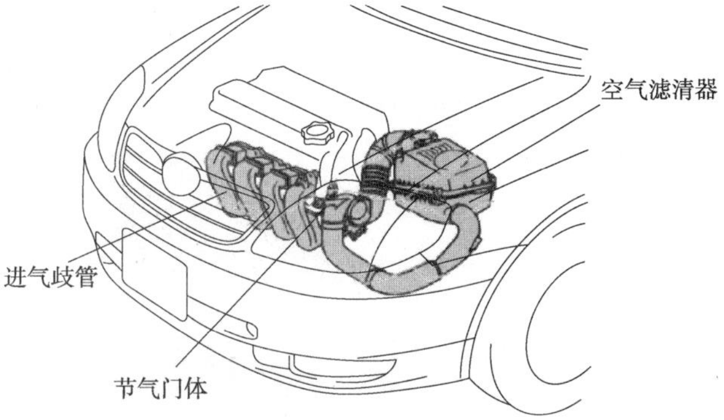

图7-1　空气供给装置

❶ 空气滤清器

空气滤清器一般位于发动机舱内,装在前端进气软管的塑料盒内。空气滤清器是发动机进气系统的过滤器,能防止泥沙、灰尘等杂质进入汽缸,避免发动机的异常磨损。如果空气滤清器滤芯被堵塞,则发动机的进气量将减少,发动机的输出功率就降低,燃油经济性变差。

空气滤清器常见的类型有:

(1)纸质滤芯型空气滤清器。滤芯由滤纸制成,制造方便,成本较低,不能水洗,是汽车上使用最广泛的类型,如图7-2a)所示。

(2)织物滤芯型空气滤清器。滤芯由织物制成,可以用水清洗,能重复使用,如图7-2b)所示。

(3)油浴型空气滤清器:滤芯由海绵制成,浸有适量的机油,是一种湿型空气滤清器,一般用在柴油发动机上,如图7-2c)所示。

❷ 节气门体

节气门体主要控制发动机的进气量,检测节气门的位置,并将信号输给发动机控制单元,为实现怠速控制、喷油控制和点火控制提供基本参数。

节气门体按控制方式分为机械式和电子式。机械节气门体主要由节气门和怠速控制装置组成,怠速控制装置主要由怠速电动机、应急弹簧、节气门电位计、怠速节气门电位计和怠速开关等构成,如图 7-3 所示。

电子节气门体结构比较简单,与电子节气门踏板配套使用,控制精度高,在汽车上应用逐渐增多,如图 7-4 所示。

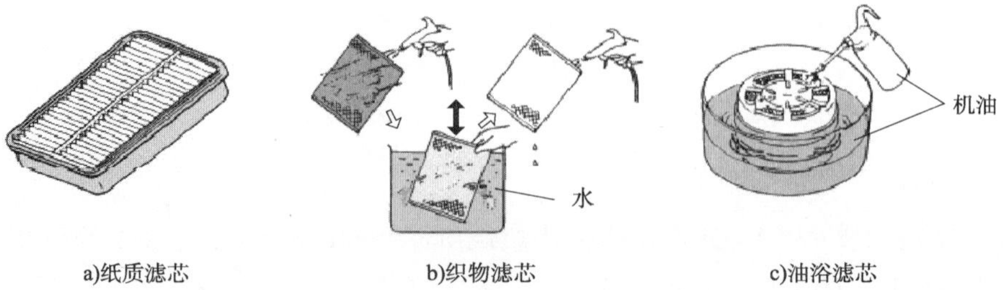

图 7-2 常见空气滤清器

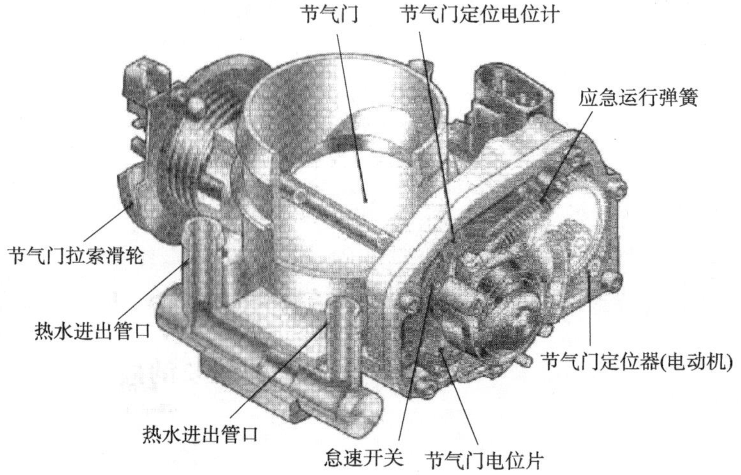

图 7-3 节气门体构造

图 7-4 电子节气门

3 进气管路的作用与结构

进气管路主要为发动机吸入的空气或可燃混合气提供相对密封的通道,进行预热并将其导入汽缸中。

进气管路分为进气总管及和进气歧管(图 7-5),进气总管一般是塑料软管,管路直径较大,一般还装有测量发动机进气量的传感器。进气歧管一般为铝合金直接浇注成形,数量与发动机汽缸数相同。

（三）空气供给装置的检查与维护

1 空气滤清器的清洁

如果空气滤清器滤芯被堵塞，则发动机的进气量将减少，发动机的输出功率就降低，燃油经济性变差，所以必须定期检查和清洁空气滤清器滤芯，具体操作步骤如下：

（1）打开空气滤清器壳体，取出空气滤清器滤芯。

（2）清洁空气滤清器壳体内部，同时用压缩空气清洁滤芯，如图 7-6 所示。注意：压缩空气从滤芯的反面吹向正面，不能倒过来吹洗。

（3）放入滤芯并将壳体安装到位，保持密封状态。

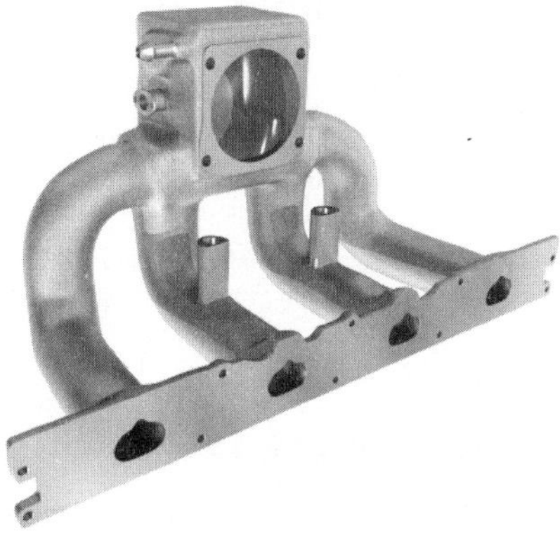

图 7-5　进气歧管

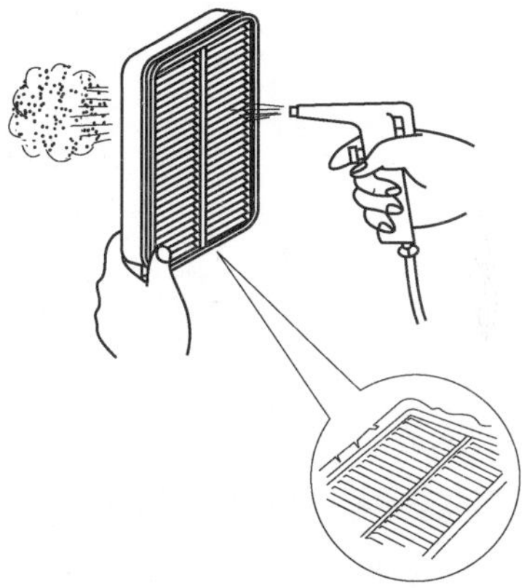

图 7-6　清洁空气滤清器滤网

如果滤芯到了规定的更换周期或脏污严重、受潮发霉，就必须更换。更换时需采用同型号的滤芯，注意滤芯安装方向，避免空气滤清器盖安装不到位。

2 清洗节气门

发动机工作时间较长后，会在节气门附近形成油垢，会使节气门卡死或怠速不稳，所以节气门体有必要检查，并进行相应的清洁维护工作，具体步骤如下：

（1）拆卸节气门体外部接线及管路。

（2）拆卸节气门体并用干净的抹布遮住进气口。

（3）清洁节气门体，如图 7-7 所示，用化油器清洁剂清洁并用压缩空气吹干。

（4）清洁节气门衬垫并用压缩空气吹干。

（5）装复节气门体及其外部接线及管路。

注意：气门衬垫安装的方向及位置。

（6）起动发动机，并运行一段时间，连接解码仪，查看发动机系统是否正常。

对于有些车型，拆装节气门体后，必须与发动机电控单元进行匹配，并进行节气门控制的自适应学习。

图 7-7　清洁节气门体

(四)燃油供给装置的功用与组成

燃油供给装置向发动机供应燃油,并清除燃油内的杂质和灰尘,还起到了调节燃油压力的作用,主要构成如图 7-8 所示。

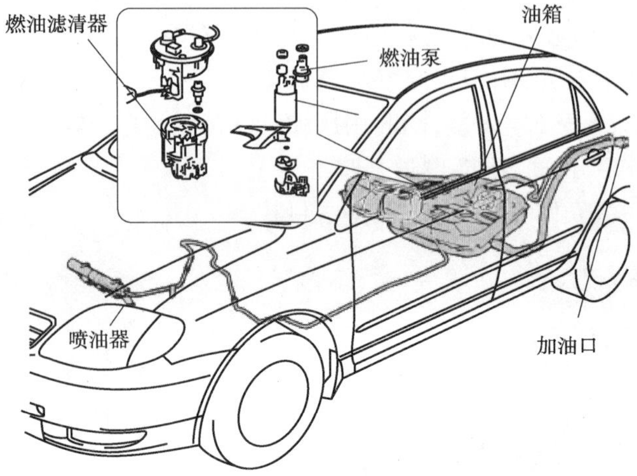

图 7-8　燃油供给装置

(1)油箱:存储燃油。

(2)燃油泵:将燃油从油箱抽送到发动机。

(3)燃油滤清器:清除燃油内的杂质和灰尘。

(4)压力调节器:调节燃油压力,使其始终保持在最佳水平从而稳定地注入燃油。

(5)喷油器:将燃油注射到相应的进气歧管或汽缸。

(6)加油口盖:盖住燃油箱,并保持油箱中压力不变。

1 燃油泵

燃油泵如图 7-9 所示,可以将燃油从燃油箱泵到发动机,按照安装方式可分为:内装式和外装式,内装式位于燃油箱内,外装式位于燃油管中间。

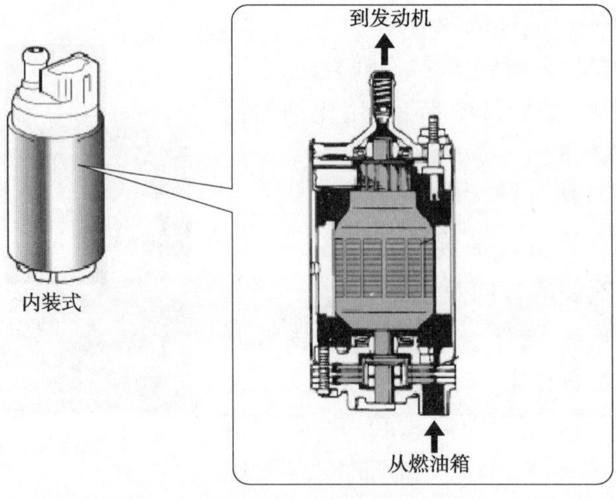

图 7-9　电动燃油泵

❷ 喷油器

喷油器喷射的燃油与空气混合，如图7-10所示，混合气被送到汽缸燃烧。为了获得最佳空燃比，ECU可以调节喷射时间和喷射量。

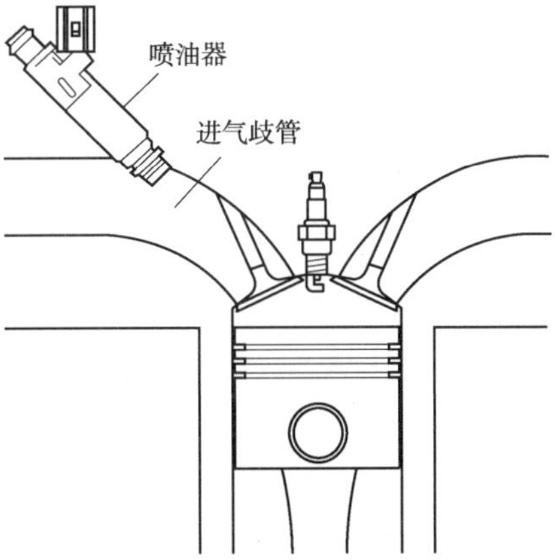

图7-10　喷油器

❸ 燃油滤清器

燃油滤清器如图7-11所示，可以清除燃油中的杂质，以防止杂质被吸入喷油器造成堵塞。

燃油滤清器一般采用纸滤芯，燃油滤清器的滤芯应根据车辆行驶里程、使用的燃油质量情况及时更换，以确保发动机稳定行驶，提高可靠性。不同车型燃油滤清器的更换周期不同，应根据车辆说明书上的更换周期进行更换，常见发动机的燃油滤清器的更换周期为40000～60000km。

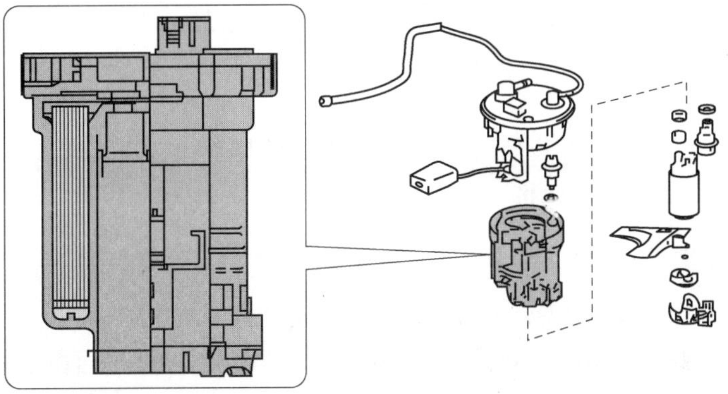
图7-11　燃油滤清器

❹ 燃油分配管

燃油分配管的功用是将燃油均匀、等压地输送给各缸喷油器。由于它的容积较大，故有储油蓄压、减缓油压脉动的作用。燃油分配管的结构如图7-12所示，在其上装有油压调节器。

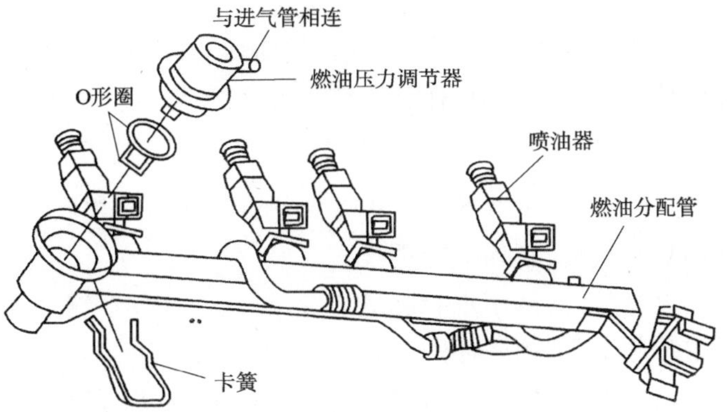

图7-12　燃油分配管

5 燃油压力调节器

燃油压力调节器的作用是调节燃油供给系统油压,保持系统压差(燃油压力与进气歧管压力)或压力恒定。压力调节器根据安装位置的不同,可分为外置式和内置式两种。外置式燃油压力调节器安装在燃油分配管上,内置式燃油压力调节器与燃油泵一起装在油箱里,如图 7-13 所示。

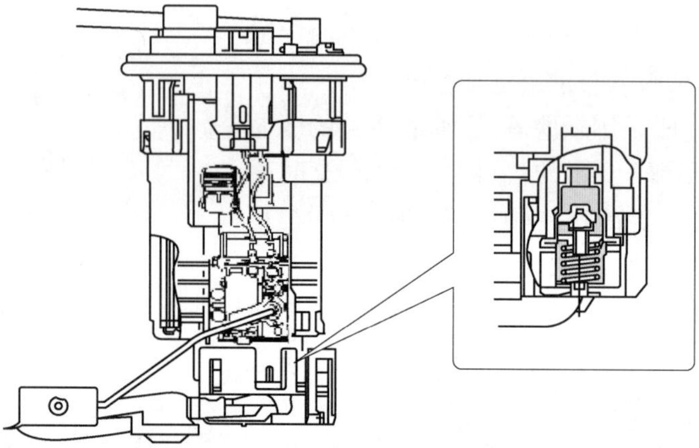

图 7-13 内置式燃油压力调节器

(五)汽油的分类及注意事项

1 汽油的分类

我国车用汽油分类主要以辛烷值为基础,测定辛烷值的方法有马达法和研究法。目前我国用研究法辛烷值(RON)表示汽油的牌号。压缩比高的发动机选用辛烷值高的汽油,反之,可选用辛烷值低的汽油。汽油牌号越高,其抗爆性越好,但价格也越高。

2 汽油的环境保护

(1)汽油是对水有污染的物质,不能让汽油流入下水道,作业时只能在防渗的地面上进行。

(2)汽油非常易燃,会引起火灾和爆炸,进行接触汽油的工作时,必须禁止明火和吸烟,汽油存放必须远离火源。

(3)有汽油溢出时,必须立即用吸附剂进行处理。

(4)用合适的容器收集污染过的汽油和汽油滤清器,并妥善保管和回收利用。

(5)沾上汽油的抹布或物品,不得作为生活垃圾处理。

3 安全措施

(1)汽油会刺激人的皮肤,可以致癌。应避免使汽油接触到皮肤、眼睛或衣服。

(2)沾上汽油的衣服或鞋,必须立即更换。

(3)皮肤接触到汽油后,立即用水和肥皂清洗。

(4)汽油溅入眼睛后,用水彻底冲洗。

(5)汽油蒸气吸入体内后,多呼吸新鲜空气,出现呼吸困难时应尽快去医院治疗。

(6)吞食汽油后,千万不要催吐,因为液态汽油可能会进入肺部,应立即去医院治疗。

（六）燃油箱蒸发排放控制装置

挥发性好的汽油在燃油箱内挥发，直接将挥发的汽油蒸气排到大气中会污染环境，为此设置了燃油箱蒸发排放控制装置，如图 7-14 所示，将活性炭罐与燃油箱相连接，挥发的汽油蒸气被吸附在活性炭上。发动机工作时，活性炭罐电磁阀通电打开，被吸附在活性炭上的汽油蒸气即可被吸入汽缸并燃烧。

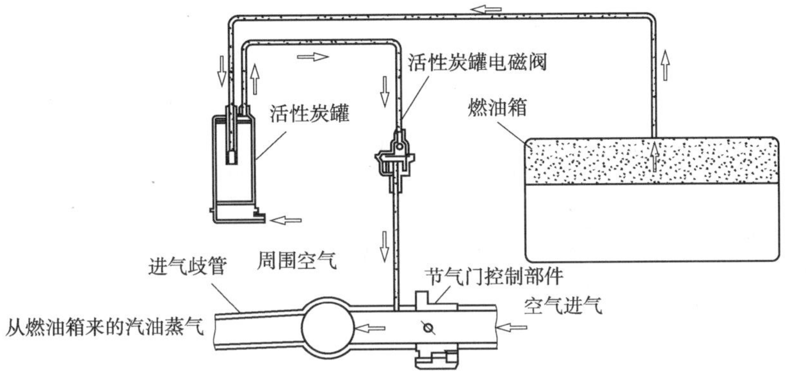

图 7-14　燃油箱蒸发排放控制装置

（七）废气排出装置的功用与组成

废气排出装置可以改善发动机的排放性能，从而提高发动机效率；可以减少有害气体的排放和减少排放噪声，主要由排气歧管、三元催化转换器、排气管、消声器组成，如图 7-15 所示。

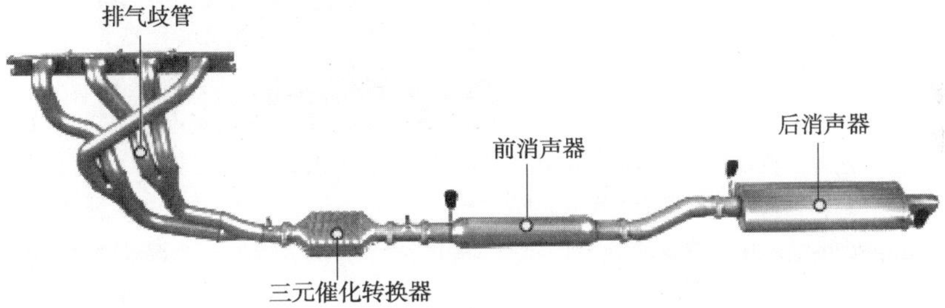

图 7-15　废气排出装置

三元催化转换器，如图 7-16 所示，可以减少一氧化碳（CO）、碳氢化合物（HC）、氮氧化物（NO_X）等有害气体的排放。

消声器，如图 7-17 所示，通过降低废气的压力和温度来降低排放噪声。

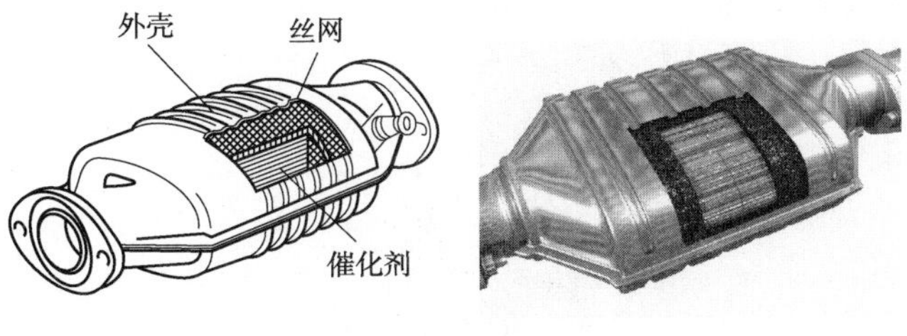

图 7-16　三元催化转换器

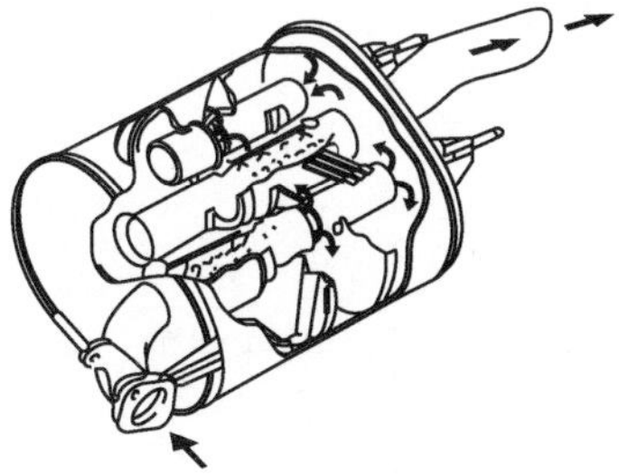

图 7-17　消声器

二 任务实施

燃油压力测试

1 准备工作

(1)将实训车辆停放在带举升机的工位内。

(2)检查实训室通风系统设备工作是否正常。

(3)准备车辆挡块、翼子板布、前格栅布、转向盘护套、变速杆手柄套、脚垫和座椅套等教学用具。

(4)常用拆装工具。

(5)维修手册。

(6)专用工具:EN－3473091 测试仪。

2 操作步骤与技术规范(表7-1)

操作步骤与技术规范　　表7-1

操作步骤	过　程	技术规范与操作要领
释放燃油系统压力	断开燃油泵继电器	操作要领: (1)拔下燃油泵继电器; 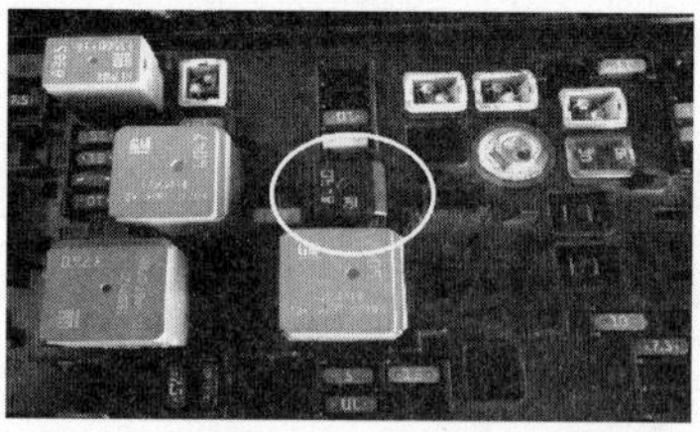
	起动发动机释放燃油供给系统内的油压	(2)起动发动机,当发动机运转至熄火后,再次起动发动机1～2次,直至燃油管路内的油压释放完成 **警告**:汽油或汽油蒸气非常容易燃烧。如果存在火源可能导致火灾。为防止火灾或爆炸危险,切勿使用敞口容器排出或存放汽油或柴油。请在附近准备一个干式化学(B级)灭火器。
检测读取燃油压力	安装燃油压力表	技术规范: 燃油供给系统油压:380kPa 操作要领: (1)将保护盖从测试连接上拆下; (2)将EN－3473091 测试仪1连接至测试连接处; 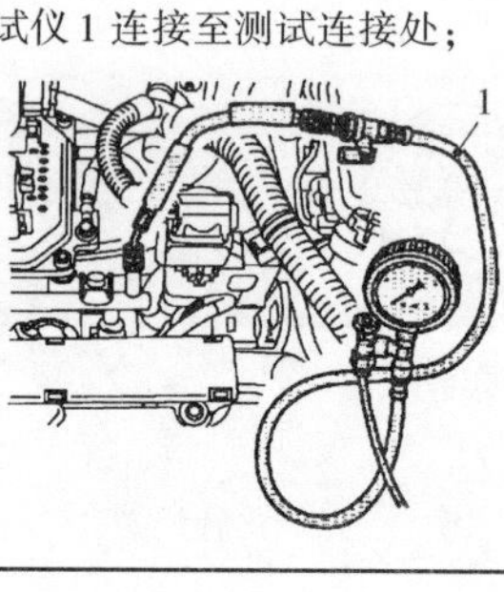
	读取燃油压力	

续上表

操作步骤	过　程	技术规范与操作要领
检测读取燃油压力	恢复	 (3)起动发动机： ①怠速时放出压力测试仪中的空气； ②将流出的燃油收集到合适的容器中； ③从压力表上读取燃油压力。 **注意**：在进行任何断开操作之前，清理以下所有部位，以免污染系统：燃油管接头、软管接头、接头周围部位。 (4)将压力表 EN－34730－91 测试仪从测试连接处断开

三　学习拓展

1　可变进气歧管装置的结构与原理

可变进气系统可根据发动机的转速变化来改变进气系统进气量，以提高进气效率，增加发动机的动力输出。通常采用改变进气歧管的长度和进气歧管横截面积的方法来改变发动机在各转速下的进气量。

可变进气歧管是通过改变进气管的长度或横截面积，提高燃烧效率，使发动机在低转速时更平稳、转矩更充足，高转速时更顺畅、功率更强大。

发动机在运转时，进气门不断的开启和关闭，气门开启时，进气歧管中的混合气以一定的速度通过气门进入汽缸，当气门关闭时混合气受阻就会反弹，周而复始会产生振动频率。

如果进气歧管很短，显然这种频率会更快；如果进气歧管很长的话，这个频率就会变得相对慢一些。如果进气歧管中混合气的振荡频率与进气门开启的时间达到共振的话，那么此时的进气效率显然是很高的。

因此可变进气歧管，在发动机高速和低速时都能提供最佳配气。发动机在低转速时，用又长又细的进气歧管，可以增加进气的气流速度和气压强度，并使得汽油得以更好的雾化，燃烧的更好，提高转矩，如图 7-18a)所示。发动机在高转速时需要大量混合气，这是进气歧管就会变的又粗有短，这样才能吸入更多的混合气，提高输出功率，如图 7-18b)所示。

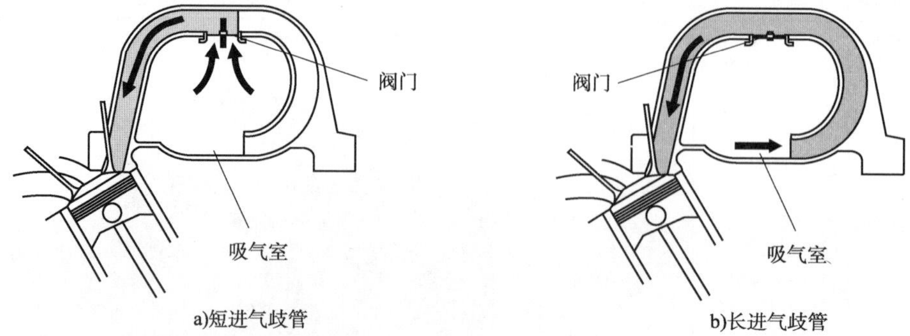

图 7-18　可变进气歧管装置

❷ 涡轮增压装置结构与原理

涡轮增压装置是一种利用内燃机运作所产生的废气驱动空气压缩机,从而增加进气量,提高输出功率,主要由废气涡轮室和进气增压室组成,如图 7-19 所示,涡轮室与发动机排气管相连,增压室与进气管路相连,涡轮和叶轮分别装在涡轮室和增压器内,两者同轴刚性连接。

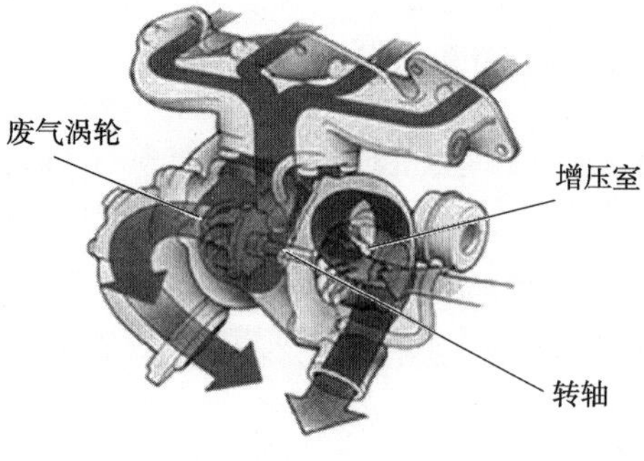

图 7-19　涡轮增压装置

发动机排出的废气惯性冲力推动涡轮室内的涡轮,涡轮带动同轴的叶轮,叶轮压缩空气,使之增压之后进入汽缸。当发动机转速增快,废气的排出速度与涡轮转速也同步增快,叶轮又压缩更多的空气进入汽缸,空气的压力和密度增大可以使更多的燃料充分燃烧,相应的增加燃料量和调整一下发动机的转速从而增加发动机的输出功率。

❸ 缸内直喷装置结构与原理

如图 7-20 所示,缸内直喷不同于歧管喷射,它将燃油直接喷入燃烧室,因此可以更精确地调节燃油的喷射时间和油量。活塞头设计成一种特殊形状,便于燃油和空气在燃烧室内混合。

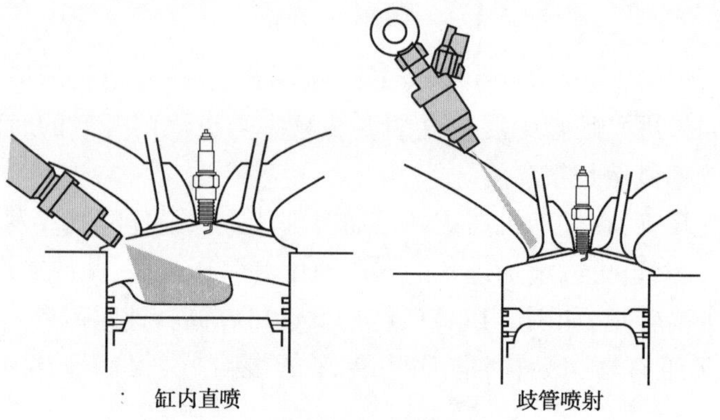

图 7-20　缸内直喷与歧管喷射对比

喷射压力也进一步提高，使燃油雾化更好。同时，喷嘴位置、喷雾形状、进气气流控制，以及活塞顶形状等特别的设计，使混合气能够在整个汽缸内充分、均匀的混合，从而使燃油充分燃烧，能量转化效率更高。

4 曲轴箱通风装置结构与原理

在发动机工作时，燃烧室的高压可燃混合气和已燃气体，或多或少会通过活塞组与汽缸之间的间隙漏入曲轴箱内，从而稀释机油，降低机油的使用性能，加速机油的氧化、变质，导致发动机零件的腐蚀和加速磨损。窜气还会使曲轴箱的压力过高而破坏曲轴箱的密封，使机油渗漏流失。

曲轴箱通风装置可以防止曲轴箱压力过高，延长机油使用期限，减少零件磨损和腐蚀，防止发动机漏油。

曲轴箱通风装置包括自然通风和强制通风，现代汽油发动机常采用强制式曲轴箱通风，又称 PCV 系统。

如图 7-21 所示，强制通风方式，将曲轴箱内的混合气通过连接管导向进气管的适当位置，返回汽缸重新燃烧，这样既可以减少排气污染，又提高发动机的经济性。

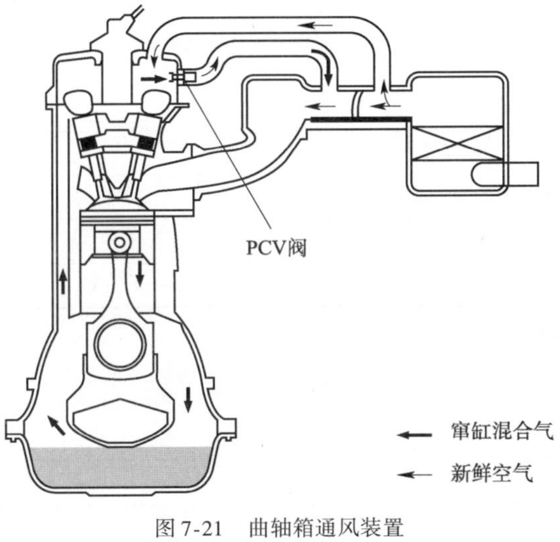

图 7-21　曲轴箱通风装置

四 评价与反馈

1 自我评价

(1)通过本学习任务的学习你是否已经知道以下问题：

①汽油供给系统的作用是什么？请简述其基本组成？

____

____。

②空气供给装置的作用是什么？请简述其基本组成？

____

____。

③燃油供给装置的作用是什么？请简述其基本组成？

____

____。

④汽油如何分类？使用中有哪些注意事项？

____

____。

(2)燃油压力测试用到了哪些仪器与工具？

____。

(3)实训过程完成情况如何？

____。

(4)通过本学习任务的学习，你认为自己的知识和技能还有哪些欠缺？

____。

签名：__________ ______年____月____日

2 小组评价(表 7-2)

小组评价表 表 7-2

序号	评价项目	评价情况
1	着装是否符合要求	
2	是否能合理规范地使用仪器和设备	
3	是否按照安全和规范的流程操作	
4	是否遵守学习、实训场地的规章制度	
5	是否能保持学习、实训场地整洁	
6	团结协作情况	

参与评价的同学签名：______________ ______年____月____日

3 教师评价

____

____。

教师签名：__________ ______年____月____日

五 技能考核标准

燃油压力测试技能考核标准见表 7-3。

燃油压力测试技能考核标准表 表 7-3

序号	项目	操作内容	规定分	评分标准	得分
1	车内外防护	车内防护	5 分	有漏项扣 5 分	
		车外防护	5 分	有漏项扣 5 分，若采取安全防护即时提醒	

续上表

序号	项目	操作内容	规定分	评分标准	得分
2	释放燃油系统压力	断开燃油泵继电器	10 分	方法不正确,扣 10 分	
		起动发动机释放燃油供给系统内的油压	20 分	方法不正确,扣 20 分	
3	检测读取燃油压力	安装燃油压力表	10 分	仪器连接不正确,扣 10 分	
		读取燃油压力	40 分	(1)读数不正确,扣 20 分; (2)维修结论不正确,扣 10 分; (3)仪器断开后,未及时清理,扣 10 分	
4	安全文明生产	(1)安全放置、固定被检配件; (2)检测工具、设备使用方法、步骤符合安全要求; (3)操作过程必备安全防护用品佩戴齐全; (4)现场整洁	10 分	(1)不安全放置的,扣 2 分; (2)工具、设备使用方法不安全的,扣 3 分; (3)防护用品佩戴不齐全的,扣 3 分; (4)现场不整洁,扣 2 分	
		安全用电,防火,无人身、设备故障		因违规操作发生重大人身和设备事故,此题按 0 分记	
总分			100 分		

参考文献

[1]朱军. 汽车发动机常见维修项目实训教材[M]. 北京:人民交通出版社,2009.

[2]占百春,徐展. 发动机机械系统故障诊断与修复[M]. 北京:北京出版社,2014.

[3]王锦帮,欧阳可良. 汽车发动机机械维修[M]. 北京:人民交通出版社,2012.

[4]张西振,韩梅. 汽车发动机构造与维修[M]. 北京:机械工业出版社,2007.

[5]邢春霞. 汽车结构认识与拆装[M]. 北京:人民交通出版社,2012.